世界500强企业精细化管理工具系列

房地产管理

实用流程·制度·表格·文本

刘少文　主编

实战精华版

化学工业出版社

《房地产管理实用流程·制度·表格·文本》一书从规范化管理的基础入手解读，分四个部分20章导入了房地产企业管理流程、制度、表格、文本的模板和示例。

流程部分具体包括市场发展管理流程、财务管理流程、工程管理流程、造价审计管理、行政人事管理流程、人力资源管理流程；

制度部分包括前期开发部管理制度、房地产企项目施工管理制度、房地产企业营销管理制度、房地产企业成本控制制度、房地产企业财务管理制度；

表格部分包括前期开发部工作表格、房地产企业营销管理表格、房地产企业工程管理表格、房地产企业成本控制表格、房地产企业财务管理表格；

文本部分包括前期开发管理文书、房地产项目工程管理文书、房地产销售管理文书、成本控制文书。

本书进行模块化设置，内容实用性强，着重突出可操作性，为读者提供了实用的流程设置、制度范本、表单模板、文本参考。本书可以作为房地产行业的管理人员、工作人员、房地产企业培训人员进行管理的参照范本和工具书，也可供企业咨询师、高校教师和专家学者参考使用。

图书在版编目（CIP）数据

房地产管理实用流程·制度·表格·文本/刘少文主编.
北京：化学工业出版社，2019.9
（世界500强企业精细化管理工具系列）
ISBN 978-7-122-34743-5

Ⅰ.①房… Ⅱ.①刘… Ⅲ.①房地产管理 Ⅳ.①F293.33

中国版本图书馆CIP数据核字（2019）第127946号

责任编辑：陈 蕾　　　　　　　　　　　装帧设计：尹琳琳
责任校对：宋 玮

出版发行：化学工业出版社（北京市东城区青年湖南街13号　邮政编码100011）
印　　　刷：北京京华铭诚工贸有限公司
装　　　订：三河市振勇印装有限公司
787mm×1092mm　1/16　印张21½　字数453千字　2019年11月北京第1版第1次印刷

购书咨询：010-64518888　　　　　　　　售后服务：010-64518899
网　　址：http://www.cip.com.cn
凡购买本书，如有缺损质量问题，本社销售中心负责调换。

定　　价：88.00元

前言 PREFACE

竞争是企业的生命，是促进企业发展的动力，在现代市场经济中，竞争正在全范围地跃动着。特别是在经济飞速发展的今天，不管哪一个行业，企业之间的竞争都是日趋激烈并更加残酷，企业将面临更加严峻的考验和挑战。为此，企业除了以全新的意识创造全新的竞争条件来适应全新的竞争环境外，还必须从企业内部进行梳理、挖潜，实施精益化管理，且辅以过程控制，才能在竞争中立于不败之地，并获得持续发展。

一个长期发展的企业，就要实施管理流程化、制度化，付诸表格、文本等支持性文件，进行规范化运作管理。制定流程的目的在于使企业的内部管理通过流程的梳理，不断加以改进，以使企业的效率不断得以提升；制度是所有管理模式的基础，没有制度的约束，任何管理都难以向前推进，进行制度化建设和管理可以促进企业向规范化方向发展。

"依据流程工作，依据制度办事"，便于企业员工掌握本岗位的工作技能，利于部门与部门之间，员工与员工之间及上下级之间的沟通，使员工最大限度地减少工作失误。同时，实施流程化、制度化管理更加便于企业对员工的工作进行监控和考核，从而促进员工不断改善和提高工作效率。

企业一旦形成流程化、制度化的管理运作，对于规范企业和员工的行为，树立企业的形象，实现企业的正常运营，促进企业的长远发展具有重大的意义。这样使企业的决策从根本上排斥"一言堂"，企业决策必定程序化和规范化，排斥没有科学论证依据的决策，企业的决策过程一定会程序化、透明化，从而大大减少了决策风险。

作为房地产企业也是如此，一定要加强开发项目的现场管理、安全作业、文明施工管理，促进各项管理标准化、规范化和制度化，改善项目现场环境，从而切实保障施工现场人身安全，提升施工人员专业水平和职业道德素养，为做大做强企业打下坚实的基础，从而促使企业健康的成长与发展。

《房地产管理实用流程·制度·表格·文本》一书从规范化管理的基础入手解读，分四个部分20章导入了房地产企业管理流程、制度、表格、文本的模板和示例。流程部分具体包括市场发展管理流程、财务管理流程、工程管理流程、造价审计管理、行政人事管理流程、人力资源管理流程；制度部分包括前期开发部管理制度、房地产企项目施工管理制度、房地产企业营销管理制度、房地产企业成本控制制度、房地产企业财务管理制度；表格部分包括前期开发部工作表格、房地产企业营销管理表格、房地产企业工程管理表格、房地产企业成本控制表格、房地产企业财务管理表格；文本部分包括前期开发管理文书、房地产项目工程管理文书、房地产销售管理文书、成本控制文书。

本书进行模块化设置，内容实用性强，着重突出可操作性，为读者提供了实用的流程设置、制度范本、表单模版、文本参考。本书可以作为房地产行业的管理人员、工作人员、房地产企业培训人员进行管理的参照范本和工具书，也可供企业咨询师、高校教师和专家学者参考使用。

由于编者水平有限，加之时间仓促、参考资料有限，书中难免出现疏漏与缺陷，敬请读者批评指正。

编者

目 录 CONTENTS

导读 规范化管理的基础——
流程·制度·表格·文本

Part 1 房地产企业管理流程

Part 2 房地产企业管理制度

Part 3　房地产企业管理表格

Part 4 房地产企业管理文本

导读 规范化管理的基础——流程·制度·表格·文本

　　规范化管理就是从企业生产经营系统的整体出发，对各环节输入的各项生产要素、转换过程、产出等制定制度、流程、指标等标准（规范），并严格地实施这些规范，以使企业协调统一地运转。企业要引入现代管理制度，必须建立管理的标准体系。建立这些标准体系的一系列活动就是管理的规范化。

　　企业要提高管理水平，一定要从基础工作做起，把流程、制度、表格和文本建设好，并且一定要执行到位。

一、依据流程提升企业效率

　　工作流程是指企业内部发生的某项业务从起始到完成，由多个部门、多个岗位、经多个环节协调及顺序工作共同完成的完整过程。

（一）工作流程的标准化

　　任何一家企业都有不同的工作、不同的岗位，并且需要相应的人员来完成。然而，不同的工作流程就会有不同的效率，进而言之，就会对整个企业的形象产生不同的影响。

　　工作流程的标准化就是要在进行工作分析的基础上对相应的工作设立对应的岗位，并且安排具体的工作者来承担。即"一个萝卜一个坑"，无论何时在某个岗位上出现了工作的失误都能迅速且准确地找到责任人，这样可以有效地防止相关工作的不同岗位间的互相扯皮、踢皮球的现象发生。

　　其中工作分析是工作的重点，工作分析就是分析某一工作的性质和类型，并且考虑这个工作适合什么样类型的人来担任，这项工作直接关系到以后人员的选聘等其他工作。

（二）工作流程图

　　全面了解工作流程，要用工作流程图。工作流程图可以帮助管理者了解实际工作活动，消除工作过程中多余的工作环节，合并同类活动，使工作流程更为经济、合理和简便，从而提高工作效率。流程图是由一些图框和流程线组成的，其中图框表示各种操作的类型，图框中的文字和符号表示操作的内容，流程线表示操作的先后次序。如图1所示。

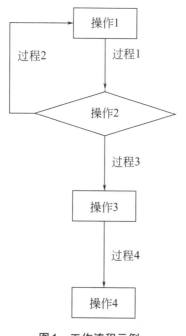

图1　工作流程示例

工作流程图由一个开始点、一个结束点及若干中间环节组成，中间环节的每个分支也都要求有明确的分支判断条件。所以工作流程图对于工作标准化有着很大的帮助。

（三）工作流程图的设计步骤

工作流程图的设计有以下五个操作步骤。

1.目的分析

这一步是为了消除工作中不必要的环节，其中应分析以下几方面。

（1）实际做了什么？

（2）为什么要做？

（3）该环节是否真的必要？

（4）应该做什么？

2.地点分析

这一步是尽可能合并相关的工作活动，其中应分析以下几个方面。

（1）在什么地方做这项活动？

（2）为何在该处做？

（3）可否在别处做？

（4）应当在何处做？

3.顺序分析

这一步是尽可能使工作活动的顺序更为合理有效，其中应分析以下几个方面。

（1）何时做？

（2）为何在此时做？

（3）可否在其他时间做？

（4）应当何时做？

4.人员分析

人员分析的目的是分析人员匹配的合理性，其中应分析以下几个方面。

（1）谁做？

（2）为何由此人做？

（3）可否用其他人做？

（4）应当由谁来做？

5.方法分析

方法分析的目的在于简化操作，需要分析的问题有以下几个方面。

（1）现在如何做？

（2）为何这样做？

（3）可否用其他方法做？

（4）应当用什么方法来做？

通过上述五个方面的分析，可以消除工作过程中多余的工作环节，合并同类活动，使工作流程更为经济、合理和简便，从而提高工作效率。

本书为房地产企业提供了一些实用的流程范本供参考，具体包括表1中几个方面。

表1　实用的流程范本

序号	管理模块	流程名称
1	市场发展管理流程	公司年度经营计划制订流程
		产品定位报告编写流程
		可研分析工作流程
		销售计划管理流程
		销售价格管理流程
		销售工作督察工作流程
		物业销售流程
		市场推广流程
		广告宣传流程
		合同签订流程
		销售优惠管理流程
		销售资料管理流程
		房屋交付流程
		客户投诉处理流程
		信息管理流程
2	财务管理流程	费用报销管理流程
		资产购置管理流程
		资产入账管理流程
		资产调用管理流程
		资产处置管理流程
		资产盘点管理流程
		资金流入管理流程
		资金流出管理流程
3	工程管理流程	方案设计管理流程
		初步设计管理流程
		施工图设计管理流程
		总平面图及室外市政景观综合布线设计管理流程
		开工准备工作管理流程

续表

序号	管理模块	流程名称
3	工程管理流程	施工图会审管理流程
		工程进度与计划管理流程
		设计变更管理流程
		质量缺陷修补及质量事故处理流程
		基础及主体工程结构验收管理流程
		单位工程竣工验收管理流程
		技术资料管理流程
		项目综合性验收及工程移交物业管理流程
		保修期内工程维修管理流程
		材料检验管理流程
4	造价审计管理	项目成本计划编制流程
		工程项目总承包招标管理流程
		监理招标管理流程
		分包工程招标管理流程
		甲供材料与设备采购招标管理流程
		甲定乙供材料与设备定价管理流程
		工程合同管理流程
		费用签证管理流程
		工程款中期支付管理流程
		工程结算支付管理流程
		履约保证金退还管理流程
		造价信息管理流程
		审计工作检查考核管理流程
		审计档案资料管理流程
5	行政人事管理流程	会议管理流程
		专项档案管理流程
		固定资产管理流程
		公文（发文）管理流程
		公文（收文）管理流程
		办公用品采购领用管理流程
		网络信息管理流程
		重要档案借阅管理流程
		文书档案管理流程
		秘书日常事务管理流程

续表

序号	管理模块	流程名称
6	人力资源管理流程	培训计划管理流程
		招聘管理流程
		员工定薪管理流程
		职位说明书管理流程
		绩效考核管理流程
		劳动合同管理流程

二、通过制度约束企业行为

"一切按制度办事"是企业制度化管理的根本宗旨。企业通过制度规范员工的行为，员工依据制度处理各种事务，而不是以往的察言观色和见风使舵，使企业的运行逐步规范化和标准化。

（一）企业的制度规范分类

企业的制度规范分类，如表2所示。

表2　企业的制度规范分类

序号	类型	定义	具体形式
1	基本制度	企业制度规范中具有根本性质的、规定企业的组织方式、决定企业性质的基本制度	财产所有形式、企业章程、董事会组织、高层管理组织规范
2	管理制度	对企业管理各基本方面规定活动框架，调节集体协作行为的制度	各部门、各层次职权、责任和相互间配合、协调关系制度
3	技术规范	涉及某些技术标准、技术规程的规定	技术标准、各种设备的操作规程、服务中所使用的物品的管理要求、设备的使用保养维修规定
4	业务规范	针对业务活动过程中那些大量存在、反复出现的事，所制定的作业处理规定	安全规范、服务规范、业务规程、命令服从关系
5	个人行为规范	所有对个人行为起制约作用的制度规范的统称	个人行为品德规范、劳动纪律、仪态仪表规范、岗位职责

（二）怎样使制度具有执行力

影响企业管理制度能否发挥作用的主要因素和改进措施如下。

1. 制度的适当性

简单复制某些知名企业的管理制度的方式很难发挥作用，制度必须植根于企业的现状，针对企业的具体问题，结合企业实际。因此，制定适当的制度是企业应该首先解决的问题。企业应该从目标出发，规范业务流程，对业务流程的风险进行分析和评估，制定相应的配套控制措施，形成制度，并实行经常性风险分析的机制，结合风险变化对制度的适当性进行评估，及时改进完善制度。

2. 推行制度的配套措施

仅制定书面的制度，并不是管理，让制度真正有效发挥作用最重要。必须采取措施落实制度的执行，需要如下配套措施。

（1）营造执行企业管理制度的企业文化。

（2）从人员素质、人事政策等方面为制度的执行创造环境。

（3）明确规定执行和违反制度的奖惩措施。

（4）建立制度执行效果的评价机制。

（5）严格根据评价结果和奖惩制度落实奖惩。

3. 制度执行的监督

制度执行的情况，应尽量留痕，并由专人负责对制度执行结果进行检查，对发现的违反制度规定的情况，及时要求改正。

4. 制度执行结果的处理

制度执行的好坏，依据专人检查结果而定。根据检查结果，分别与培训、考核挂钩，严格执行相应的奖惩措施。

本书为房地产企业提供了一些实用的制度范本供参考，具体包括以下几个方面（表3）。

表3 实用的制度范本

序号	管理模块	制度名称
1	前期开发部管理制度	前期开发部管理制度
		房地产开发项目可行性研究管理办法
		项目投资管理制度
		总部项目拓展风险管理制度
		项目前期开发手续流程监督制度
		项目定位与策划管理制度
		设计委托与设计方案评审管理制度
2	房地产企业项目施工管理制度	施工图会审与技术交底管理办法
		设计变更管理制度

序号	管理模块	制度名称
2	房地产企业项目施工管理制度	工程招投标工作管理制度
		工地检查制度
		工程施工组织设计审查制度
		施工图纸会审管理制度
		工程质量控制及管理办法
		工程进度控制及管理办法
		材料设备采购管理制度
3	房地产企业营销管理制度	营销计划管理办法
		项目销售管理总则
		售楼日常管理规范
		销售合同及资料管理办法
4	房地产企业成本控制制度	房地产成本管理办法
		房地产项目成本控制细则
		项目拓展阶段成本测算工作细则
		设计阶段成本控制工作细则
		成本目标分解工作细则
		施工阶段成本控制工作细则
		项目工程结算工作细则
5	房地产企业财务管理制度	财务预算管理制度
		销售收款管理办法
		房地产项目成本核算办法
		资金管理制度
		资产管理制度
		内部稽核审计管理制度

三、运用表格规范企业管理

企业管理中的各类表格主要用于记载过程状态和过程结果，是企业质量保证的客观依据，为采取纠正和预防措施提供依据，有利于业务标识和可追溯性。

（一）表格登记过程中常见的问题

表格在登记过程中常见以下问题。

（1）盲。表格的设置、设计目的、功能不明，不是为管理、改进所用，而是为了应付检查（例如：我们在填写质量报表时，本来该真实记录的，为了应付检查而更改）。

（2）乱。表格的设置、设计随意性强，缺乏体系考虑，表格的填写、保管、收集混乱，责任不清。

（3）散。保存、管理分散，未做统一规定。

（4）松。记录填写、传递、保管不严，日常疏于检查，达不到要求，无人考核，且丢失和涂改现象严重。

（5）空。该填不填，空格很多，缺乏严肃性、法定性。

（6）错。写错别字，语言表达不清，填写错误。

（二）表格的设计和编制要求

（1）表格并非越多越好，正确的做法是只选择必要的原始数据作为记录。

（2）在确定表格的格式和内容的同时，应考虑使用者填写方便并保证能够在现有条件下准确地获取所需的信息。

（3）应尽量采用国际、国内或行业标准，对表格应废立多余的，修改不适用的，沿用有价值的，增补必需的，应使用适当的表格或图表格式加以规定，按要求统一编号。

（三）表格的管理和控制

表格的管理和控制要满足表4中要求才能更好地被追溯。

表4　表格的管理和控制要求

序号	管理项目	说明
1	标识	应具有唯一性标识，为了便于归档和检索，记录应具有分类号和流水号。标识的内容应包括：表格所属的文件编号、版本号、表号、页号。没有标识或不符合标识要求的记录表格是无效的表格
2	储存和保管	记录应当按照档案要求立卷储存和保管。记录的保管由专人或专门的主管部门负责，应建立必要的保管制度，保管方式应便于检索和存取，保管环境应适宜可靠，干燥、通风，并有必要的架、箱，应做到防潮、防火、防蛀，防止损坏、变质和丢失
3	检索	一项管理活动往往涉及多项表格，为了避免漏项，应当对表格进行编目，编目具有引导和路径作用，便于表格的查阅和使用，通过查阅各项表格可以对该项管理活动有一个整体的了解
4	处置	超过规定保存期限的表格，应统一进行处理，重要的含有保密内容的表格须保留销毁记录

本书为房地产企业提供了一些实用的表格范本供参考，具体包括以下几个方面（表5）。

表5　实用的表格范本

序号	管理模块	表格名称
1	前期开发部工作表格	可研阶段工作联系单
		可研阶段工作成果交接单
		设计阶段工作联系单
		设计阶段工作成果交接单
		开发资料交接单
		宗地交接确认单
2	房地产企业营销管理表格	项目公司年度营销执行汇总表
		项目公司年度营销目标计划表
		项目公司年度营销工作进度计划表
		项目公司上半年度营销执行汇总表
		项目公司下半年度营销目标计划表
		项目公司月度营销计划及执行汇总表
		项目公司每月销售欠量情况明细表
		项目月推广费用明细表
		销售案前总验收表
		项目来访客户登记表
		回访客户登记表
		大定统计表
		大定逾期情况汇总
		成交记录表
		签约联系登记表（房屋保留期间）
		合同统计表
		……
3	房地产企业工程管理表格	项目材料设备设计标准确认表
		材料设备设计确认计划表
		材料设备管理控制汇总表
		材料设备进场计划表
		材料设备采购招标文件内部审核表
		材料设备招投标工作流程表
		材料设备封样清单
		甲供材料设备合同交底单
		供应商供货质量、进度考核表
		供应商供货评估表
		供应商考察报告

续表

序号	管理模块	表格名称
3	房地产企业工程管理表格	材料设备供应商信息表
		材料设备采购月报表
		材料设备样品清单
		施工组织设计内部审批表
		监理人员登记表
		施工单位管理人员登记表
		施工合同登记汇总表
		施工合同半月报表
		合同移交记录单
		施工合同总结报告
		项目施工日记
		重大设计变更审批表
		……
4	房地产企业成本控制表格	项目目标成本测算表
		预算成本变更审批表
		超预算成本审批表
		主要成本项目差异分析表
		实物金额对比的"两算"对比表
		分部分项工程成本分析表
		招标项目成本考察及分析表
		建安成本动态控制表
		成本档案查阅登记表
5	房地产企业财务管理表格	购置固定资产请购审批表
		资产验收合格单
		固定资产转移单
		固定资产登记卡片
		固定资产明细登记表
		固定资产清查盘存单
		固定资产报废单
		低值易耗品登记卡片
		内部转款审批单
		项目工程设计费付款审批表
		项目工程进度款（计划内）审批表
		项目配套付款审批表
		工程付款审批表

四、借鉴文本树立企业形象

文本指的是企业在管理过程中用来记录信息、交流信息和发布信息的一种工具，通常包括公文、书信、契约、方案等。它是企业经营运作的信息载体，是贯彻企业执行力的重要保障性因素。规范严谨的商务文书，已经成为现代企业管理的基础而又不可或缺的内容。

企业文本的要求如下。

（1）明确文本的意图。从主观目标看客观目标。

（2）需要结构分明。有效划分层次和段落，巧设过渡和照应。

（3）组织材料要注意多、细、精、严。

（4）语言要确定。文本中不允许含糊不清、模棱两可的现象存在。例如，利润是企业经营的财务成果，但就"利润"一个单词，就有产品销售利润、营业利润、利润总额、净利润四个概念，每个概念都带有一个确定的含义、确定的计算公式，不能望文生义，自行推断解释。再如，在签订某机械产品购销合同时，对产品规格质量标准、数量与金额、交货时间与地点、付款方式都必须写得明确具体，以利于履行。而不能像写电影剧本那样："表面光洁度：像玻璃一样光；硬度：像钢一样硬；交货时间：早春二月；交货地点：长江沿岸"等。

（5）内容要真实。文本的真实性则是所写的内容，包括人物、事件、时间、地点、数据等，都必须是实实在在的，完全是真实的，不容许虚构和捏造，来不得半点差错。

本书为房地产企业提供了一些实用的文本范本供参考，具体包括表6中几个方面。

表6　实用的文本范本

序号	管理模块	文本名称
1	前期开发管理文书	××项目竞争对手楼盘分析报告
		××项目地块分析评估报告
		××楼盘项目可行性研究报告
		房地产项目用地投标书
		××市国有土地登记法人代表身份证明书及法人委托书
		国有土地使用权申请书
2	房地产项目工程管理文书	地产项目工程投标承诺函
		廉洁合作协议
		工程质量保修协议
		关于设计变更、现场签证的协议
3	房地产销售管理文书	房地产代理销售合同
		月度营销推广方案
		商品房认购书

续表

序号	管理模块	文本名称
3	房地产销售管理文书	商品房买卖合同
		《商品房买卖合同》补充协议
		按揭首付分期付款补充协议
		委托办理产权证协议书
		收楼通知书
		催款通知书（第一封）
		催款通知书（第二封）
4	成本控制文书	项目开发部成本控制责任书
		设计部成本控制责任书
		工程部成本控制责任书
		项目经理部成本控制责任书
		营销管理部成本控制责任书
		成本管理部成本控制责任书
		合同结算协议书

Part 1 房地产企业管理流程

第1章 市场发展管理流程

1-01 公司年度经营计划制订流程

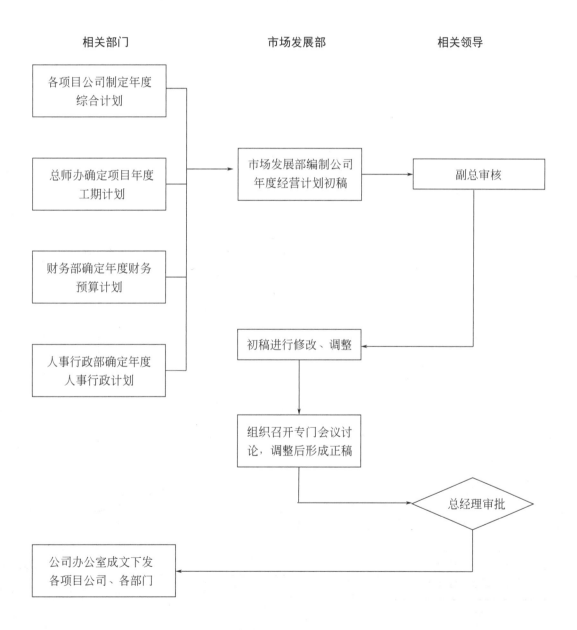

1-02　产品定位报告编写流程

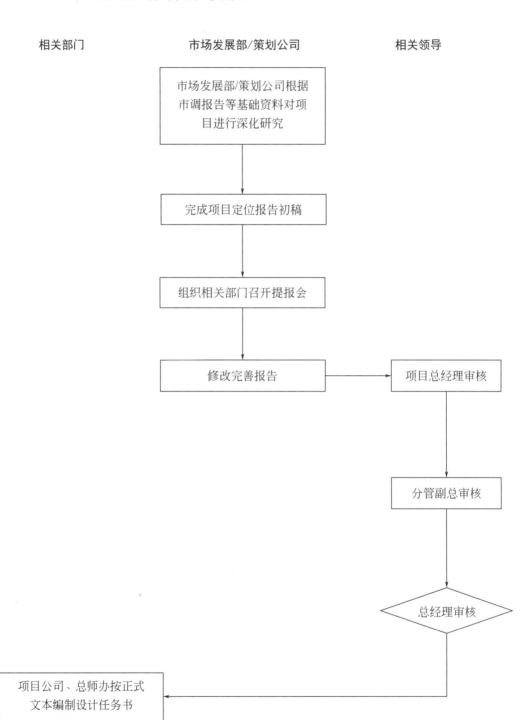

| 相关部门 | 市场发展部/策划公司 | 相关领导 |

市场发展部/策划公司根据市调报告等基础资料对项目进行深化研究

完成项目定位报告初稿

组织相关部门召开提报会

修改完善报告

项目总经理审核

分管副总审核

总经理审核

项目公司、总师办按正式文本编制设计任务书

1-03 可研分析工作流程

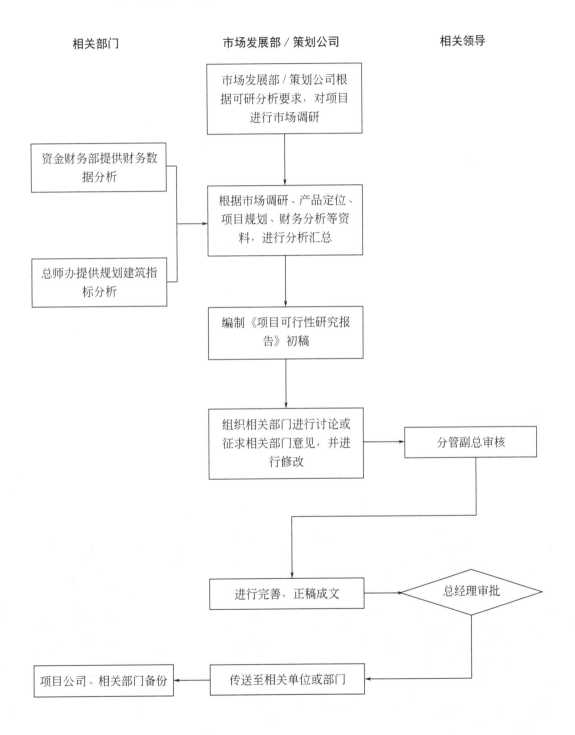

相关部门　　　　　　　市场发展部／策划公司　　　　　　相关领导

市场发展部／策划公司根据可研分析要求，对项目进行市场调研

资金财务部提供财务数据分析

根据市场调研、产品定位、项目规划、财务分析等资料，进行分析汇总

总师办提供规划建筑指标分析

编制《项目可行性研究报告》初稿

组织相关部门进行讨论或征求相关部门意见，并进行修改

分管副总审核

进行完善，正稿成文

总经理审批

项目公司、相关部门备份

传送至相关单位或部门

1-04　销售计划管理流程

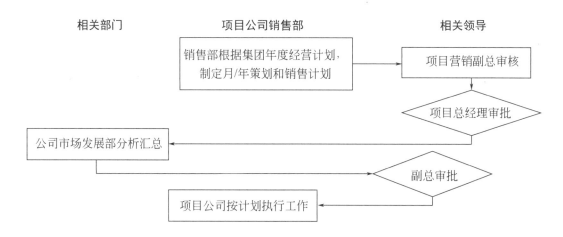

相关部门　　　　　　项目公司销售部　　　　　　相关领导

销售部根据集团年度经营计划，制定月/年策划和销售计划 → 项目营销副总审核

项目总经理审批

公司市场发展部分析汇总

副总审批

项目公司按计划执行工作

1-05　销售价格管理流程

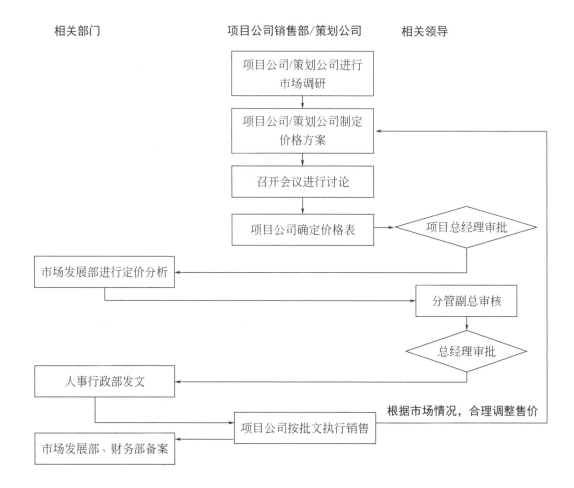

相关部门　　　　　　项目公司销售部/策划公司　　　　　　相关领导

项目公司/策划公司进行市场调研

项目公司/策划公司制定价格方案

召开会议进行讨论

项目公司确定价格表 → 项目总经理审批

市场发展部进行定价分析

分管副总审核

总经理审批

人事行政部发文

根据市场情况，合理调整售价

项目公司按批文执行销售

市场发展部、财务部备案

1-06 销售工作督察工作流程

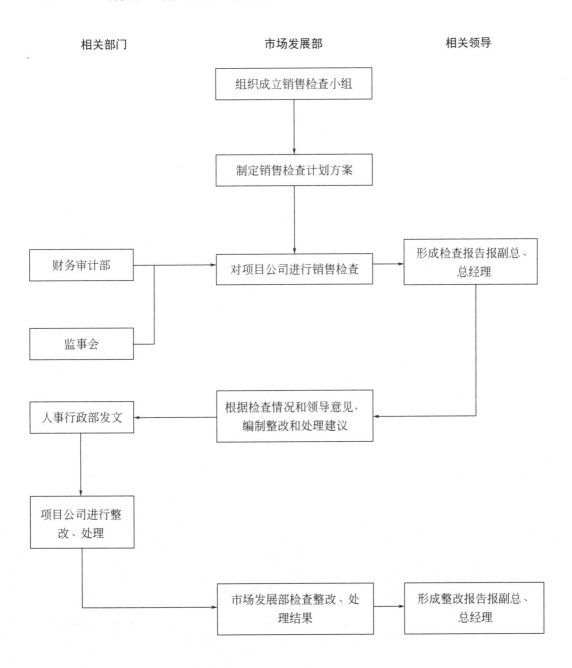

| 相关部门 | 市场发展部 | 相关领导 |

组织成立销售检查小组

制定销售检查计划方案

财务审计部

监事会

对项目公司进行销售检查

形成检查报告报副总、总经理

人事行政部发文

根据检查情况和领导意见，编制整改和处理建议

项目公司进行整改、处理

市场发展部检查整改、处理结果

形成整改报告报副总、总经理

1-07 物业销售流程

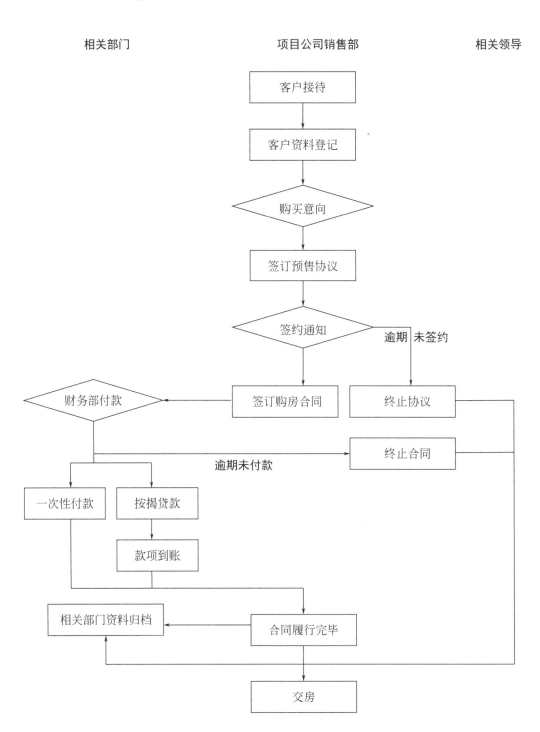

相关部门　　　　　　　　　　项目公司销售部　　　　　　　相关领导

客户接待

客户资料登记

购买意向

签订预售协议

签约通知　　逾期 未签约

财务部付款　　　签订购房合同　　　终止协议

逾期未付款　　　　　　终止合同

一次性付款　　按揭贷款

款项到账

相关部门资料归档　　　合同履行完毕

交房

1-08　市场推广流程

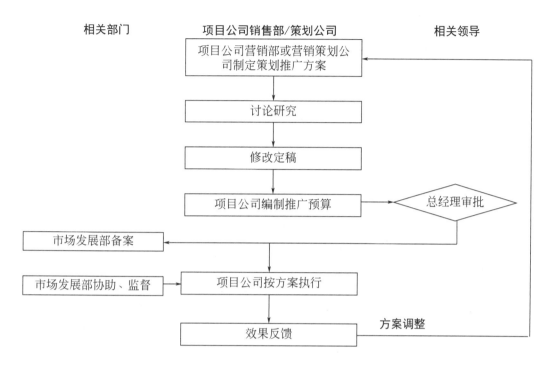

1-09　广告宣传流程

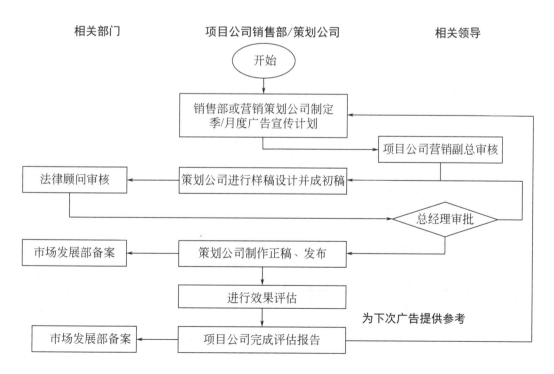

1-10　合同签订流程

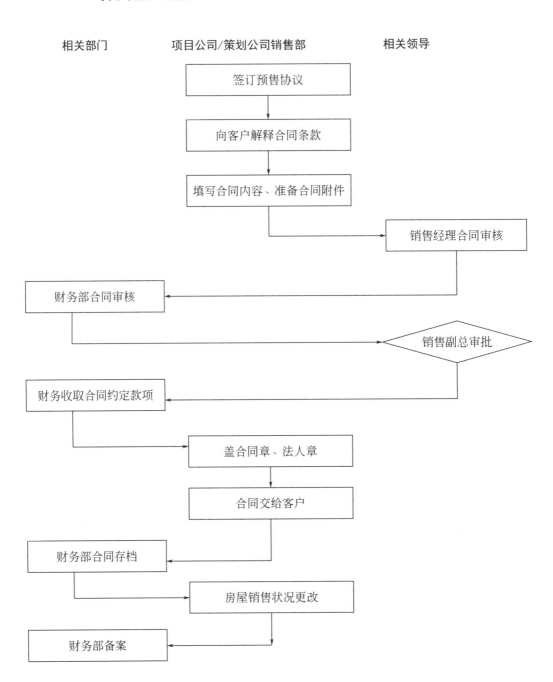

1-11　销售优惠管理流程

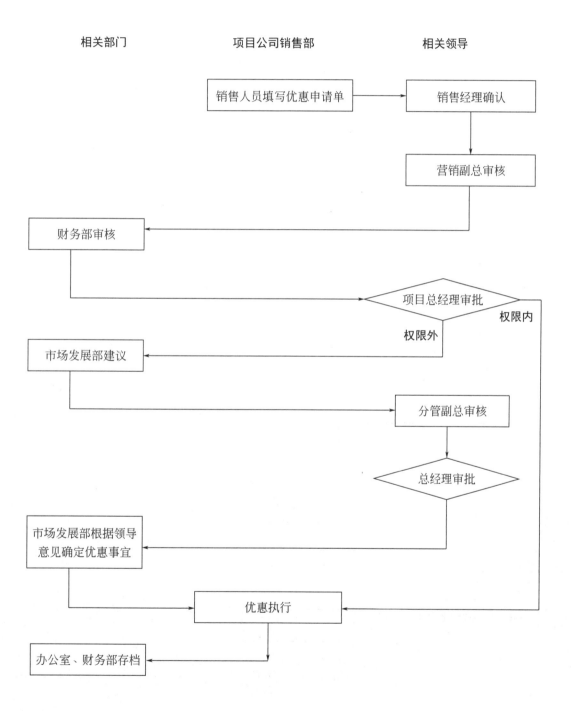

相关部门　　　　　　　　项目公司销售部　　　　　　　相关领导

销售人员填写优惠申请单　→　销售经理确认

营销副总审核

财务部审核

项目总经理审批

权限外　　　权限内

市场发展部建议

分管副总审核

总经理审批

市场发展部根据领导意见确定优惠事宜

优惠执行

办公室、财务部存档

1-12　销售资料管理流程

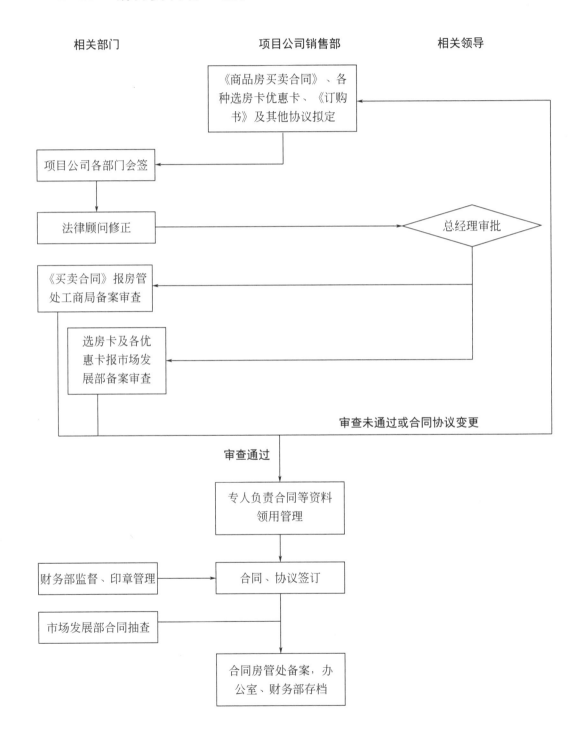

相关部门　　　　　　　　　项目公司销售部　　　　　　　相关领导

《商品房买卖合同》、各种选房卡优惠卡、《订购书》及其他协议拟定

项目公司各部门会签

法律顾问修正

总经理审批

《买卖合同》报房管处工商局备案审查

选房卡及各优惠卡报市场发展部备案审查

审查未通过或合同协议变更

审查通过

专人负责合同等资料领用管理

财务部监督、印章管理

合同、协议签订

市场发展部合同抽查

合同房管处备案，办公室、财务部存档

1-13 房屋交付流程

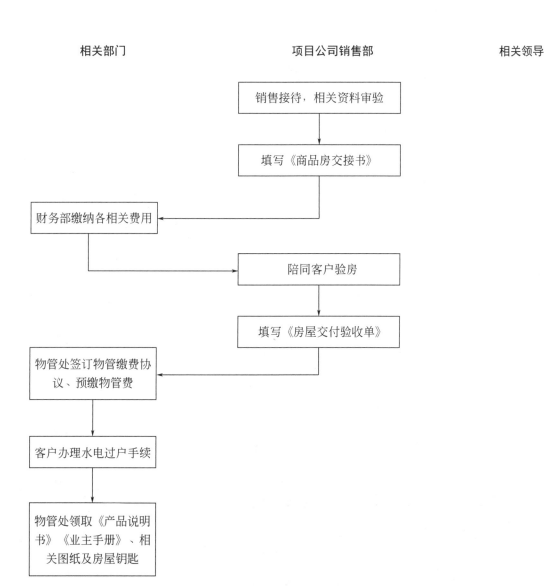

相关部门	项目公司销售部	相关领导
	销售接待，相关资料审验	
	填写《商品房交接书》	
财务部缴纳各相关费用		
	陪同客户验房	
	填写《房屋交付验收单》	
物管处签订物管缴费协议、预缴物管费		
客户办理水电过户手续		
物管处领取《产品说明书》《业主手册》、相关图纸及房屋钥匙		

1-14 客户投诉处理流程

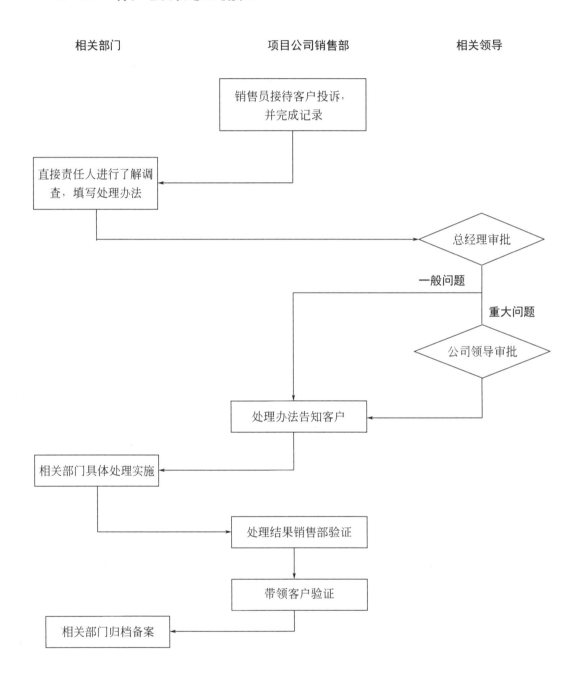

相关部门　　　　　　　　　项目公司销售部　　　　　　　相关领导

销售员接待客户投诉，并完成记录

直接责任人进行了解调查，填写处理办法

总经理审批

一般问题

重大问题

公司领导审批

处理办法告知客户

相关部门具体处理实施

处理结果销售部验证

带领客户验证

相关部门归档备案

1-15 信息管理流程

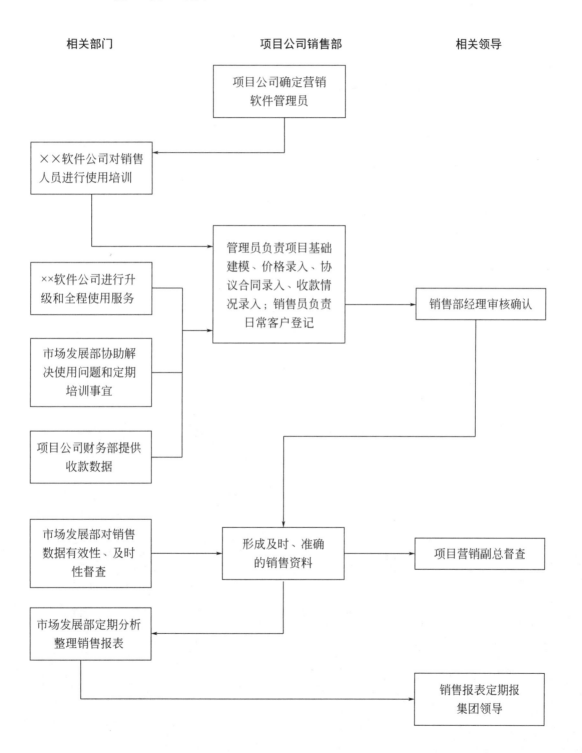

相关部门　　　　　　　　项目公司销售部　　　　　　　相关领导

项目公司确定营销
软件管理员

××软件公司对销售
人员进行使用培训

管理员负责项目基础
建模、价格录入、协
议合同录入、收款情
况录入；销售员负责
日常客户登记

销售部经理审核确认

××软件公司进行升
级和全程使用服务

市场发展部协助解
决使用问题和定期
培训事宜

项目公司财务部提供
收款数据

市场发展部对销售
数据有效性、及时
性督查

形成及时、准确
的销售资料

项目营销副总督查

市场发展部定期分析
整理销售报表

销售报表定期报
集团领导

第2章　财务管理流程

2-01　费用报销管理流程

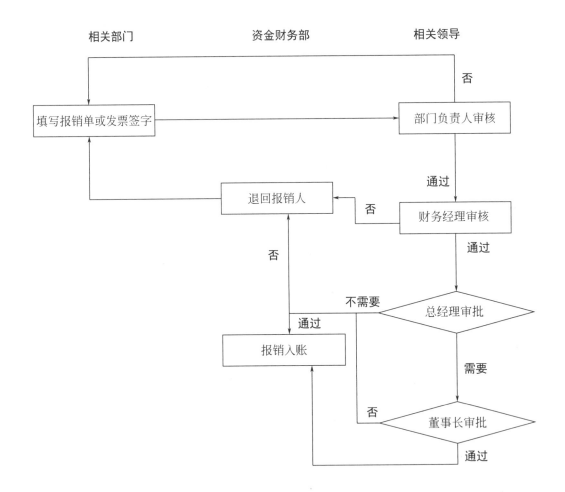

2-02　资产购置管理流程

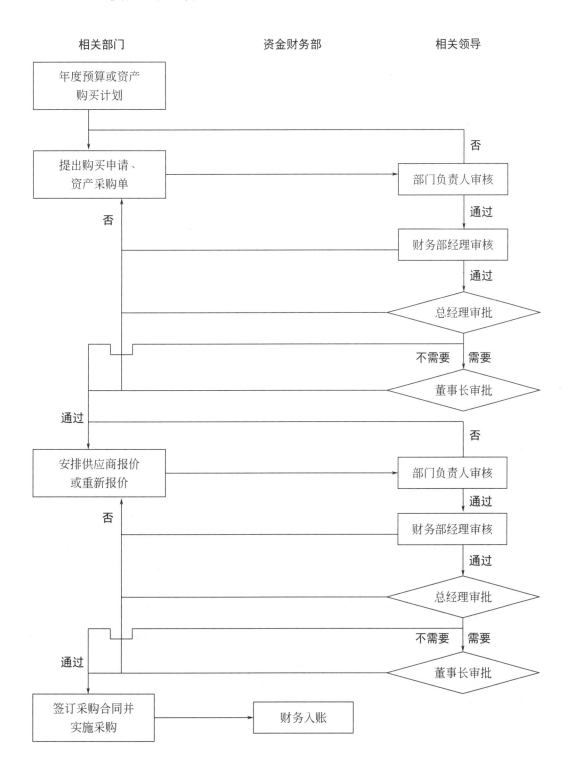

2-03 资产入账管理流程

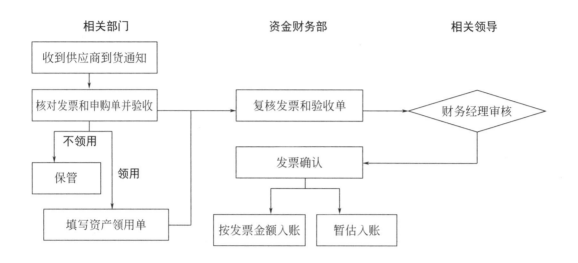

2-04 资产调用管理流程

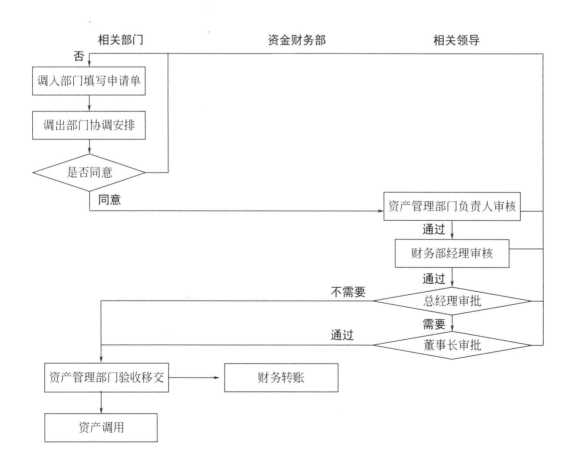

2-05 资产处置管理流程

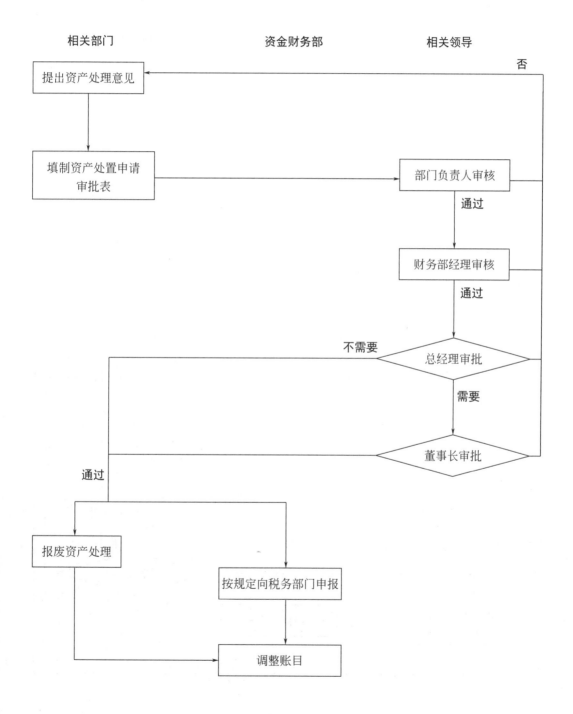

2-06　资产盘点管理流程

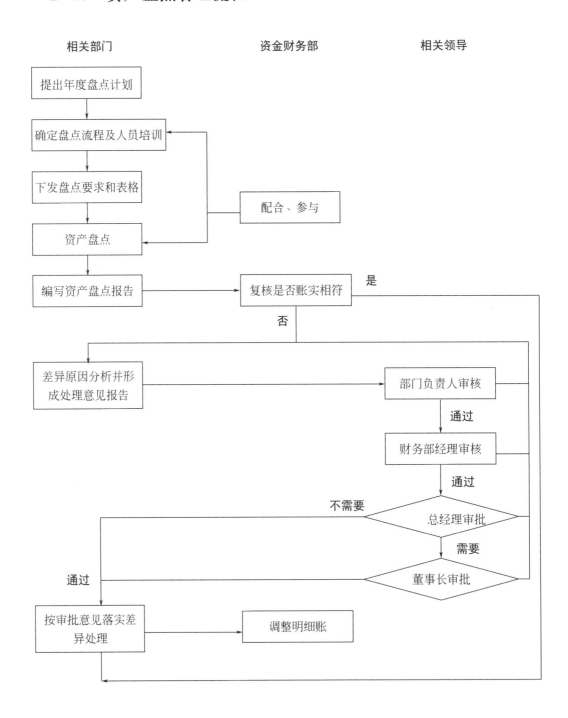

2-07 资金流入管理流程

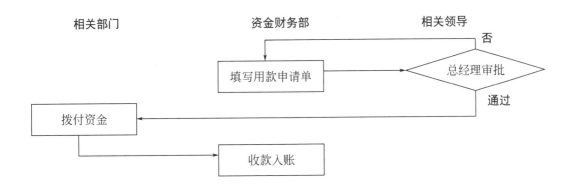

2-08 资金流出管理流程

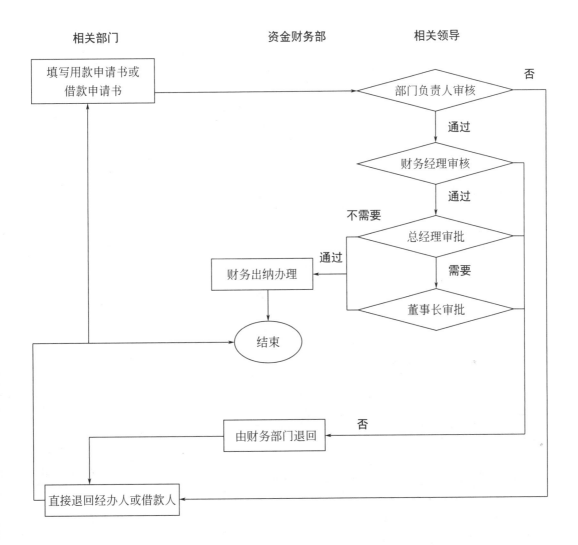

第3章 工程管理流程

3-01 方案设计管理流程

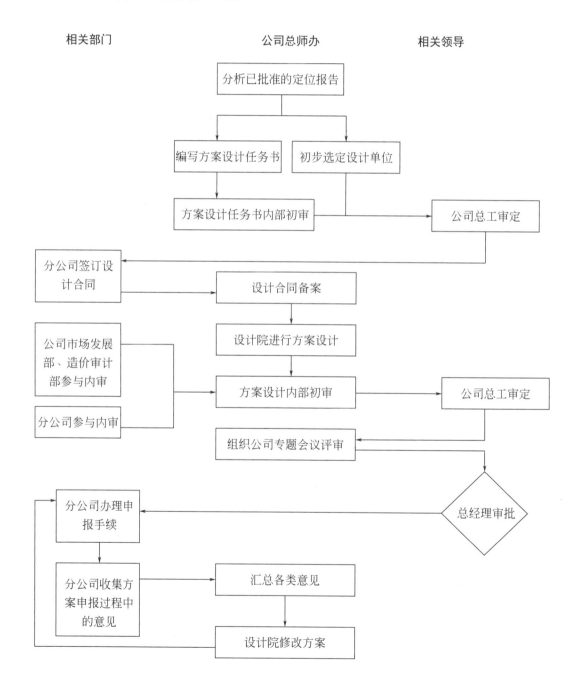

相关部门　　　　　　公司总师办　　　　　相关领导

- 分析已批准的定位报告
- 编写方案设计任务书
- 初步选定设计单位
- 方案设计任务书内部初审
- 公司总工审定
- 分公司签订设计合同
- 设计合同备案
- 设计院进行方案设计
- 公司市场发展部、造价审计部参与内审
- 分公司参与内审
- 方案设计内部初审
- 公司总工审定
- 组织公司专题会议评审
- 分公司办理申报手续
- 总经理审批
- 分公司收集方案申报过程中的意见
- 汇总各类意见
- 设计院修改方案

3-02 初步设计管理流程

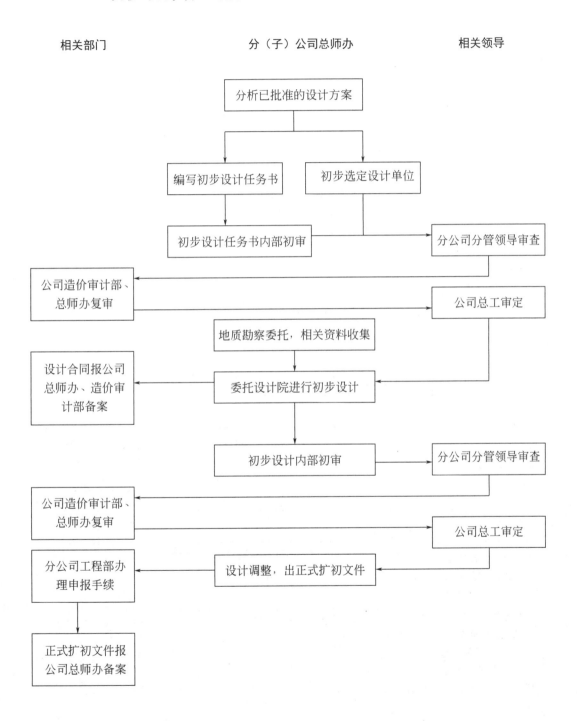

相关部门　　　　　　　　　分（子）公司总师办　　　　　　　相关领导

- 分析已批准的设计方案
- 编写初步设计任务书
- 初步选定设计单位
- 初步设计任务书内部初审
- 分公司分管领导审查
- 公司造价审计部、总师办复审
- 公司总工审定
- 地质勘察委托，相关资料收集
- 设计合同报公司总师办、造价审计部备案
- 委托设计院进行初步设计
- 初步设计内部初审
- 分公司分管领导审查
- 公司造价审计部、总师办复审
- 公司总工审定
- 分公司工程部办理申报手续
- 设计调整，出正式扩初文件
- 正式扩初文件报公司总师办备案

3-03　施工图设计管理流程

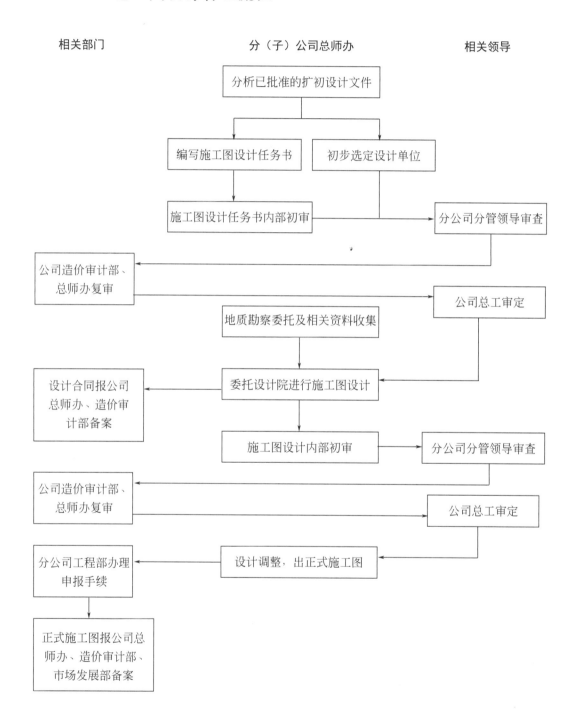

3-04 总平面图及室外市政景观综合布线设计管理流程

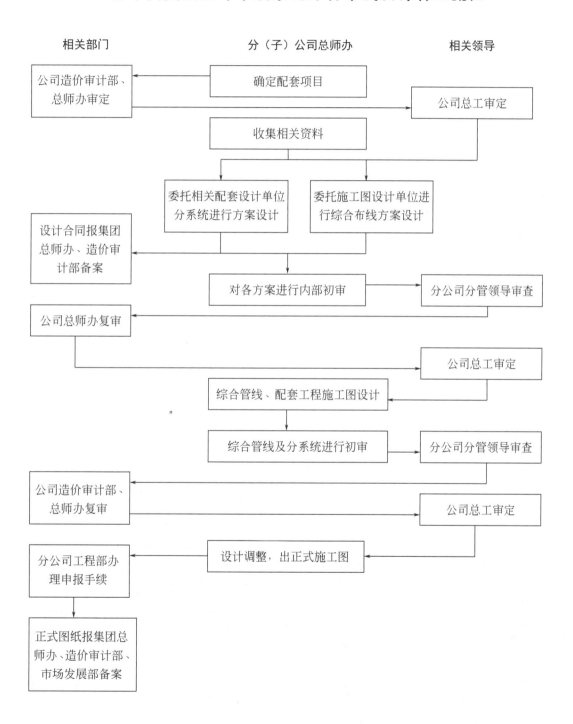

相关部门　　　　　　　　分（子）公司总师办　　　　　相关领导

公司造价审计部、总师办审定 ← 确定配套项目

公司总工审定

收集相关资料

委托相关配套设计单位分系统进行方案设计　　　委托施工图设计单位进行综合布线方案设计

设计合同报集团总师办、造价审计部备案

对各方案进行内部初审　　　分公司分管领导审查

公司总师办复审

公司总工审定

综合管线、配套工程施工图设计

综合管线及分系统进行初审　　　分公司分管领导审查

公司造价审计部、总师办复审　　　　公司总工审定

分公司工程部办理申报手续 ← 设计调整，出正式施工图

正式图纸报集团总师办、造价审计部、市场发展部备案

3-05 开工准备工作管理流程

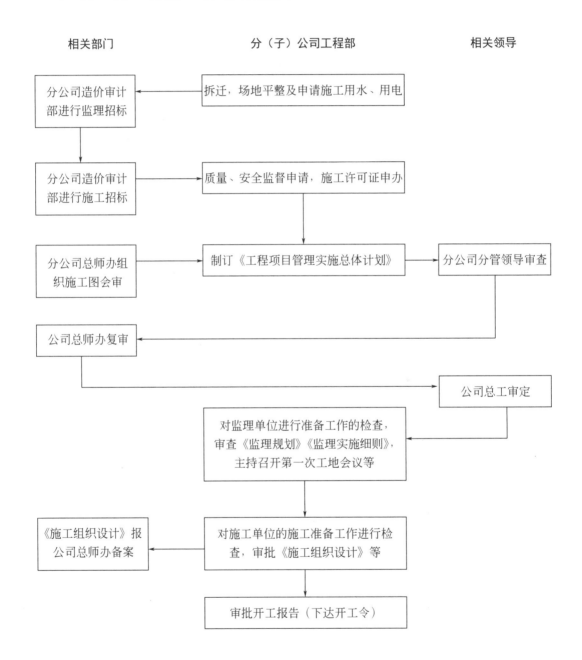

相关部门　　　　　　　　分（子）公司工程部　　　　　相关领导

- 分公司造价审计部进行监理招标
- 拆迁，场地平整及申请施工用水、用电
- 分公司造价审计部进行施工招标
- 质量、安全监督申请，施工许可证申办
- 分公司总师办组织施工图会审
- 制订《工程项目管理实施总体计划》
- 分公司分管领导审查
- 公司总师办复审
- 公司总工审定
- 对监理单位进行准备工作的检查，审查《监理规划》《监理实施细则》，主持召开第一次工地会议等
- 《施工组织设计》报公司总师办备案
- 对施工单位的施工准备工作进行检查，审批《施工组织设计》等
- 审批开工报告（下达开工令）

3-06 施工图会审管理流程

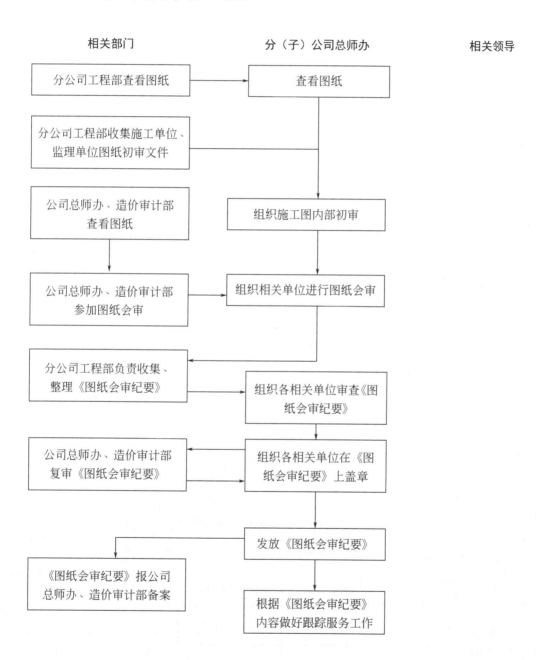

3-07 工程进度与计划管理流程

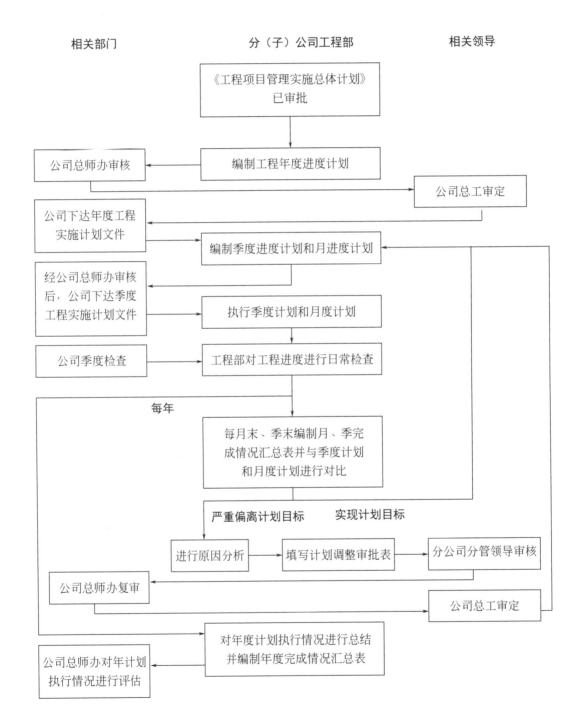

相关部门	分（子）公司工程部	相关领导

《工程项目管理实施总体计划》已审批

公司总师办审核 ← 编制工程年度进度计划

公司总工审定

公司下达年度工程实施计划文件 ← 编制季度进度计划和月进度计划

经公司总师办审核后，公司下达季度工程实施计划文件 → 执行季度计划和月度计划

公司季度检查 → 工程部对工程进度进行日常检查

每年

每月末、季末编制月、季完成情况汇总表并与季度计划和月度计划进行对比

严重偏离计划目标　实现计划目标

进行原因分析 → 填写计划调整审批表 → 分公司分管领导审核

公司总师办复审

公司总工审定

对年度计划执行情况进行总结并编制年度完成情况汇总表

公司总师办对年计划执行情况进行评估

3-08 设计变更管理流程

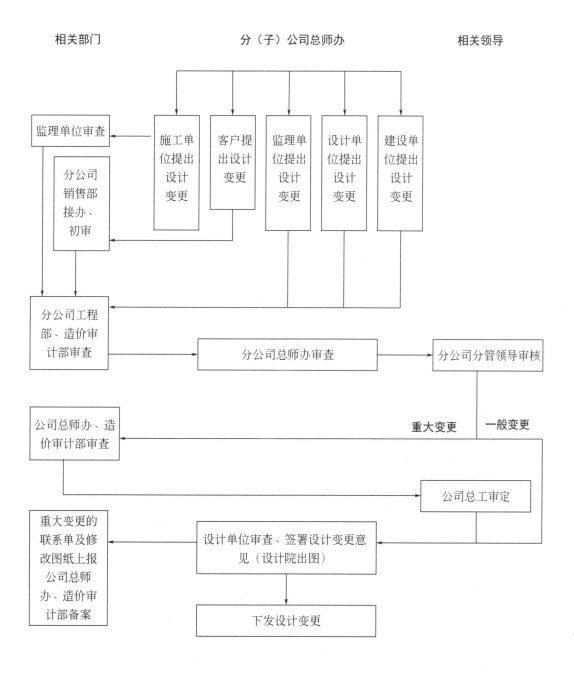

相关部门　　　　　　　　分（子）公司总师办　　　　　　相关领导

3-09 质量缺陷修补及质量事故处理流程

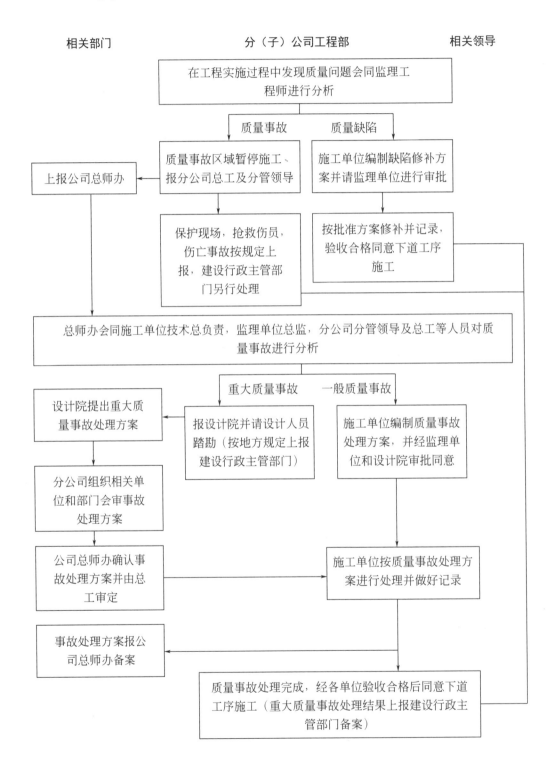

相关部门　　　　　　　　分（子）公司工程部　　　　　　相关领导

在工程实施过程中发现质量问题会同监理工程师进行分析

质量事故　　　　质量缺陷

质量事故区域暂停施工、报分公司总工及分管领导

施工单位编制缺陷修补方案并请监理单位进行审批

上报公司总师办

保护现场，抢救伤员，伤亡事故按规定上报，建设行政主管部门另行处理

按批准方案修补并记录，验收合格同意下道工序施工

总师办会同施工单位技术总负责，监理单位总监，分公司分管领导及总工等人员对质量事故进行分析

重大质量事故　　　　一般质量事故

设计院提出重大质量事故处理方案

报设计院并请设计人员踏勘（按地方规定上报建设行政主管部门）

施工单位编制质量事故处理方案，并经监理单位和设计院审批同意

分公司组织相关单位和部门会审事故处理方案

公司总师办确认事故处理方案并由总工审定

施工单位按质量事故处理方案进行处理并做好记录

事故处理方案报公司总师办备案

质量事故处理完成，经各单位验收合格后同意下道工序施工（重大质量事故处理结果上报建设行政主管部门备案）

3-10 基础及主体工程结构验收管理流程

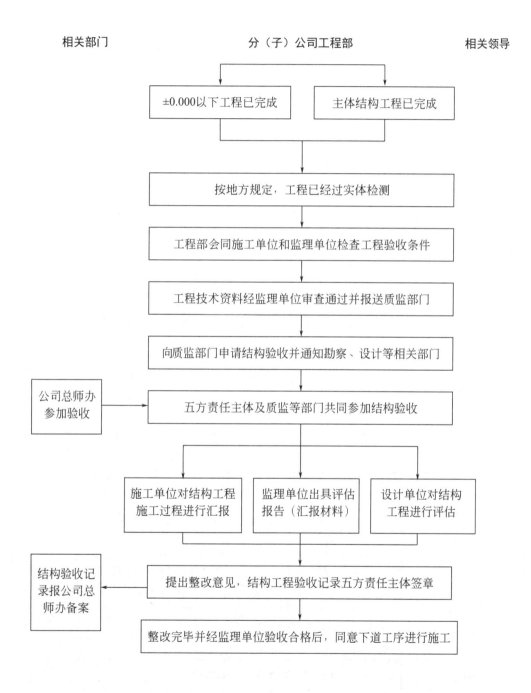

相关部门　　　　　　　　　　分（子）公司工程部　　　　　　　　　相关领导

±0.000以下工程已完成　　　　主体结构工程已完成

按地方规定，工程已经过实体检测

工程部会同施工单位和监理单位检查工程验收条件

工程技术资料经监理单位审查通过并报送质监部门

向质监部门申请结构验收并通知勘察、设计等相关部门

公司总师办参加验收　→　五方责任主体及质监等部门共同参加结构验收

施工单位对结构工程施工过程进行汇报　　监理单位出具评估报告（汇报材料）　　设计单位对结构工程进行评估

结构验收记录报公司总师办备案　←　提出整改意见，结构工程验收记录五方责任主体签章

整改完毕并经监理单位验收合格后，同意下道工序进行施工

3-11 单位工程竣工验收管理流程

相关部门	分（子）公司工程部	相关领导

单位工程已按合同内容完成施工任务，各类专项验收已完成

施工单位向工程部申请单位工程竣工验收（提交竣工报告）

工程部会同施工单位和监理单位对工程进行预验收，提出整改意见

监理单位出具预验收评估报告 ← 施工单位整改后经工程部和监理单位验收合格

工程技术资料经工程部和监理单位审查通过并报送质监部门

向质监部门申请正式竣工验收并通知勘察、设计等相关部门

公司总师办参加验收 → 五方责任主体及质监部门共同参加竣工验收

| 施工单位对工程施工过程进行汇报 | 监理单位出具评估报告 | 设计单位对工程进行评估 | 建设单位向各方汇报工程全过程监控情况 |

竣工验收记录报公司总师办备案 ← 提出整改意见，竣工验收记录五方责任主体签章

整改完毕，验收合格 → 施工单位工程技术资料移交

建设行政主管部门备案 ← 资料报城建档案馆存档

单位工程办理竣工决算审计及其他工作

3-12　技术资料管理流程

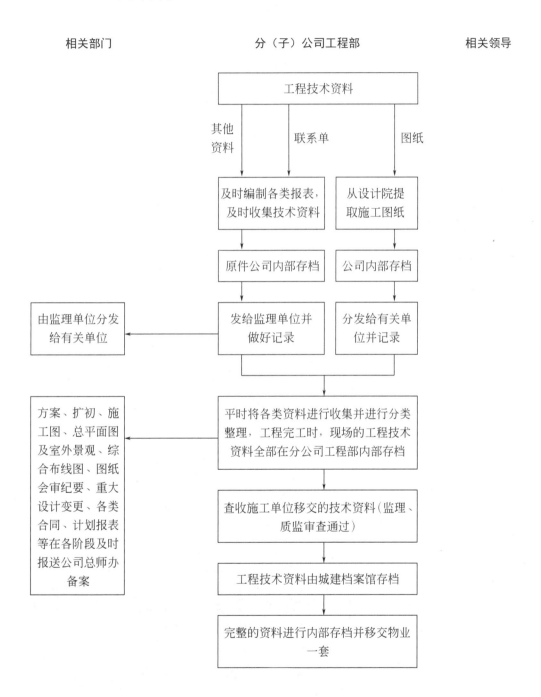

3-13 项目综合性验收及工程移交物业管理流程

相关部门	分（子）公司工程部	相关领导

```
                    ┌─────────────────────────┐
                    │   单位工程已经过竣工验收，  │
                    │     室外工程已完成          │
                    └─────────────────────────┘
                                 │
                                 ▼
┌──────────────┐    ┌─────────────────────────┐
│ 公司总师办参加 │───▶│   工程部组织相关部门进行配  │
│    预验收      │    │     套工程预验收          │
└──────────────┘    └─────────────────────────┘
                                 │
         ┌───────────────────────┼───────────────────────┐
         ▼                       ▼                       ▼
  ┌──────────┐          ┌──────────────┐        ┌──────────────┐
  │ 公建配    │          │ 上、下水管网；│        │ 规划；消防；  │
  │ 套工程    │          │ 强、弱电；煤气│        │ 环保；环卫；  │
  │ 竣工      │          │ 通讯；有线电  │        │ 人防等部门    │
  │ 验收合格  │          │ 视；绿化；道路│        │ 专项验收合    │
  │          │          │ 交通等设施验  │        │ 格            │
  │          │          │ 收合格        │        │              │
  └──────────┘          └──────────────┘        └──────────────┘
         └───────────────────────┼───────────────────────┘
                                 ▼
                    ┌─────────────────────────┐
                    │   各专项验收结束，报建    │
                    │   委等相关部门已备案      │
                    └─────────────────────────┘
                                 │
                                 ▼
                    ┌─────────────────────────┐
                    │   受甲方委托，物业公司    │
                    │   与施工单位办理交付使    │
                    │   用手续，并由施工单位    │
                    │   约定维修承诺书          │
                    └─────────────────────────┘
```

3-14　保修期内工程维修管理流程

相关部门　　　　　　　分（子）公司工程部　　　　　　相关领导

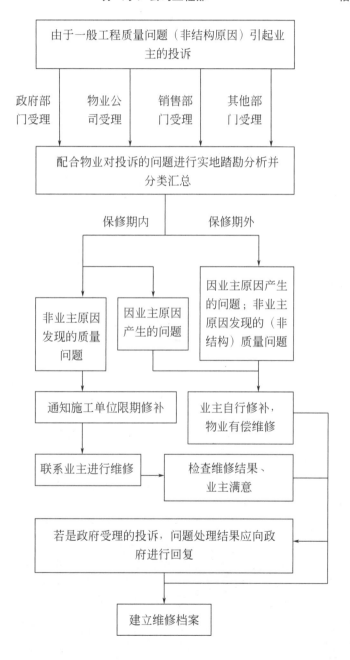

3-15 材料检验管理流程

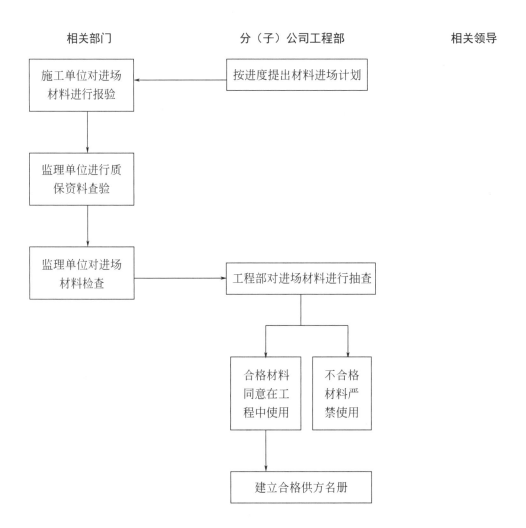

相关部门　　　　　　　分（子）公司工程部　　　　　　相关领导

施工单位对进场材料进行报验

按进度提出材料进场计划

监理单位进行质保资料查验

监理单位对进场材料检查

工程部对进场材料进行抽查

合格材料同意在工程中使用

不合格材料严禁使用

建立合格供方名册

第4章 造价审计管理

4-01 项目成本计划编制流程

相关部门	分（子）公司造价审计部	相关领导

```
┌──────────────┐        ┌──────────────┐
│分公司总师办、工 │◄───────│施工总承包招标已结束│
│程部提供相关资料 │        └──────────────┘
└──────────────┘
       │                ┌──────────────┐
       └───────────────►│ 编制项目成本计划 │
                        └──────────────┘
                                │
                        ┌──────────────┐      ┌──────────────┐
                        │项目成本计划内部会审│─────►│分公司分管领导审核│
                        └──────────────┘      └──────────────┘
┌──────────────┐                                     │
│公司造价审计部复核│◄───────────────────────────────────┘
└──────────────┘
       │
       │                ┌──────────────┐      ┌──────────────┐
       └───────────────►│ 调整项目成本计划 │─────►│分公司总经理审核│
                        └──────────────┘      └──────────────┘
                                                     │
                                              ┌────────────┐
                                              │  公司分管    │
                                              │  领导审批    │
                                              └────────────┘
                                                     │
┌──────────────┐        ┌──────────────┐            │
│ 公司造价审计    │◄───────│形成正式成本计划文件│◄───────────┘
│ 部备案        │        └──────────────┘
└──────────────┘
       │
       │                ┌──────────────┐
       └───────────────►│   组织实施     │
                        └──────────────┘
```

4-02 工程项目总承包招标管理流程

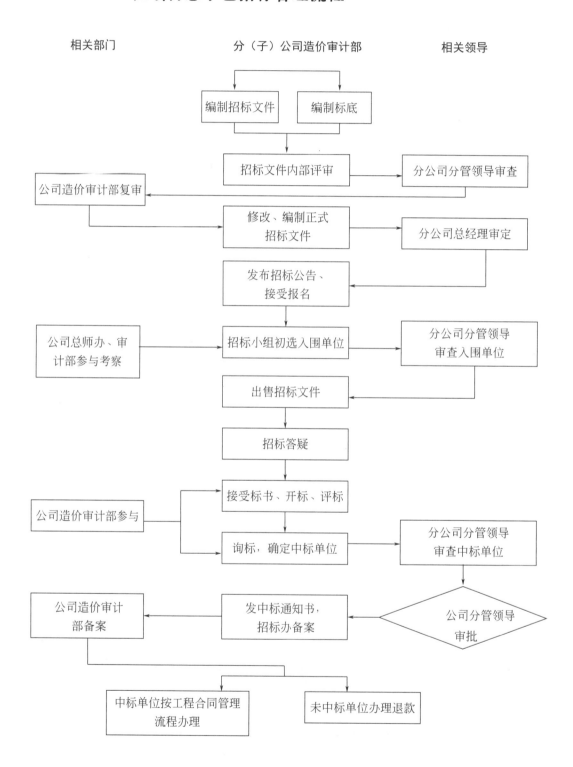

相关部门　　　　　　　　分（子）公司造价审计部　　　　　相关领导

编制招标文件　　编制标底

招标文件内部评审　　→　　分公司分管领导审查

公司造价审计部复审

修改、编制正式招标文件　　→　　分公司总经理审定

发布招标公告、接受报名

公司总师办、审计部参与考察　　→　　招标小组初选入围单位　　→　　分公司分管领导审查入围单位

出售招标文件

招标答疑

公司造价审计部参与　　→　　接受标书、开标、评标

询标，确定中标单位　　→　　分公司分管领导审查中标单位

公司分管领导审批

公司造价审计部备案　　←　　发中标通知书，招标办备案

中标单位按工程合同管理流程办理　　　　未中标单位办理退款

4-03 监理招标管理流程

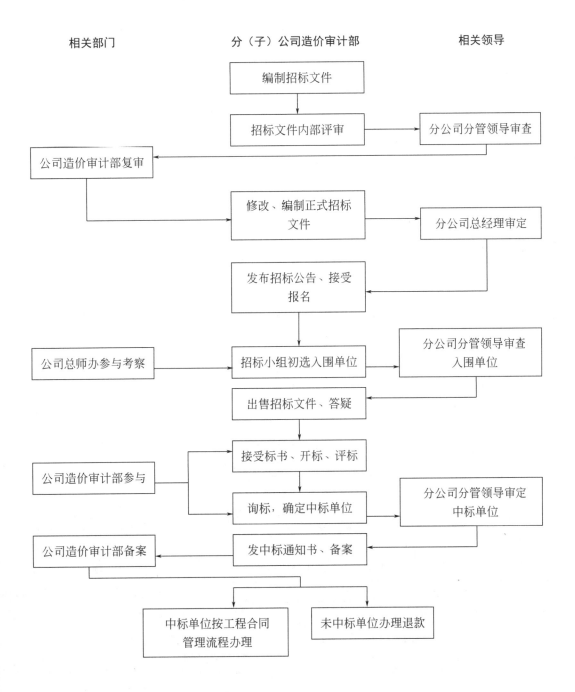

4-04　分包工程招标管理流程

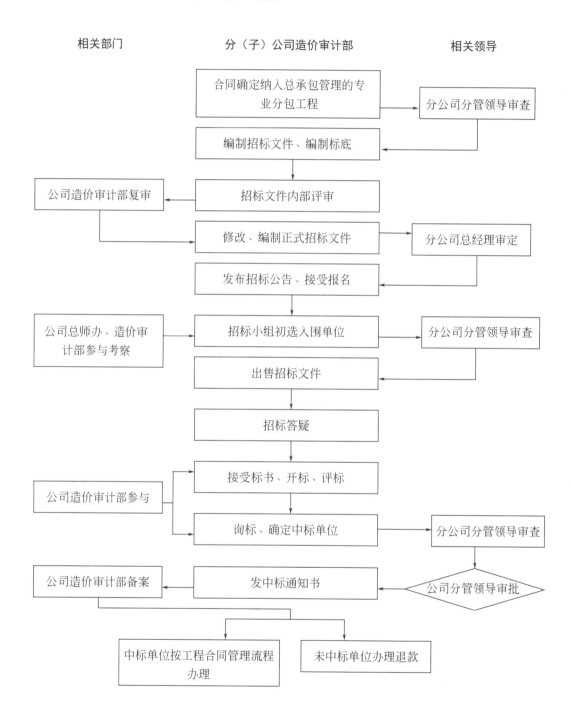

相关部门　　　　　　　　分（子）公司造价审计部　　　　　相关领导

合同确定纳入总承包管理的专业分包工程 → 分公司分管领导审查

编制招标文件、编制标底

公司造价审计部复审 ← 招标文件内部评审

修改、编制正式招标文件 → 分公司总经理审定

发布招标公告、接受报名

公司总师办、造价审计部参与考察 → 招标小组初选入围单位 → 分公司分管领导审查

出售招标文件

招标答疑

公司造价审计部参与 → 接受标书、开标、评标

询标、确定中标单位 → 分公司分管领导审查

公司造价审计部备案 ← 发中标通知书 ← 公司分管领导审批

中标单位按工程合同管理流程办理　　　未中标单位办理退款

4-05 甲供材料与设备采购招标管理流程

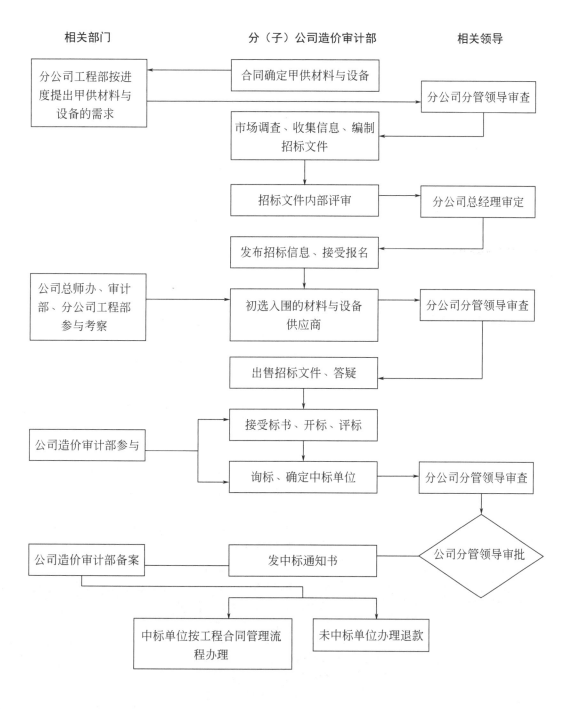

相关部门　　　　　　分（子）公司造价审计部　　　　相关领导

分公司工程部按进度提出甲供材料与设备的需求

合同确定甲供材料与设备

分公司分管领导审查

市场调查、收集信息、编制招标文件

招标文件内部评审

分公司总经理审定

发布招标信息、接受报名

公司总师办、审计部、分公司工程部参与考察

初选入围的材料与设备供应商

分公司分管领导审查

出售招标文件、答疑

公司造价审计部参与

接受标书、开标、评标

询标、确定中标单位

分公司分管领导审查

公司分管领导审批

公司造价审计部备案

发中标通知书

中标单位按工程合同管理流程办理

未中标单位办理退款

4-06 甲定乙供材料与设备定价管理流程

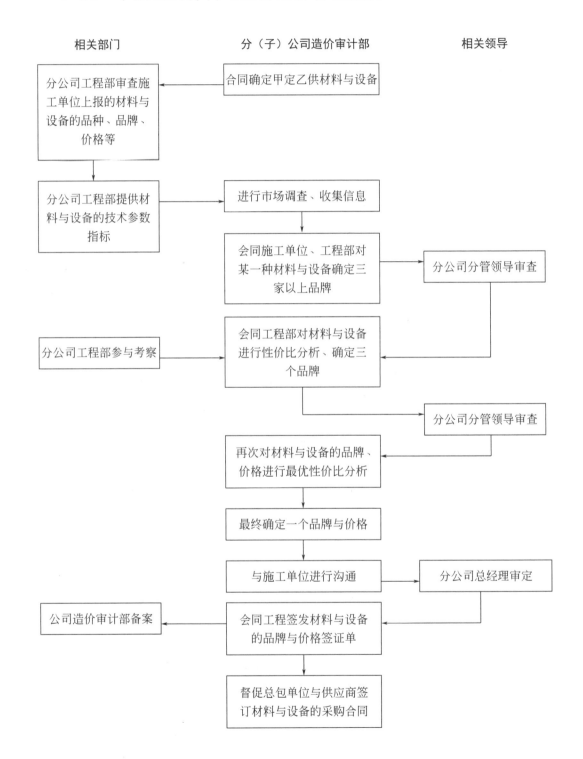

相关部门	分（子）公司造价审计部	相关领导

分公司工程部审查施工单位上报的材料与设备的品种、品牌、价格等 ← 合同确定甲定乙供材料与设备

分公司工程部提供材料与设备的技术参数指标 → 进行市场调查、收集信息

会同施工单位、工程部对某一种材料与设备确定三家以上品牌 → 分公司分管领导审查

分公司工程部参与考察 → 会同工程部对材料与设备进行性价比分析、确定三个品牌

分公司分管领导审查

再次对材料与设备的品牌、价格进行最优性价比分析

最终确定一个品牌与价格

与施工单位进行沟通 → 分公司总经理审定

公司造价审计部备案 ← 会同工程签发材料与设备的品牌与价格签证单

督促总包单位与供应商签订材料与设备的采购合同

4-07 工程合同管理流程

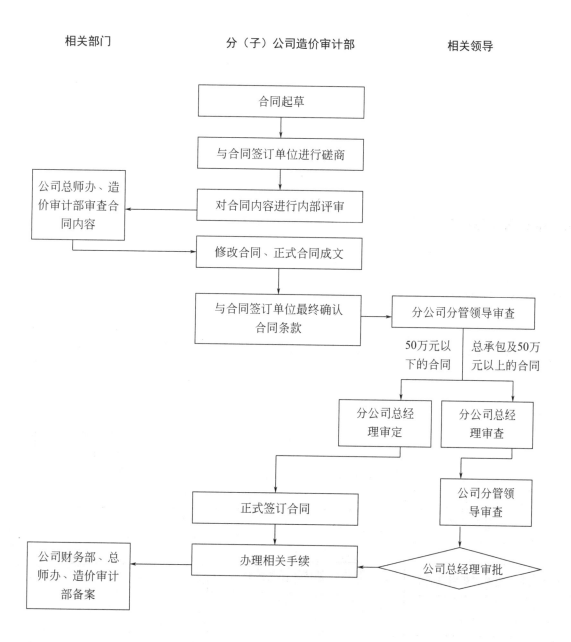

相关部门　　　　　　　　分（子）公司造价审计部　　　　　　相关领导

- 合同起草
- 与合同签订单位进行磋商
- 公司总师办、造价审计部审查合同内容 ← 对合同内容进行内部评审
- 修改合同、正式合同成文
- 与合同签订单位最终确认合同条款 → 分公司分管领导审查
  - 50万元以下的合同 → 分公司总经理审定
  - 总承包及50万元以上的合同 → 分公司总经理审查 → 公司分管领导审查 → 公司总经理审批
- 正式签订合同
- 公司财务部、总师办、造价审计部备案 ← 办理相关手续

4-08 费用签证管理流程

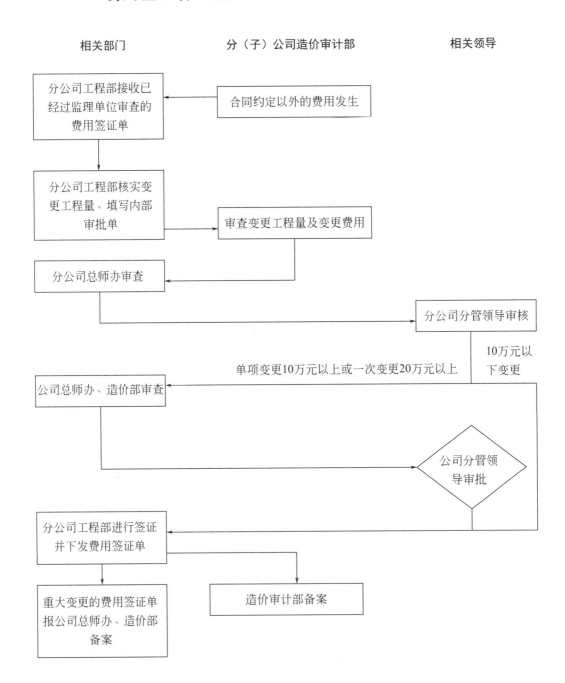

| 相关部门 | 分（子）公司造价审计部 | 相关领导 |

```
相关部门              分（子）公司造价审计部              相关领导

分公司工程部接收已      ←  合同约定以外的费用发生
经过监理单位审查的
费用签证单

分公司工程部核实变
更工程量、填写内部    →  审查变更工程量及变更费用
审批单

分公司总师办审查

                                              分公司分管领导审核

                                                      10万元以
                                                      下变更
          单项变更10万元以上或一次变更20万元以上

公司总师办、造价部审查  ←

                                              公司分管领
                                              导审批

分公司工程部进行签证
并下发费用签证单

重大变更的费用签证单       造价审计部备案
报公司总师办、造价部
备案
```

4-09 工程款中期支付管理流程

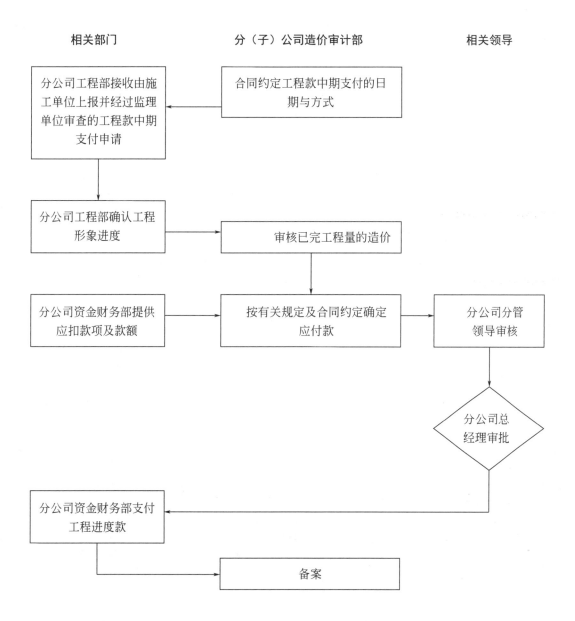

相关部门	分（子）公司造价审计部	相关领导

分公司工程部接收由施工单位上报并经过监理单位审查的工程款中期支付申请 ← 合同约定工程款中期支付的日期与方式

分公司工程部确认工程形象进度 → 审核已完工程量的造价

分公司资金财务部提供应扣款项及款额 → 按有关规定及合同约定确定应付款 → 分公司分管领导审核

分公司总经理审批

分公司资金财务部支付工程进度款 ←

备案

4-10　工程结算支付管理流程

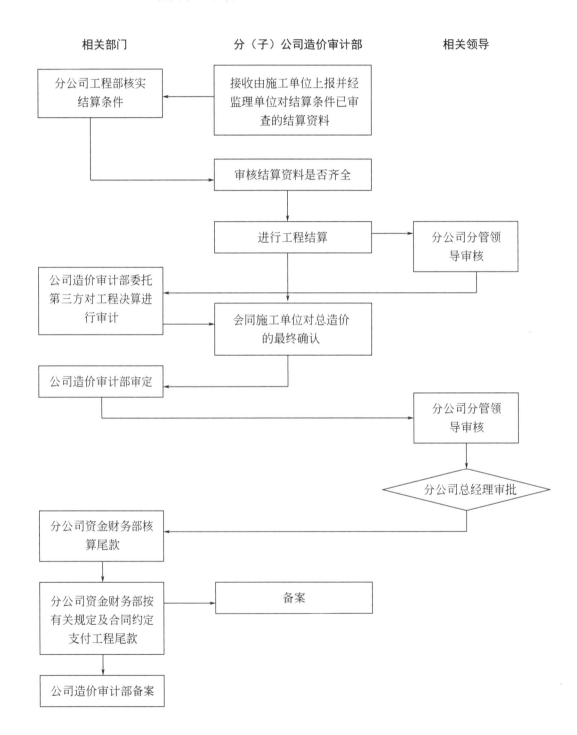

4-11 履约保证金退还管理流程

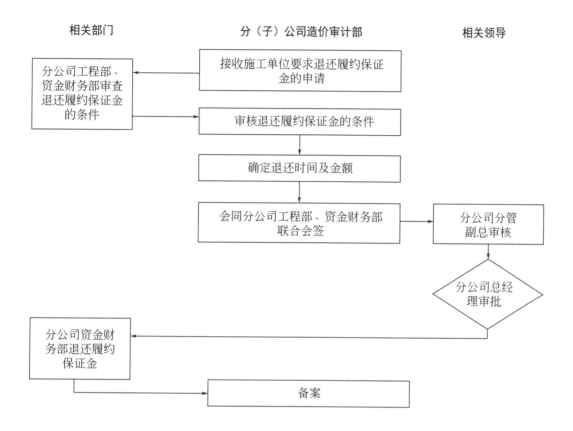

相关部门　　　　　　分（子）公司造价审计部　　　　　相关领导

- 分公司工程部、资金财务部审查退还履约保证金的条件
- 接收施工单位要求退还履约保证金的申请
- 审核退还履约保证金的条件
- 确定退还时间及金额
- 会同分公司工程部、资金财务部联合会签
- 分公司分管副总审核
- 分公司总经理审批
- 分公司资金财务部退还履约保证金
- 备案

4-12 造价信息管理流程

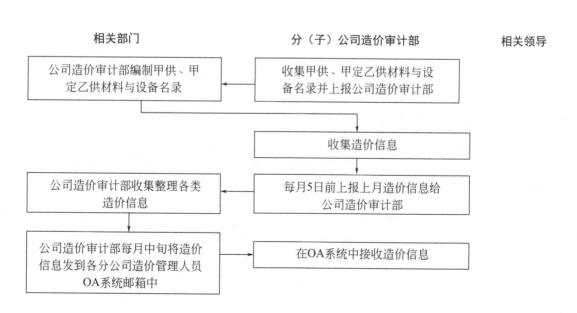

相关部门　　　　　　分（子）公司造价审计部　　　　　相关领导

- 公司造价审计部编制甲供、甲定乙供材料与设备名录
- 收集甲供、甲定乙供材料与设备名录并上报公司造价审计部
- 收集造价信息
- 公司造价审计部收集整理各类造价信息
- 每月5日前上报上月造价信息给公司造价审计部
- 公司造价审计部每月中旬将造价信息发到各分公司造价管理人员OA系统邮箱中
- 在OA系统中接收造价信息

4-13　审计工作检查考核管理流程

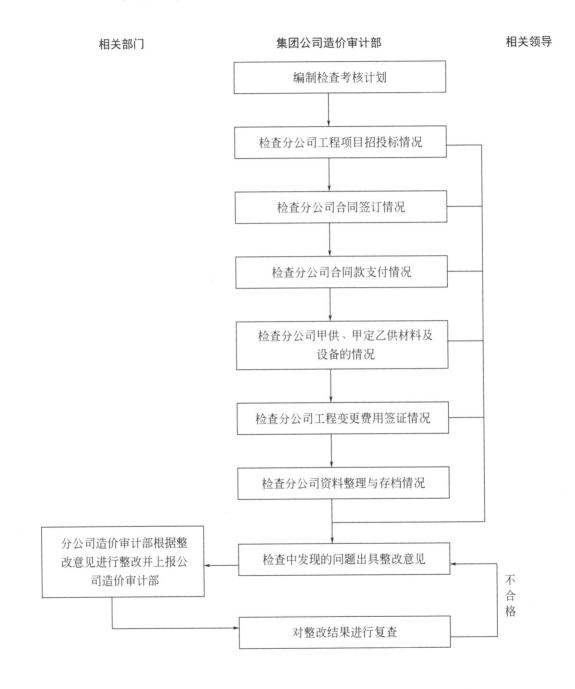

相关部门　　　　　　　集团公司造价审计部　　　　　　相关领导

编制检查考核计划

检查分公司工程项目招投标情况

检查分公司合同签订情况

检查分公司合同款支付情况

检查分公司甲供、甲定乙供材料及设备的情况

检查分公司工程变更费用签证情况

检查分公司资料整理与存档情况

分公司造价审计部根据整改意见进行整改并上报公司造价审计部

检查中发现的问题出具整改意见

对整改结果进行复查

不合格

4-14 审计档案资料管理流程

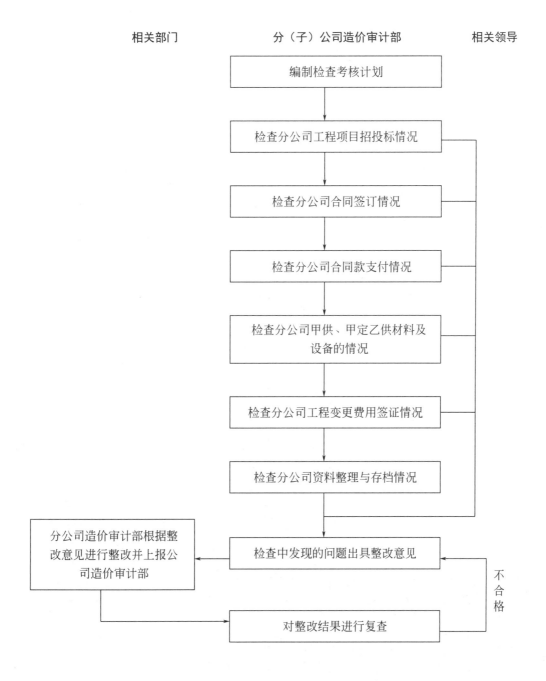

相关部门	分（子）公司造价审计部	相关领导

第5章 行政人事管理流程

5-01 会议管理流程

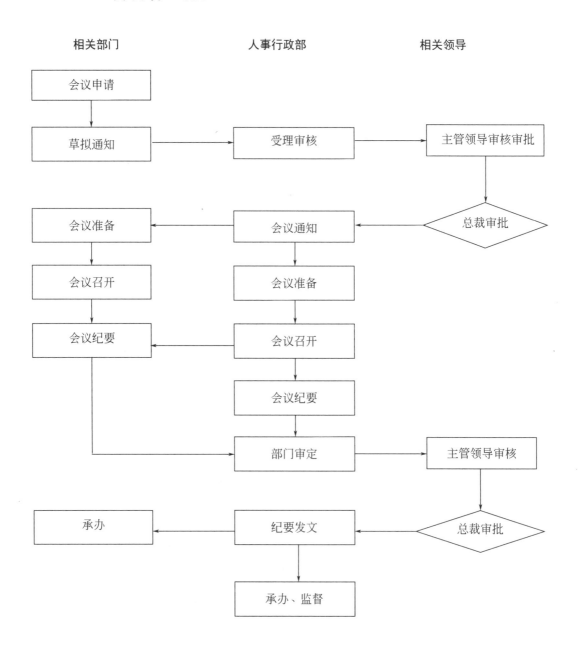

5-02 专项档案管理流程

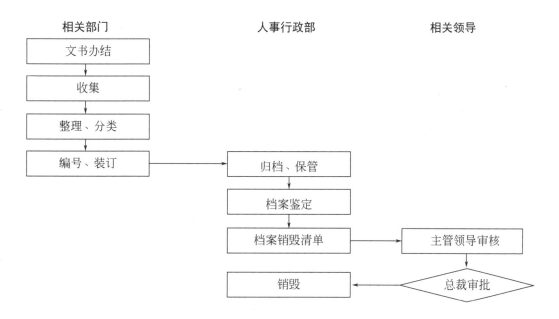

5-03 固定资产管理流程

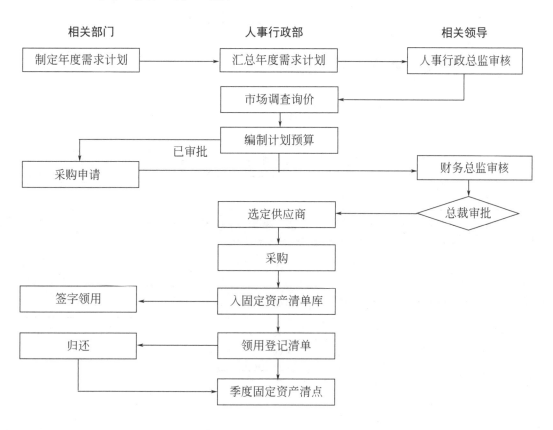

5-04 公文（发文）管理流程

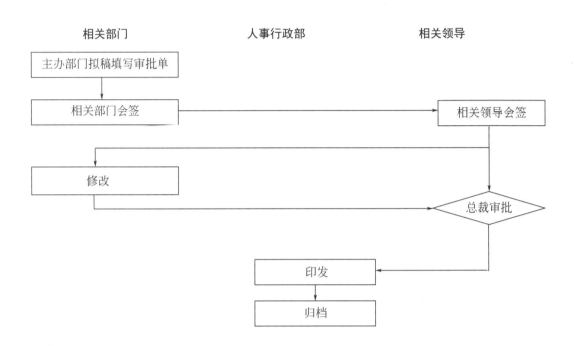

5-05 公文（收文）管理流程

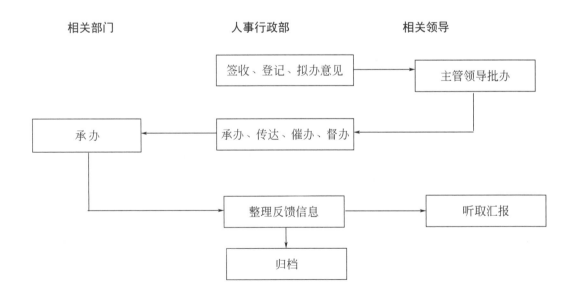

5-06　办公用品采购领用管理流程

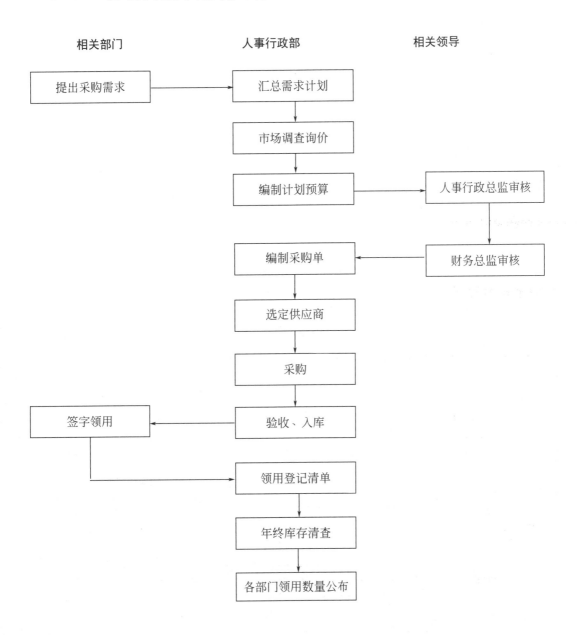

5-07 网络信息管理流程

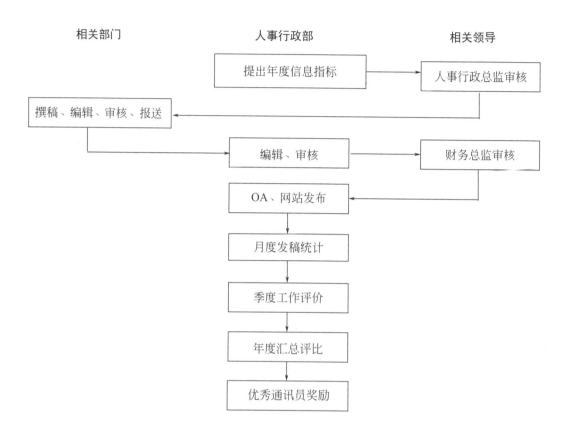

5-08 重要档案借阅管理流程

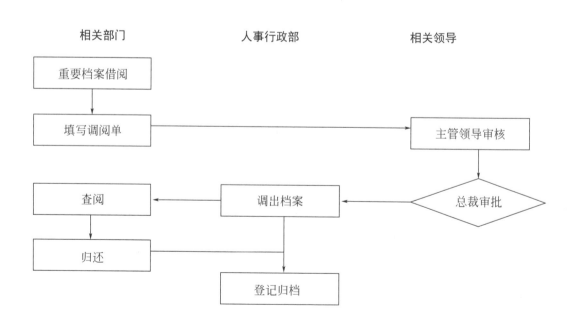

5-09　文书档案管理流程

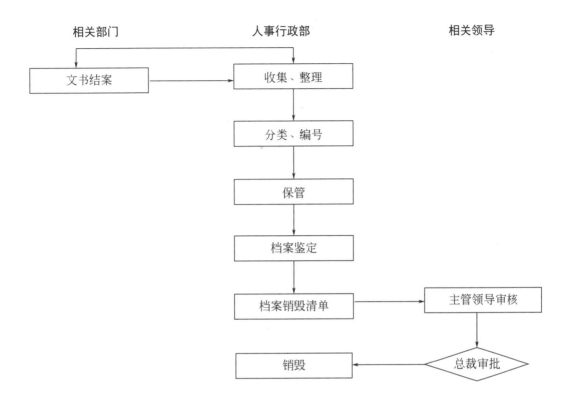

5-10　秘书日常事务管理流程

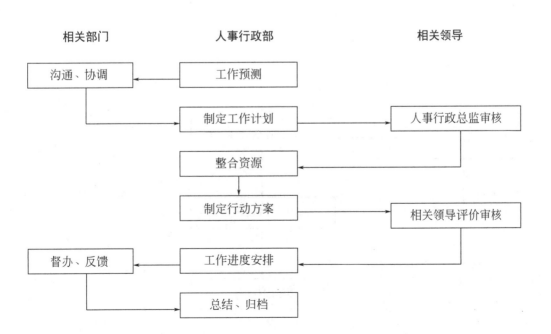

第6章 人力资源管理流程

6-01 培训计划管理流程

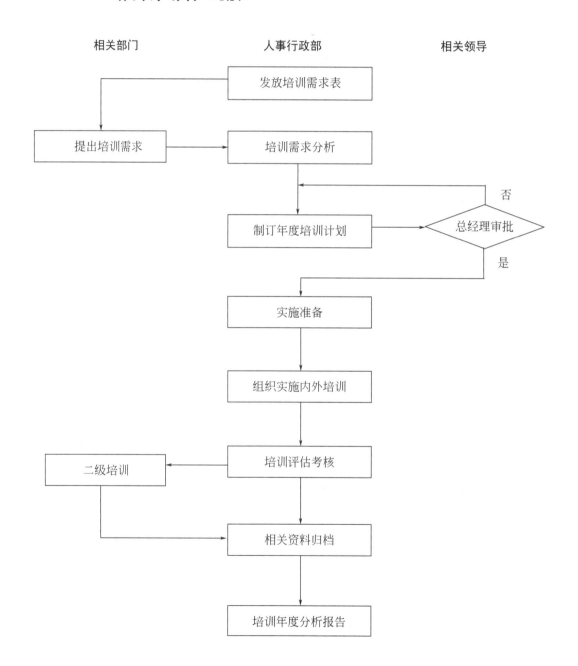

6-02　招聘管理流程

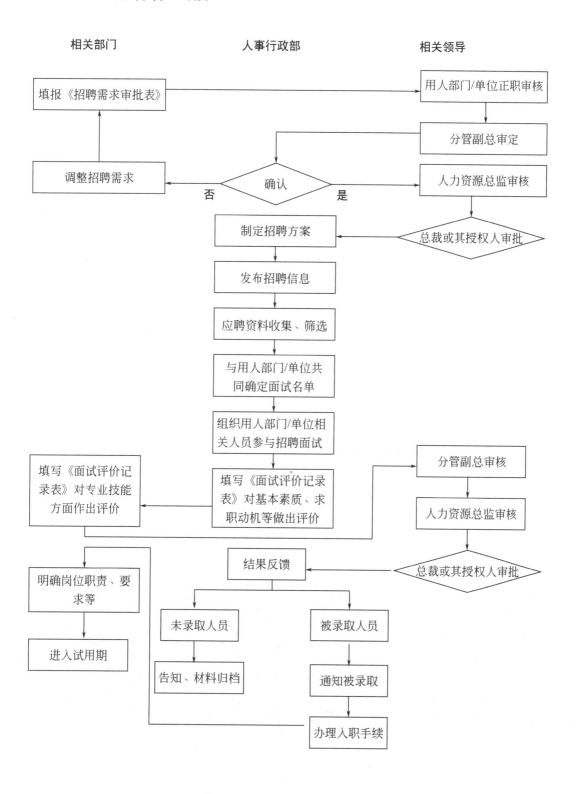

6-03 员工定薪管理流程

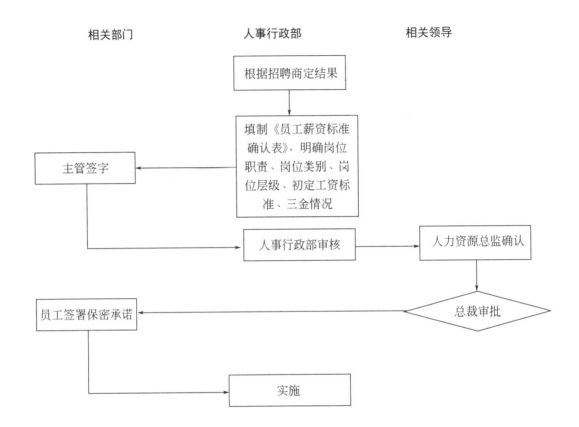

相关部门　　　　　　　　　　人事行政部　　　　　　　　　　相关领导

- 根据招聘商定结果
- 填制《员工薪资标准确认表》，明确岗位职责、岗位类别、岗位层级、初定工资标准、三金情况
- 主管签字
- 人事行政部审核
- 人力资源总监确认
- 总裁审批
- 员工签署保密承诺
- 实施

6-04 职位说明书管理流程

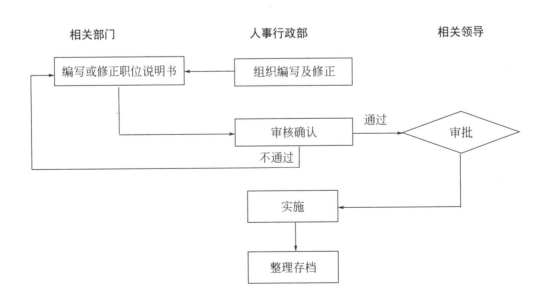

相关部门　　　　　　　　　　人事行政部　　　　　　　　　　相关领导

- 编写或修正职位说明书
- 组织编写及修正
- 审核确认
- 通过 / 不通过
- 审批
- 实施
- 整理存档

6-05 绩效考核管理流程

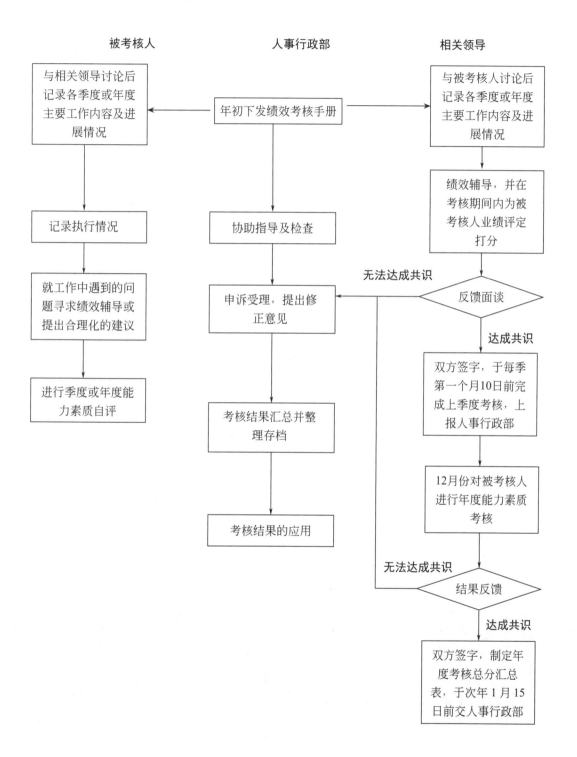

被考核人　　　　　　人事行政部　　　　　　相关领导

与相关领导讨论后记录各季度或年度主要工作内容及进展情况

年初下发绩效考核手册

与被考核人讨论后记录各季度或年度主要工作内容及进展情况

绩效辅导，并在考核期间内为被考核人业绩评定打分

记录执行情况

协助指导及检查

就工作中遇到的问题寻求绩效辅导或提出合理化的建议

申诉受理，提出修正意见

无法达成共识

反馈面谈

达成共识

进行季度或年度能力素质自评

考核结果汇总并整理存档

双方签字，于每季第一个月10日前完成上季度考核，上报人事行政部

12月份对被考核人进行年度能力素质考核

考核结果的应用

无法达成共识

结果反馈

达成共识

双方签字，制定年度考核总分汇总表，于次年1月15日前交人事行政部

6-06　劳动合同管理流程

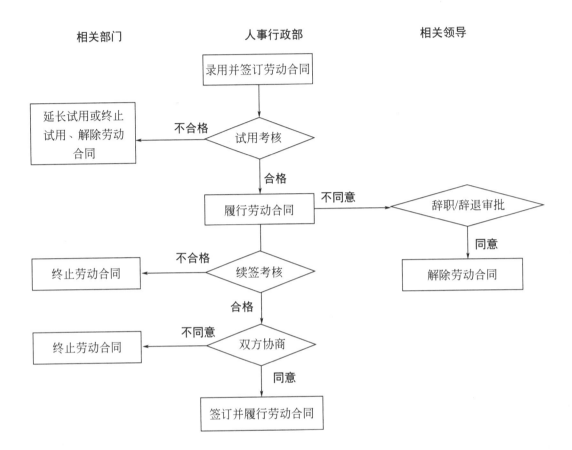

相关部门　　　　　　　　人事行政部　　　　　　　　相关领导

录用并签订劳动合同

延长试用或终止试用、解除劳动合同　　不合格　　试用考核

合格

履行劳动合同　　不同意　　辞职/辞退审批

同意

解除劳动合同

终止劳动合同　　不合格　　续签考核

合格

终止劳动合同　　不同意　　双方协商

同意

签订并履行劳动合同

Part 2 房地产企业管理制度

第7章 前期开发部管理制度

7-01 前期开发部管理制度

前期开发部管理制度

1.目的

为规范公司工程项目前期及后期配套工作行为及事务处理标准，使工作得以圆满进行，特制定本管理制度。

2.适用范围

适用于本公司工程项目各阶段所有前期事务。

3.前期开发部职能与职责

3.1 前期开发部的职能

前期开发部的职能如下表所示。

前期开发部的职能

一级职能	二级职能	三级职能
土地储备与开发，所有项目全程开发跟踪	土地投资	（1）对重点区域市场及全国热点地区土地供应及开发情况建立信息跟踪机制 （2）土地政策和房地产开发政策的跟踪掌握 （3）项目开拓信息收集、跟踪、分析和报告 （4）开发条件踏勘调查 （5）土地权属、规划调查 （6）项目前期可行性研究报告 （7）《土地出让合同》签订 （8）土地储备，包括招拍挂、一级开发、项目收购
	一级开发	以京津地区为主的： （1）一级开发政策的跟踪掌握 （2）一级开发管理部门关系的建立 （3）一级开发申报并跟踪审批 （4）一级开发的投标 （5）一级开发实施方案编制（委托、自行等）
	开发手续	（1）负责控制性详细规划调整和修建性详细规划的申报审批 （2）北京项目：土地出让金交纳、土地证办理；工程规划许可证办理及该阶段之前所有相关专业口咨询、申报与审批；市政工程条件调研组织与报告；参与方案设计审核；主要协调规委、国土局、发改委、建委及各专业口等政府部门的关系 （3）外地项目：负责指导审定方案或用地规划许可证之前相关手续，之后协调监督、办理及监管开发进度，全程跟踪控制

3.2 岗位职责

3.2.1 部门经理

（1）根据集团总体计划，制订本部门工作计划，全面负责前期开发部各项业务工作。

（2）负责全面跟踪反馈房地产相关新政策法规，并组织学习研讨。

（3）对京津两地的土地开发情况及供应建立明确的信息跟踪机制。

（4）根据集团发展需要，储备、洽谈新项目。

（5）会同投资发展部对新项目进行可行性研究，出具部门的可行性意见。

（6）与投资发展部组织各类新项目合作协议的草拟及审核，协调相关其他部门与合作方接洽。

（7）制定一级开发各项策略，指导部门办理土地一级开发相关的各类手续。

（8）编制一级开发招拍挂竞标文件，负责土地上市交易全过程手续办理。

（9）指导部门人员办理控制性详细规划研究工作及相关手续。

（10）协调投资发展部组织项目可行性研究报告的制定。

（11）协调维护各委办局良好的业务关系。

（12）协调与其他职能部门业务工作。

（13）组织办理用地规划许可证之前以及方案审批各项相关开发手续。在京项目负责办理建设工程规划许可证之前的各项相关开发手续办理，组织编制市政工程条件调研报告（指导协调包括开工证、销售证、竣工备案等后期全部手续办理工作）。

（14）外地项目负责指导监督用地许可证之前的各项手续办理。了解当地开发程序、相关政策、审核开发计划、分析节点问题、审核各项经济技术指标。指导、监督包括用地规划证、工程规划许可证、开工证、销售证及竣工备案的全部手续办理工作；

（15）组织集团前期开发工作向项目公司的移交对接，并指导、协调、监控各项目公司后续开发工作。

3.2.2 土地储备岗

（1）负责对项目前期开发工作过程中的工作协调。

（2）组织土地权属，规划状况，开发条件调查。

（3）编制一级开发实施方案，办理土地一级开发的相关手续的总体协调。

（4）组织实施一级开发建设，协调验收上市。

（5）办理项目规划相关手续，取得修建性详细规划批复、规划意见书、设计方案审查、规划用地证、工程规划许可证等。

（6）在项目报建阶段，负责与相关设计院及审图单位对接工作。

（7）协助部门经理进行新项目信息收集。

（8）根据部门要求负责与项目公司的开发对接业务。

（9）部门经理不在时，代理部门经理职责。

（10）完成领导交办的其他工作。

3.2.3 土地开发岗

（1）负责某一项目开发相关手续。

（2）参与地盘接收、关系接洽。

（3）负责环评、交评的审批工作。

（4）负责文物、园林、环保等专业性审批工作。

（5）负责人防、消防、地震等行业管理部门的审批工作。

（6）负责项目相关的定线、测绘等相关工作。

（7）负责项目发改委立项、开工计划审批工作和工程档案登记。

（8）完成领导交办的各项具体工作。

（9）根据部门要求指导各项目公司办理规证以后的各项开发手续。

（10）做好所属工作范围内资料的整理和归档工作。

（11）负责项目周边市政源口条件的资料调查、分析（上水、雨污水、燃气、电力、热力、电信、道路交通组织等）。

（12）负责项目红线内基础资料的调查与汇总（现状、地下管网、规划中的管网、地上物情况统计等）。

（13）负责编制市政工程条件调研报告。

（14）负责对接项目公司并参与审查红线内外市政工程设计方案，就其规范性、合理性、经济性进行分析并提交相关报告。

（15）负责市政工作所有相关手续的办理。

（16）负责与项目公司对接有关市政问题的业务。

（17）负责对接项目公司做好各项目市政工程接通、移交工作（含技术资料）。

（18）做好所属工作范围内资料的整理与存档工作。

（19）完成领导交办的其他工作。

4.项目取得阶段管理办法

开发项目的取得有以下几个途径：收购项目公司、实施一级开发并参加国土部门组织的公开招标挂牌拍卖、项目转让、法院的公开拍卖等方式。在项目未能签订土地出让合同、交纳出让金并办理国有土地使用权证时都视同开发项目未能取得，在此阶段，不论土地以何种途径获取，必须完成前期可行性研究，并提交股东进行投资决策。

在项目的投资决策获得集团批准后，开展各项工作，使得项目在已经编制的计划内取得，签订出让合同，交纳出让金并取得国有土地使用证。

4.1 可行性研究与投资决策

4.1.1 参与集团项目初期调研，了解项目的土地权属关系，尽力收集整理所有信息资料。

4.1.2 了解分析项目（或土地）的历史沿革及政策背景，进行政策手续节点分析。

4.1.3 通过审批部门咨询项目（土地）的相应开发政策，提出开发审批工作节点分析，对开发工作做出合理评价。

4.1.4 了解原开发投资方股权（或投资）结构，深入了解所有的债权债务状况及相关的历史遗留问题；深入了解新项目（土地）权属（纠纷）状况及拆迁等相关问题。

4.1.5 实地踏勘，收集清理新项目已办理的所有审批手续，了解新项目市政、交通、环保、文物、消防、人防、园林等各行业主管部门相关政策和意见。

4.1.6 了解控制性详规及审批部门的意见，提出开发阶段性计划方案。

4.1.7 协助投资开发部，会同项目管理部、计划财务部结合开发方案，进行项目成本估算、经济论证。

（1）协同投资发展部进行区域市场调查与分析、价格估计与销售期分析。

（2）规划设计部项目区域产品技术特征调查、项目概念方案与工期估计。

（3）计划财务部成本估算、投资估算以及经济效益分析。

（4）人力法务部会同法律顾问提供法律审核意见。

4.1.8 汇齐所有基础资料，协助投资发展部按照《项目前期可研性研究报告》的模板标准编制项目前期可研性研究报告。

4.1.9 参与项目协议的谈判，直至相关协议签订。

4.2 土地一级开发

4.2.1 取得一级开发的土地合作或者以股权收购方式取得一级开发项目后，首先应委托专业公司进行项目的各类测绘，同时，取得村镇两级政府同意进行一级开发的函。

4.2.2 在项目没有控制性规划的情况下，委托相关设计院对项目进行控制性规划的编制。

4.2.3 在项目的控制性规划编制完成后，协调规划管理部门，使得项目的控制性规划通过批准。

4.2.4 为编制土地一级开发实施方案准备各项基础资料。

4.2.5 向国土管理部门提出正式的一级开发申请。

4.2.6 根据集团公司的要求，结合项目的实际情况编制一级开发实施方案，并使得方案得到国土管理部门的批准。

4.2.7 协调项目参加国土管理部门召开的一级开发联席会议，通过直接授权或间接授权取得项目的一级开发权利。

4.2.8 取得项目的一级开发联席会议纪要，并根据纪要，与相关部门配合，委托专业公司完成项目交通、环保、文物等前期咨询工作。

4.2.9 完成以上工作后，依据会议纪要编制可行性研究文件，向发展改革管理部门提出项目的立项申请，并获得项目的立项批准文件。

4.2.10 根据项目的立项批准文件，向规划管理部门申请规划条件，并取得规划条件批准文件。

4.2.11 与国土管理部门签订土地一级开发合同，实施项目一级开发实施方案，在其他部门的配合下组织实施土地一级开发建设。

（1）与规划设计部门配合，组织大市政工程设计。

（2）向拆迁批准管理部门申请拆迁许可证，自行或委托相关拆迁服务单位对项目进行拆迁方案的编制并进行拆迁实施，直至项目达到宗地红线内场地平整。

（3）配合项目管理部，对项目的大市政进行建设，并达到规定的项目市政条件。

4.2.12 在项目达到要求的项目一级开发验收条件后，协调国土管理部门组织一级开发验收，并通过验收使得项目进入土地储备库。

4.2.13 从土地经营角度审视项目（土地），利用一级开发、控规调整、上市交易过程中的政策空间，结合集团资金状况，使土地加快增值。同时，发挥规划、设计、管理等集团优势，进一步增大土地附加值，为再上市交易或搭建资金平台做好基础工作。

4.3 股权收购项目

4.3.1 配合投资发展部组织项目股权收购谈判，在人力法务部的支持配合下草拟股权收购合同。

4.3.2 审核项目所取得的各类协议、批准、核准文件和其他各类项目资料的完整性、有效性；并协调人力法务部、计划财务部，审核行政、财务资料的完整性、有效性，并向总经理及董事会提出收购建议。

4.3.3 董事会批准收购后，组织进行合同的签订，并实施公司交接。

（1）组织项目公司控制性印章、证照、审批文件等资料的交接。

（2）组织有效合同、业务关系的交接。

（3）负责宗地交接。

（4）人力法务部进行工商登记变更。

（5）计划财务部配合转让款的支付。

4.3.4 在项目交接完成后，如项目必须进入一级开发程序，则按照一级开发程序推进项目进行，如项目已经完成一级开发，则按照二级开发的程序推进项目进行。

4.4 项目转让

4.4.1 配合投资发展部组织项目转让谈判，在人力法务部的支持配合下草拟股权收购合同。

4.4.2 审核项目所取得的各类协议、批准、核准文件和其他各类项目资料的完整性、有效性；并协调人力法务部、计划财务部，审核行政、财务资料的完整性、有效性，并向总经理及董事会提出项目转让收购建议。

4.4.3　董事会批准收购后，组织进行合同的签订，并实施公司交接。

（1）组织项目公司控制性印章、证照、审批文件等资料的交接。

（2）组织有效合同、业务关系的交接。

（3）负责宗地交接。

（4）计划财务部配合转让款的支付。

4.4.4　编制或委托编制项目转让评估报告，报国土管理部门进行审核并批准转让行为，取得项目转让登记表。

4.4.5　依照政府规定的转让价格交纳相应契税及政府规定的其他各类费用。

4.4.6　重新为项目办理国有土地使用证。

4.4.7　重新为项目办理规划意见变更。

4.4.8　重新为项目办理立项变更。

4.4.9　变更其他政府要求变更的各类政府核准或备案文件。

4.4.10　按照公司的项目规划，重新办理或变更建设工程规划许可证。

后续工作参照其他章节的相关管理办法。

4.5　法院拍卖

4.5.1　审核项目所取得的各类协议、批准、核准文件和其他各类项目资料的完整性、有效性；并协调人力法务部、计划财务部，审核行政、财务资料的完整性、有效性，并向总经理及董事会提出拍卖建议。

4.5.2　董事会批准后，协调项目拍卖公司对项目竞买，直至取得项目。

4.5.3　在可能的条件下，争取有利条件，取得项目协助执行通知书。

4.5.4　在项目交接完成后，如项目必须进入一级开发程序，则按照一级开发程序推进项目进行，如项目已经完成一级开发，则按照二级开发的程序推进项目进行。

4.6　土地招拍挂

4.6.1　建立良好的搜集招标挂牌拍卖项目的信息情况，及时反馈京津两地的信息，在得到良好的项目信息的情况下，对项目进行分析，每月出具分析报告。

4.6.2　对项目进行初审，对符合公司发展的项目进行详细研究，并提交管理层。

4.6.3　协调机关政府部门的关系，了解竞争对手情况。

4.6.4　准备各种招标挂牌拍卖所需要的资料，会同财务部门，对所需资金做出明确计划，并报请实施。

4.6.5　向国土管理部门提出投标申请，交纳保证金及政府要求的其他资料，取得招标挂牌拍卖文件。

4.6.6　对招标挂牌拍卖文件进行研究，拟定出招牌挂计划并报请总经理批准。

4.6.7　按照公司已经拟定的项目招牌挂计划参与招牌挂，直至取得项目。

4.6.8 取得项目后，按照经拟定的项目招牌挂计划，交纳出让金，为项目办理国有土地使用权证。

5.项目建设阶段管理办法

在项目与国土管理部门签订了土地出让合同后，项目进入建设阶段。该阶段主要是配合规划设计部对产品按照公司的计划进行规划设计，办理相应规划批准文件，并着手施工前准备工作，直至项目施工开始直至项目施工完成、委托物业、办理入住、分割产权等过程。

5.1 规划设计阶段

原则上，在建设工程规划许可之前的各项手续，以前期开发部主导办理，规证以后手续前期开发部做指导监督、控制性办理。集团与项目公司的开发工作衔接，由分管前期开发部总裁助理与项目公司总经理负责对接。

5.1.1 签订《土地出让合同》，分析土地出让金及基础设施费构成，提出合理缴纳方案。对处理过程遗留问题对项目公司做出合理安排。办理《土地使用权证》过程中，对所有技术指标进行严格审查。结合集团贷款抵押等方面的具体要求做出处理。

5.1.2 按照集团对项目的定位，分析控制性详细规划中各项经济技术指标，确定控规调整方案，过程中重点关注市政、道路、河湖、配套、文物等对方案产生重大影响因素。在控规调整过程中，充分利用集团内、外部资源降低运作成本，按时达到集团及股东对项目的基本要求。

5.1.3 办理《建设用地规划许可证》《建设工程规划许可证》过程中，及时做好测绘、勘探、钉桩、放线验线等项（准备）工作，不应由于前置工作不到位而影响各类规划批准文件的办理。

5.1.4 按照集团控制成本的要求，在人防、消防、园林及计划等行业审批环节，充分利用集团内、外部资源，发挥开发部门技术优势，实现合理、合规、省钱、省时的目标。不得擅自接受各种合作单位的推荐，遇事及时上报主管领导。

5.1.5 外地项目总经理应为开发工作总协调人，集团前期开发部有权向总经理提出建议、反映问题，并有权通过其了解处理结果。总体上讲，审定方案之后的工作是指导、参与、监督办理，并关注各阶段的经济技术指标，审查监督开发计划执行情况，协助指导关注节点问题的解决，了解跟踪相关各方面工作，直至项目竣工验收。

（1）前期开发部组织项目管理部、规划设计部等部门制定分析、论证各项经济指标、规划条件，提出控规调整阶段性计划及关键节点问题分析和建议。

（2）参与外地项目控规调整工作。实施过程监督其是否符合集团及股东利益及合法性、合规性；监督其相应工作计划的执行情况。

（3）意见书及审定方案阶段（或相对应阶段），要求项目公司及时上报审批前后的意见书及审定方案，审查其是否符合集团及股东利益和项目定位，各项经济技术指标是否符合要求。对方案的道路、交通、消防、市政、生活配套、园林合理性、经济性、合规性组织论证并提交报告。

（4）督促指导项目公司开发人员制定项目开发计划及开发流程；了解开发节点情况及解决方案，参与制订《项目开发经营计划》

（5）《用地许可证》及规划许可证阶段，重点关注项目公司开发计划执行情况；对比意见书及审定方案许可证中的各项经济技术指标，及设计有无调整和调整幅度，了解调整原因并对结果做出评价。

（6）竣工验收及入住阶段。根据项目经营开发计划，了解当地竣工验收相关政策法规，督促项目公司提前启动竣工验收各项手续办理工作。

（7）指导、监督项目公司，按照集团档案管理规定，及时建立开发技术档案并组织检查落实情况。

5.2 工程建设与销售阶段

5.2.1 对项目公司做好工作移交工作。安排好与项目公司的对接工作，做到"送一程"，明确对接人及未尽事宜办法，实行"无缝对接"。

（1）按照集团职责办理建设工程规划许可证后，根据集团总体安排与项目公司进行交接、配合。

（2）将所有建设工程规划许可证前的开发资料复印件汇总成档，填写资料交接清单，与项目公司进行资料交接，双方签字认可（见〈开发资料交接确认单〉）。

（3）组织项目公司有关人员在项目现场进行宗地交接，告知项目公司四至范围及桩点位置、地上物建筑情况，双方办理宗地交接手续（见〈宗地交接确认单〉）。

（4）配合项目公司召开项目进场协调会，双方就项目情况进行前期业务交流，告知项目规证前的办理情况，答疑解惑。

（5）开发工作所涉及的外部关系的对接、开发工作计划的对接。

（6）衔接过程中要求不留死角，实现无缝对接。

5.2.2 协助监督项目公司办理《施工许可证》，根据集团要求，关注开竣工时间等技术指标。协助项目公司办理招投标手续，对招投标文件相关技术指标进行审查。督促项目公司做好开工范围的拆除清理工作。

5.2.3 按照集团要求，协助项目公司按时办理预售手续。指导督促项目公司处理好预售手续办理过程出现的各类问题，重点关注测绘、预售面积等直接影响集团利益的方面。

5.2.4 项目施工阶段，前期开发部主管人员应了解现场工程测绘内容，指导、协助解决项目公司遇到的开发相关问题（如测绘、验线等）。

5.2.5 市政规划及行业管理部门审批手续报批工作，应按计划要求按时、按质完成。对市政方案及外线源方案等，一些影响成本较大的项目，需组织项目公司及集团相关部门做专题论证。市政设计阶段，需参与规划设计部及项目管理部的市政方案论证会。小市政综合设计阶段在考虑降低成本的同时，做到合规性与可实施性并重。协助项目公司做好竣工验收接通工作。

5.2.6　对于外地项目，在项目公司办理《施工许可证》及《预售许可证》阶段，关注各专业口征求意见工作，市政设计（含大市政及小市政综合设计）、审批进度是否符合项目开发进度；关注开竣工时间、测绘等节点性工作。

5.2.7　指导、监督项目公司，按照集团档案管理规定，及时建立开发技术档案并组织检查落实情况。

5.3　竣工验收及入住阶段

5.3.1　协助监督项目公司办理规划等行业管理部门验收手续，协助办理质检部门的验收备案手续。督促项目公司提前做好环保、消防、规划、交通等分项验收工作及测绘等前置工作。

5.3.2　按照竣工验收工作流程进行工作部署。

5.3.3　对于外地项目，根据项目经营开发计划，了解当地竣工验收相关政策法规，督促项目公司提前启动竣工验收各项手续办理工作。

5.3.4　按照竣工验收工作流程进行工作部署。

7-02　房地产开发项目可行性研究管理办法

房地产开发项目可行性研究管理办法

1. 目的

为适应公司发展需要，实现房地产开发项目决策的科学化、民主化，减少或避免投资决策的失误，提高项目开发监视的综合效益，特制定本办法。

2. 开发项目可行性研究的任务

可行性研究就是在工程项目投资决策前，对与项目有关的社会、经济和技术等方面情况进行深入细致的研究；对拟定的各种可能建设方案或技术方案进行认真的技术经济分析、比较和论证；对项目的综合效益进行科学的预测和评价。在此基础上，综合研究建设项目的技术先进性和适用性、经济合理性以及建设的可能性和可行性，由此确定该项目是否应该投资和如何投资等结论性意见，为领导决策提供可靠的、科学的依据。

3. 管理规定

3.1　可行性研究的步骤

3.1.1　筹备。可行性研究开始前的准备工作包括提出项目开发设想，组建研究小组，制定研究计划和工作大纲等。

3.1.2　调查。主要从市场调查和资源调查两方面进行。市场调查应查明和预测市场的供给和需求量、价格、竞争能力等，以便确定项目的经济规模和项目构成。资源调查包括建设地点调查、开发项目用地现状、交通运输条件、外围基础设施、环境保护等方面的调查，为下一步规划方案设计、技术经济分析提供准确的资料。

3.1.3　方案的选择和优化。在收集到的资料和数据的基础上，建立若干可供选择的方案，进行反复比较和论证，会同相关部门采用技术经济分析的方法，评选出合理方案。

3.1.4　财务评价与不确定性分析。对经上述分析后所确定的最佳方案，在估算项目投资、成本、价格、收入等基础上，对方案进行详细的财务评价和不确定性分析。研究论证项目在经济上的合理性和盈利能力，由相关部门提出资金筹措建议和项目实施总进度计划。

3.1.5　编写报告书。经上述分析与评价，即可编写详细的可行性研究报告，推荐一个以上的可行方案和实施计划，提出结论性意见、措施和建议，供领导决策。

3.2　可行性研究的内容

由于房地产项目的性质规模和复杂程度不同，其可行性研究的内容也不尽相同，各有侧重。主要应包括以下几方面：

3.2.1　项目概况。

（1）项目名称。

（2）项目的地理位置。包括项目所在地城市、区和街道，项目周围主要建筑物等。

（3）项目所在地的周围环境状况。主要从工业、商业及相关行业现状及发展潜力、项目建设的时机和自然环境等方面说明项目建设的必要性和可行性。

（4）项目的性质及主要特点。

3.2.2　开发项目用地的现状调查及动迁安置

（1）土地调查。包括开发项目用地范围内的各类土地面积及使用单位。

（2）人口调查。包括开发项目用地范围内的总人口数、总户数，需动迁的人口数、户数等。

（3）调查开发项目用地范围内建筑物的种类，各种建筑物的数量及面积，需要拆迁的建筑物种类、数量和面积等。

（4）各种市政管线。主要应调查上水管、雨水管、污水管线、热力管线、燃气管线、电力和通讯管线的现状及目标以及其可能实现的时间。

（5）其他地下、地上物现状。开发项目用地范围内地下物调查了解的内容，包括水井、人防工程、各种管线等；地上物包括各种树木、植物等。开发项目用地的现状要附有平面示意图。

（6）如需要进行拆迁的，要制订动迁计划，确定安置方案。

3.2.3　市场分析和建设规模的确定

（1）市场供给现状分析及预测。

（2）市场需求现状分析及预测。

（3）市场交易的数量与价格。

（4）服务对象分析、制订租售计划。

（5）拟建项目建设规模的确定。

3.2.4　规划设计方案选择

（1）市政规划方案选择。市政规划方案的主要内容包括各种市政设施的布置、来源、去路和走向，大型商业房开发项目重点要规划安排好交通组织和共享空间等。

（2）项目构成及平面布置。

（3）建筑规划方案选择。建筑规划方案的内容主要包括各单项工程的占地面积、建筑面积、层数、层高、房间布置、各种房间的数量、建筑面积等。附规划设计方案详图。

3.2.5　资源供给

（1）建筑材料的需用量、采购方式和供应计划。

（2）项目施工的组织计划。

（3）项目施工期间的动力、水等供应。

（4）项目建成投入使用后水、电、热力、煤气、交通、通讯等供应条件。

3.2.6　项目开发组织机构和管理费用研究

（1）开发项目的管理体制、机构设置。

（2）管理人员的配备方案。

（3）人员培训计划、年管理费用估算。

3.2.7　开发建设计划

（1）前期开发计划。包括项目从立项、可行性研究、下达规划任务、征地拆迁、委托规划设计、取得开工许可证直至完成开工前准备等系列工作计划。

（2）工程建设计划。包括各个单项工程的开工、竣工时间，进度安排，市政工程的配套建设计划等。

（3）建设场地的布置。

（4）施工队伍的选择。

3.2.8　项目经济及社会效益分析

（1）项目总投资估算。包括开发建设投资和经营资金两部分。

（2）项目投资来源、筹措方式的确定。

（3）开发成本估算。

（4）销售成本、经营成本估算。

（5）销售收入、租金收入、经营收入和其他收入估算。

（6）财务评估。运用静态和动态分析方法分析计算项目投资回收期、净现值、内部收益率和投资利润率、借款偿还期等技术经济指标，对项目进行财务评价。

（7）风险分析。一方面采用盈亏平衡分析、敏感性分析、概率分析等定量分析方法进行风险分析；另一方面结合政治形势、国家方针、经济发展趋势、市场周期、自然等方面因素的可能变化，进行定性风险分析。

（8）项目环境效益、社会效益及综合效益评价。

（9）结论及建议。运用各种数据从技术、经济、财务等方面论述开发项目的可行性，提出存在的问题及相应的建议，并推荐最佳方案。

3.3　可行性研究报告的撰写

3.3.1　封面。要能反映评估项目的名称、谁做的评估及可行性研究报告写作时间。

3.3.2　摘要。用简洁的语言介绍被评估项目所处地区的市场情况、项目本身的情况和特点、评估的结论。文字要字斟句酌，言必达意，绝对不能有废词冗句，字数以不超过1000字为宜。

3.3.3　目录。

3.3.4　正文。这是可行性研究报告的主体，要按照逻辑的顺序，从总体到细节循序进行。一般包括：项目总说明、项目概况、投资环境研究、市场研究、项目地理环境和附近地区竞争性发展项目、规划方案及建设条件、建设方式与进度安排、投资估算及资金筹措、项目评估基础数据的预测和选定、项目经济效益评价、风险分析和结论与建议十二个方面。

3.3.5　附表。附表是正文中不便于插入的较大型表格。一般包括：项目工程进度计划表、项目投资估算表、投资计划和资金筹措表、项目销售计划表、项目销售收入测算表、财务现金流量表、资金来源与运用表、贷款还本付息估算表和敏感性分析表。

3.3.6　附图。一般包括：项目位置示意图、项目规划用地红线图、建筑设计方案平面图等。

3.4　市场分析与需求预测

3.4.1　开发项目的市场调查内容，可依项目的具体情况确定。一般应进行以下内容的调查。

（1）社会经济状况及投资环境调查，主要包括项目所在地的社会经济发展规划、城市建设规划、金融财税政策、鼓励投资产业及影响房地产业的各种宏观经济因素。

（2）房地产投资及同类物业市场调查。主要包括项目所在地房地产投资开发态势、开发量、价格水平及潜在需求。如同类物业近年内的市场交易状况、区域分布和价格水平。对明显具有竞争性的项目要有针对性地着重进行研究分析。

（3）消费者意愿调查。主要包括当地消费者对项目设计的使用要求或对已开发项目的评价、消费者的购买动机、购买能力及购买偏好等。

（4）物资供应市场调查。主要包括当地主要材料、设备供应状况、市场价格及有关物资信息。

（5）工程技术状况调查。主要包括项目开发所处地段的地形、地质情况，当地可采用的新材料、新技术以及有关技术经济指标。

（6）物业管理状况的调查。主要调查了解该地面物业管理范围、服务质量、收费标准、客户对物业收费的承受能力等。

3.4.2 市场调查方法应机动灵活，力求准确，一般可采取以下方法。

（1）积累资料。专人收集有关专业报刊、会议及政府协会活动等形成的文件、信息、年鉴统计资料，进行整理鉴别。

（2）走访调查。通过走访客户、开发企业和有关信息咨询服务部门，获得开发项目功能、质量、价格及改进提高的要求。

（3）征询。通过对有关行政管理部门征询或对专家函询方式进行。

（4）在深入调查、充分分析收集的资料基础上，对开发物业需求现状及发展趋势进行科学分析，对开发成本、市场售价、销售对象、销售进度等作出客观预测。

3.5 地点选择与地块价值评价

房地产开发项目的地点选择和地块评价是对可供选择的地点和地块的条件和价值进行分析比较和评价。分析评价内容包括以下方面。

（1）拟定地点的水文、地形、地质条件等地理特征。

（2）拟定地点的市政配套、交通运输条件。

（3）拟订范围的拆迁情况。

（4）地块周边的自然景观、人造景观及污染情况。

（5）实际地价与地价潜在价值评价。

3.6 资金筹措

3.6.1 制定可靠或比较可靠的资金筹措计划，是开发项目实现预期目标的基本条件，是避免项目流产或夭折的根本保证，必须高度重视，周密策划。凡在资金筹措无望的情况下，不必开展深度可行性研究。

3.6.2 资金筹措计划主要是就项目投资的资金来源进行分析，包括自有资金、贷款和预售收入三部分。当资金来源中包括预售收入时，应有销售收入计划配合考虑。

3.7 财务评价

3.7.1 房地产开发项目财务评价有静态法和动态法两种。对规模小、周期短的项目，可采用静态法。对规模较大、周期较长或资金来源渠道多、收支复杂或滚动开发的项目，应采取动态法。

3.7.2 静态法是通过投资项目的总收入和总费用之间的比较，来计算开发项目的盈利和投资回报率数值，以此计算与同类房地产开发项目正常回报率相比较，以分析评价其经济合理性。静态法的评价指标有净利润投资收益率和静态投资回收期。

3.7.3　动态法财务盈利能力分析，一般应以下列指标进行。

（1）财务净现值（FNPV）。财务净现值是指按行业的基准收益率或设计的折现率ic，将项目经营周期内各年净现金流量折现到建设初期的现值之和，它是考察项目在经营周期内盈利能力的动态评价指标，其值可根据财务现金流量表计算求得。判别标准为FNPV≥0项目可行；FNPV＜0项目不可行。

（2）财务内部收益率（FIRR）。财务内部收益率是指项目在整个经营期内各年净现金流量累计等于零时的折现率，是考察项目盈利能力的主要动态评价指标。判别标准为：FIRR≥ic即认为盈利能力已满足最低要求，项目可行；FIRR＜ic项目不可行。

（3）财务净现值率（FNPVR）。财务净现值率是项目单位投资现值所获得的净现值，其值越大表明项目投资效益越好。

（4）动态投资回收期（P't）。动态投资回收期是按现值法计算的投资回收期，可直接从财务现金流量表求得。

3.8　不确定性分析

3.8.1　项目评价所采用的数据，由于多来自预测和估算，有一定程度的不确定性，为分析不确定因素对财务评价指标的影响，需进行不确定性分析，以估计项目可能承担的风险，以论证开发项目在经济上的可靠性。不确定性分析包括盈亏平衡分析、敏感性分析和概率分析。

3.8.2　盈亏平衡分析是通过盈亏平衡点（BED）分析项目成本与收益的平衡关系。当影响投资效果的变化因素达到某一临界值时，方案的收入与支出相平衡，此时方案既不盈利也不亏本，此临界值即为盈利平衡点。

3.8.3　敏感性分析是通过分析、预测项目主要因素（如成本、价格、销售周期等因素）发生变化时对财务评价指标的影响，从中找出敏感因素和极限变化幅度。

3.8.4　概率分析的目的在于用概率研究预测各种不确定性因素和风险因素对项目评价指标可能发生的影响。一般是计算项目净值的期望值及净现值大于或等于零时的累计概率，累计概率越大，说明项目承担的风险越小。

3.9　可行性研究管理

3.9.1　房地产开发项目不论投资规模大小，都应编制可行性研究报告，其深度要求可从实际出发或领导决策要求确定。规模较大且要求研究深度相对较深的项目，可委托专门咨询机构承担项目可行性研究任务；规模适量且研究深度适当的项目，由房地产公司自行组织可行性研究。

3.9.2　房地产开发项目可行性研究工作，一般应由公司总工程师总体负责，开发、销售、财务部门人员参与组成研究小组，开展工作。

3.9.3　房地产开发项目可行性研究报告首页应加盖开发公司印章，主扉页应署总经理、总工程师及研究人员姓名，末页应署报告执笔人姓名。

3.9.4　开发项目的可行性研究工作，由公司组织并进行初审，研究报告必须上报总公司，并由其主持论证审批。

3.9.5 开发项目的可行性研究报告及决策意见，不论实施与否，都应归入技术档案管理，妥善保存备查。

3.9.6 可行性研究报告属单位的集体研究成果，对其有关经营策略和经济对策研究要给予保密，凡因泄露损害单位利益者，视为违纪行为。

3.9.7 开发项目实施完成后，应组织参与研究的部门和人员进行总结，予以跟踪研究。对研究的方法、测算、结论、建议等，对照市场实际，从中找出成功经验和教训，以不断提高可行性研究的科学水平和定性、定量分析的准确性。

7-03 项目投资管理制度

项目投资管理制度

1.目的

为了加强公司投资计划管理，明确投资决策权限与投资管理责任，强化投资项目的事前、事中、事后控制，提高投资质量，防范投资风险，提升投资效益，特制定本制度。

2.适用范围

本制度适用于本公司所有房地产开发项目的投资控制。

3.具体内容

3.1 投资管理的原则

本企业对投资的管理坚持以下三个原则。

（1）以事前控制为主，其他控制为辅。

（2）预决算的控制应公正、合理、准确、精细。

（3）投资控制贯穿于项目实施的全过程，各实施阶段的投资控制同等重要，不可偏废。

3.2 管理职责

3.2.1 项目前期部负责编制投资计划，对投资项目进行评估与选择，负责编制《项目投资建议书》及投资项目立项审批等工作。

3.2.2 合同预算部负责投资估算、预算、竣工决算的编制等工作。

3.3 投资的审批权限

3.3.1 按照投资项目下管一级的原则，企业只受理所属一级独资及控股企业的投资申报，其他企业的投资项目按照隶属关系，分级管理。

3.3.2 为防止企业资产过度分散、管理链条过长，应严格控制集团（总）企业下属二级企业的对外投资。集团（总）企业下属企业的对外投资总量必须与其资产总量相适应，累计总规模不得超过其净资产的50%。

3.3.3　固定资产投资项目审批权限

（1）投资在×××万元以下的项目由企业自主决定，报企业项目前期部备案。

（2）投资在×××万～×××万元的项目，由项目前期部调研、论证、审查后审批，报企业总经理办公室备案。

（3）投资在×××万～×××万元的项目，由项目前期部咨询、论证、审查后，报总经理审批。

（4）投资在×××万～×××万元的项目，由项目前期部论证审查后，由总经理审批，报董事会备案。

（5）投资在×××万元以上的项目，由项目前期部论证审查，报董事会讨论后由董事长审批。

3.3.4　集团及控股企业设立新企业或参股其他企业、搞新项目开发等，必须事先进行可行性研究，可行性研究的内容包括对企业发展战略的影响、对企业经营的影响、主要风险和应对措施。企业的资源包括人力、物力、财力、管理能力、投资收益、税务论证六个方面。

3.3.5　按规定必须上报审批的项目，由投资单位在未签订任何具有法律效力的合同、协议及未进行任何实际投资之前，备齐以下资料，上报企业项目前期部。

（1）项目投资申请报告或建议书。

（2）投资企业对投资项目的投资决定或决议。

（3）项目可行性研究报告。

（4）有关合同、（协议）草案。

（5）资金来源及投资企业的资产负债情况。

（6）有关合作单位的资信情况。

（7）政府的有关许可文件。

（8）项目执行人的资格及能力等。

3.3.6　企业项目前期部在收到项目报批的全部资料后，应组织有关部门对该项目进行初审，并提出初审意见。对初审予以否决的项目，在征得企业主管领导的同意后，由项目前期部将初审意见书面返还给申报单位。申报单位对初审意见有异议的，可申请复查一次。

3.3.7　经初审认为基本可行的项目，在征求主管领导意见后，由项目前期部会同有关部门提出召开投资审议会的建议。

3.3.8　投资审议会的内容

（1）查询项目基本情况，比较选择不同的投资方案。

（2）对项目的疑点、隐患提出质疑。

（3）评价项目执行人的资格及能力等。

（4）提出项目的最终决策和建议等。

3.3.9 总经理根据投资审议会对项目所做出的决议，签署审批意见。

3.3.10 项目前期部根据总经理的审批意见，下达书面批复文件。一般情况下，在收到投资单位的上报申请后，应在规定工作日内完成项目的审查与批复。

3.3.11 凡属于备案的项目，由投资单位在项目实施后规定时间内向企业提交备案材料，包括可行性分析报告、合同及章程等。

3.4 投资控制

3.4.1 策划阶段

（1）项目前期部负责市场调查和项目情况调查，进行项目定位，拟订最佳开发规模和销售策略。

（2）设计管理部委托多家设计单位设计规划方案，由项目前期部从中挑选最佳方案。根据总体规划方案，项目前期部编制项目实施计划，提交项目前期部评审；再由合同预算部进行投资估算，财务部进行项目经济评价，最终由项目前期部形成《项目详细可行性研究报告》。

（3）项目前期部组织对《项目详细可行性研究报告》的评审工作，由总经理签署意见后提交董事会审批。

（4）立项后，依据投资估算和项目实施计划，财务部编制详细的项目投资计划及筹资计划。

（5）项目前期部审核项目投资计划和筹资计划，总经理同意后提交董事会审批。

3.4.2 设计阶段

（1）合同预算部依据《项目详细可行性研究报告》，提出成本控制目标。设计管理部根据该目标，编制《设计任务书》。

（2）设计管理部委托设计单位形成初步和扩初设计方案，并提交经济技术委员会评审。评审通过后，由总经理签署意见，提交董事会审批。

（3）项目前期部考察造价咨询单位，形成《考察报告》。经总经理批准后，项目前期部同造价咨询单位签订委托合同。

（4）合同预算部审核设计概算，若概算造价突破估算时，应分析突破原因。如是设计原因，应返回设计单位重新设计；如是增加功能或项目，应重新进行项目评价；如是其他原因，应做补充说明或解释。

（5）《投资概算报告》提交项目前期部评审通过后，经总经理批准，由设计管理部与设计单位交底，委托编制《施工图》。

（6）项目前期部组织设计管理部、工程管理部和合同预算部共同讨论甲、乙供材料的范围并做出甲供材料清单、价格，由合同预算部编制"材料设备限价表"。若有特殊材料设备且价位不清时可暂估价位，由总经理批准并加以说明、备案。

（7）在接到施工图纸、图纸会审记录、"材料设备价格一览表"、甲供材料清单后，造价咨询单位需在一个月内做出《预算书》或标底，由合同预算部审核。要求施工图预算与设计概算的误差控制在±5%以内。

3.4.3　施工阶段

（1）根据施工合同，依据工程当月实际完成工作量，由施工单位提出申请，报监理单位认可签字盖章后，转工程管理部核实当月实际完成工程量，工程管理部经理审定工程量，再转给合同预算部。

（2）合同预算部重新核定施工单位的实际完成工程量，并根据合同及国家有关规定审核计算进度款，然后交给项目前期部审核，总经理审批。最后经财务部进行全面稽核，根据工程进度款支付计划，监督和审查当月实际应付的工程进度款。

3.4.4　竣工阶段

（1）合同预算部在接到《工程竣工验收报告》后，依据合同中的要求，通知承包方报《工程决算书》给监理单位，《工程决算书》应盖有其单位印章和签有编制人姓名。

（2）《工程决算书》经过监理单位初步核对后，由合同预算部委托造价咨询单位审计《工程决算书》，最后由合同预算部统一编制《竣工决算书》。

（3）合同预算部最终审定《竣工决算书》，确定工程造价，双方签字、盖章。合同预算部进行施工图预算对比分析，做出《工程造价成本分析报告》，找出控制偏差，总结工作经验与教训。

3.5　项目投资成本分析

3.5.1　编制《项目财务决算书》

（1）财务部与施工单位核对工程款拨付情况。

（2）根据《竣工决算书》和工程款以及其他项目拨付情况，由财务部编制《项目财务决算书》，交总会计师审核。

3.5.2　项目成本分析。由财务部牵头，与合同预算部共同完成项目成本分析。

（1）收集《项目投资估算书》《设计概算书》《施工图预算书》（或标底）、《竣工决算书》以及有关施工合同、订购合同等资料。

（2）根据项目实际运作情况，将实际成本与投资估算、竣工决算、施工图预算（或标底）进行对比分析，找出差异，分析原因。

（3）编制《项目成本分析报告》，总结经验。

3.5.3　项目前期部负责审核《成本分析报告》。

3.5.4　总经理批准《项目分析报告》，报送董事会备案。

3.6　项目的验收和考核

3.6.1　企业定期在投资项目运作后开展评价工作。由合同预算部牵头组织相关职能部门成立投资评价小组。

3.6.2　项目按批准的内容已经完成，具备投产和使用条件，达到竣工文件规定的标准后，企业应及时申请项目竣工后验收报告，编写竣工资料，报集团总部投资发展委员会。

3.7 效益考核

3.7.1 项目竣工验收投产后，经过试生产期考核（3～6个月），在达到设计规定的效益要求之前，企业应逐月对项目投资效益进行考察分析。

3.7.2 不能达到设计规定的，应及时向集团总部汇报并提出有效措施限期达标，并每月向有关部门报告项目经济效益情况。

3.7.3 企业每年进行一次投资项目评比活动，对获奖的投资项目主管领导和投资项目执行人、监督人实行奖励。

3.8 附则

（略）。

7-04 总部项目拓展风险管理制度

总部项目拓展风险管理制度

1.目的

为了规范公司项目拓展工作，预防并规避项目拓展过程中产生的风险，保证项目后期顺利开发建设，达到既定经营目标，特制定本制度。

2.适用范围

本制度适用于公司所有项目拓展的风险管理。

3.具体内容

3.1 名词解释

3.1.1 项目拓展是为获得必要的土地储备，支撑公司战略发展，本风险制度控制过程为从取得信息到项目合作签约。

3.1.2 竞争者主要指公司在拓展项目过程中遇到的其他的竞争企业。

3.1.3 信息处理是指公司获取项目信息，对信息确认、核实、调查的过程。

3.1.4 后评价是指在成功拓展某个项目后，对本项目拓展过程中的作业操作、工作人员能力表现等进行评估。

3.2 相关部门职责

3.2.1 发展中心

（1）负责制定与修正项目拓展风险控制制度。

（2）负责在公司内部对项目拓展风险控制制度做出解释。

（3）负责对项目拓展风险做出预警与识别。

（4）负责项目拓展工作执行、推进、指导、监督、核查、评价等工作。

（5）负责对项目公司项目拓展部门提供必要技术支持与协作。

3.2.2　项目拓展部门。负责按公司规定与规范完成项目拓展过程的相关作业；接受总部发展中心指导、监督、核查，及时修正不符合公司规定、规范的作业。

3.2.3　管理中心。接收项目拓展过程重要文件，进行备案与管理；配合发展中心进行项目拓展后评价；建立完善公司监督、检举制度与机制。

3.2.4　法律部。规范项目拓展过程中的法律文本，建立完善法律合约审批、核查制度。

3.2.5　财务部。配合项目拓展工作过程中融资计划与方案制定；配合项目拓展过程中对合作方企业财务审查。

3.3　外部环境风险防范

3.3.1　政策风险防范

（1）发展中心每季度完成房地产宏观政策分析报告。

（2）项目责任人要针对项目涉及的房地产国家政策及地方实施细则、行业管制情况等前期工作进行调查分析，作为项目分析材料的组成部分。

（3）合约拟定中，将与合作方约定前期工作责任与分工，写入合作协议或相关法律合约。

3.3.2　融资风险防范

（1）项目责任人对当期地方资本市场融资方法、融资条件、融资成本进行调查分析。

（2）项目责任人根据调查结合公司财务计划制定融资方案及预案，作为提交决策委员会议文件的组成之一。

3.3.3　市场风险防范

（1）发展中心市场研究部门每季度编写战略重点城市市场报告，作为投资潜力评估。

（2）项目所在地为非战略重点城市，项目工作小组人员应在项目所在城市考察7天以上，并完成城市及区域市场投资潜力分析报告。

3.3.4　竞争风险防范

（1）项目责任人组织调查竞争对手企业背景、合作条件、与合作方管理者"利害"关系。

（2）项目责任人提交竞争方案或意见，作为谈判策略的重要依据。

3.4　内部管理风险防范

信息处理风险防范。

（1）项目备案信息必须包含合作者信息、土地性质与用途、技术经济指标（如无以地籍材料为准）、合作条件、已取得前期手续及权证等。

（2）项目责任人应在拓展项目立项前，核实前期手续文件及权证发布日期、发布机关，确定其时效性、有效性，如有过期，应根据最新法规核定其申请延期、更新等合法性，在报告材料中注明核实人、核实日期。

（3）项目责任人应在拓展项目立项前，通过公开信息渠道或相关机构核实项目相关信息，确保项目信息准确性、真实性，在报告材料中注明核实人、核实日期。

（4）项目责任人在进行项目考察时，要对项目用地的建设限制条件、施工条件、干扰因素等方面做完整清楚记录，要求注明规划特殊要求与规范、图像与视频等说明资料齐全。

（5）项目小组须尽职调查如下内容，由项目负责人组织完成，并提交《项目尽职调查报告》。

① 项目调查主要包括：场地邻里关系、前期工作可行、区域规划动态等。

② 合作方企业调查主要包括：财务、法律、主体授权等方面。

3.5 作业风险防范

3.5.1 严格按照公司的《土地储备工作制度》完成初选、立项、决策程序，依照项目评价体系，进行评估与决策。如有特殊情况，可通过董事会决议方可简化。

3.5.2 设立部门内部信息库使用权限，明确项目责任人，内部研讨及传递由专人登记管理，确保数据使用安全。

3.5.3 项目责任人应严格按照项目工作计划时间表，明确内部传递、研讨、审批时限要求，明确责任部门、责任人，如有变更由总经理办公会议审议通过。

3.5.4 参与项目的工作人员应严格执行《谈判工作制度》《中介管理制度》《项目评价制度》等制度与参照《作业指导说明》，完成相关工作。

3.6 廉正风险防范

3.6.1 公司内部或外部人员可向公司相关管理部门检举项目拓展过程中公司工作人员的欺诈行为，经调查属实，参照公司规定处罚。

3.6.2 严格按照《项目谈判工作制度》规定，重要谈判必须由公司两个或两个以上工作人员共同参与。

3.7 决策风险防范

3.7.1 项目责任人要保证决策项目材料准确、完整。

3.7.2 发展中心指定或决策委员会委派专人，对相关决策项目分析报告进行核查或抽查，若发现有相关内容与事实严重不符，责其改正。

3.7.3 项目责任人在项目决策前七天向参与决策领导提交可研报告，并对决策委员会进行问题答疑。

3.7.4 所有参与决策人员在项目决策前，应对呈报项目资料深入了解。

3.7.5 决策委员会代表应在项目决策前，进行项目实地考察，并完成与合作方的初期谈判。

3.8 合约风险防范

3.8.1 法律文本要求规范化，法律文书的拟定应严格执行公司法律文本规范，如有特殊情况需要变动、更改，需要向公司法律部门批准许可。

3.8.2　内部审查与外部咨询相结合，按照公司规定完成法律文书编写后，根据公司规定完成内部审批，向公司法律顾问进行法律咨询，书面咨询意见与合约共同备案。

3.9　控制后评价

3.9.1　拓展项目签署合作合约后，由发展中心对签约项目拓展过程工作进行评价，对参与人员工作表现进行评价，并编写《项目拓展工作评价报告》。

3.9.2　评价结果报送管理中心，作为修正工作方法及流程的依据，作为奖励、激励的依据。

7-05　项目前期开发手续流程监督制度

项目前期开发手续流程监督制度

1.目的

为保证公司发展战略认真贯彻，建立良好的项目风险控制体系、审计指标体系和规范项目开发的作业流程，特制定本制度。

2.适用范围

本制度适用于公司所有项目前期开发手续流程监督管理。

3.具体内容

3.1　名词解释

3.1.1　前期开发手续流程。指项目从立项到工程施工许可证为止，各个阶段、环节涉及的各项手续的办理流程。

3.1.2　流程的标准时间。指项目从立项到工程施工许可证为止，各个阶段、环节涉及的各项手续的办理，按政策法规规定或行业惯例正常的办理时间。

3.2　相关部门职责

3.2.1　总部发展中心风险控制部人员。负责编制项目前期开发手续流程；负责制定项目前期开发手续流程的标准时间指标；负责与总部管理中心、成本中心、财务中心、总工办和营销中心沟通项目前期开发手续各个环节时间指标；项目运行期间负责跟踪和监督项目前期开发手续的完成时间和办理情况。

3.2.2　总部管理中心、成本中心、财务中心、总工办和营销中心人员。配合发展中心制定项目前期开发手续流程的标准时间；配合发展中心下达项目前期开发手续流程的标准时间指标；项目运行期间配合发展中心跟踪和监督项目前期开发手续的完成时间和办理情况。

3.2.3　各项目公司相关负责部门和人员。负责本项目的前期手续办理；按要求填报项目前期手续办理计划；及时和总部各相应中心进行指标控制工作的交流和沟通；根据项目进展和需要，及时调整风险控制措施；如遇到特殊项目或特殊情况，需调整指标，及时上报发展中心或总部其他相关部门。

3.2.4 各项目公司下属项目部相关负责部门和人员。负责本项目的前期手续办理；按要求填报项目前期手续办理计划；及时和项目公司或总部各相应中心进行指标控制工作的交流和沟通；根据项目进展和需要，及时调整风险控制措施；如遇到特殊项目或特殊情况，需调整指标，及时上报项目公司领导或发展中心及总部其他相关中心部门。

3.3 作业内容

3.3.1 一级开发前期手续流程。一级开发前期手续流程如下表所示。

一级开发前期手续流程

操作步骤		具体说明
一级开发授权	签订意向书	（1）土地现状调研、钉桩、测绘、评估 （2）初步征地补偿方案 （3）与当地的政府相关部门签订意向书
	规可研编制	（1）向规划委申领规划要点，编制控制性详细规划 （2）编制项目可行性研究报告
	一级开发授权	（1）提交一级开发申请和实施方案 （2）市国土局、发改委、规委、建委等举行联席会议，预审项目可研、规划和征地补偿方案等 （3）预审通过后获得一级开发授权，并签订一级开发合同
立项批复		（1）到市发展和改革委员会提交立项报告，市发展和改革委员会函之规划局审核 （2）规划局会签返市发展和改革委员会 （3）市发展和改革委员会统一立项，下发立项批复
规划意见书		做好整体详细规划，向市规委申请规划意见书
征地批复		（1）编制一级开发的一书四方案（《建设项目承包说明书》《农用地转用方案》《补充耕地方案》《征地方案》《供地方案》），报国土局审议 （2）向国土局、规划局、建委、乡镇政府、村公所等部门征求意见，结果报市政府 （3）当地市政府下文批地
拆迁许可证		（1）冻结户口、入户调查、拆迁协议谈判等工作 （2）制定拆迁安置方案，并报地方政府相关部门审查 （3）审查通过，获取拆迁许可证
土地上市		（1）核算一级开发成本 （2）验收土地 （3）在土地中心入市交易

3.3.2 二级开发前期开发手续流程

（1）立项手续——立项批复

① 首先要选定项目，洽谈合同或协议；也可以是考察准备挂牌或已挂牌的项目。

② 申请规划要点的规划意见书（已挂牌项目不需要），向市发展和改革委员会申报立项报告。

③ 市发展和改革委员会函至规划局，规划局会签返市发展和改革委员会。

④ 市发展和改革委员会下发立项批复，要求进行可行性研究。

⑤ 如果是公开市场招、拍、挂获取的项目，可以直接从土地中心转立项。

（2）规划手续。主要包括用地规划许可证和工程规划许可证。

① 用地规划许可证

——项目立项后应及时申报项目可行性研究报告，经建委和规委审核会签。

——进行画桩，并获取《用地钉桩成果通知单》。

——进行整体的规划设计，主要是总平面设计，层面、立面设计和重要剖面设计。

——准备环境影响评估、交通影响评估、地震安全性评估报告、勘测设计招投标备案。

——如果是公开市场招、拍、挂获取的项目，需要准备《土地出让转让合同》。

——手续准备齐全向市规委申请用地规划许可证。

② 工程规划许可证

——准备人防设计审核批准、交通出入口及停车场、园林局绿地率和消防设计审核意见、工程档案登记证明、"七通"服务协议等。

——向市发改委和市建委申报年度开工计划；此时要交纳一定比例（一般20%以上）的综合地价款。

——进行全套建设施工图设计，包括总平面设计，各层平面、各向立面设计、各层剖面设计和基础平面、基础剖面图。

——上报市规划局进行施工图审查。

——以上手续及其他手续（如立项、用地规划等手续）准备齐全后，获取工程规划许可证。

（3）土地手续——国有土地使用证

① 缴纳土地出让金，支付土地补偿费。

② 准备好公司执照、立项批复、建设用地规划许可证、征地批复、出让合同和出让金、补偿费缴款发票等手续，办理国有土地使用证。

（4）工程手续——工程施工许可证

① 准备建设用地规划许可证、土地证（或相关证明）和施工图审查通知书。

② 进行招投标工作，标底制作；与中标的工程公司和监理公司签订合同。

③ 交纳四源费、准备建设资金落实证明和人防施工图备案回执等手续。

④ 到市建委办理工程施工许可证。

（5）其他手续。主要是在办理以上主要证件中需要准备和办理的其他手续，如注册公司手续、资质级别证明、审定方案通知单、环境影响评估、交通影响评估、地震安全性评估报告、勘测设计招投标备案、人防设计审核批准、交通入口及停车场、园林局绿地率和消防设计审核意见、工程档案登记证明、"七通"服务协议等手续。

3.3.3 项目开发手续流程标准时间指标（针对二级开发）。（略）

3.3.4 立项手续标准时间指标（略）。

3.3.5 规划手续标准时间指标（略）。

3.3.6 土地手续标准时间指标（略）。

3.3.7 工程手续标准时间指标（略）。

7-06 项目定位与策划管理制度

项目定位与策划管理制度

1.目的

为了综合考虑和平衡影响产品的各专业意见，完成项目整体定位分析（包括市场定位、客户定位、产品定位等）和产品策划结论，指导下阶段的概念设计、营销推广整体思路以及项目运营策划书深化等工作，特制定本制度。

2.适用范围

本制度适用于公司各开发项目的项目定位及产品策划工作。

3.具体内容

3.1 概念

3.1.1 项目定位是根据项目本身所具有的属性和特点，确定项目针对的目标消费群体、市场迎合点以及产品风格等，并考虑产品的市场差异性和引导性。

3.1.2 产品策划是在明确项目定位的基础上，按照市场需求对多种产品方案进行测算比较，并提出产品的最优配置建议，一般需要包括场地分析、楼型配比、规划排布、单体布局（非必需）等。

3.2 职责

3.2.1 公司投资发展部是项目设计策划的主要责任及组织部门，负责提出初步策划方案，编制"项目定位与策划书"。

3.2.2 产品技术部、营销部、工程部、财务部、项目公司等部门参与项目定位与策划工作，在职责范围内为公司项目定位与策划工作提供支持。

3.3 项目定位及产品策划工作启动

3.3.1 项目取得之后即行启动项目定位及策划工作，投资发展部应根据可研报告的主要结论，并结合产品标准化研究成果，拟定相关工作计划，明确此阶段公司各职能部门分工，必要时可委托外部机构进行专项市场调研。

3.3.2 计划拟订后，由分管领导审批。

3.3.3 各部门按修改后的工作计划落实相关工作。

3.4 项目定位与策划报告

项目定位及策划报告内容要点包括以下几点。

（1）宏观市场分析（经济环境、政策环境、市场预测等）。

（2）区域市场分析（区域环境、人文配套、周边竞品、项目SWOT分析）。

（3）客户群体分析（客户群类别细分、购房动机分析、价格承受能力）。

（4）项目定位（市场定位描述、目标客户群体描述）。

（5）产品策划（整体规划建议、外观设计建议、户型设计建议、配套设施建议、装修档次建议、配套服务建议、物业管理建议；必选内容包括产地分析、密度指标分析、楼型配比规划方案、规划强排方案、单体布局）。

（6）项目开发方案及项目开发节奏。

（7）营销卖点提炼。

3.5 项目定位及策划报告审批

3.5.1 投资发展部组织拟订"项目定位及产品策划报告"，相关部门给予专业配合。

3.5.2 投资发展部在公司总经理办公会上汇报主要内容，总经理办公会提出报告修改意见，交投资发展部进行修订完善。

3.5.3 "项目定位及产品策划报告"最终经总经理办公会审议通过、公司总经理审批。

3.6 鉴于项目定位与策划工作的特殊性，项目定位和策划人员在日常工作中应加强房地产市场特别是其他房地产项目的调研，以不断提高项目定位和策划能力。

7-07 设计委托与设计方案评审管理制度

设计委托与设计方案评审管理制度

1.目的

为了保证设计质量，缩短设计及评审周期，提高资金效益，预防和减少因设计失误而影响进度与工程造价，特制定本制度。

2.适用范围

本制度所称的"设计"从范畴上进行划分为规划设计、市政设计、景观设计、建筑设计和室内设计等。从阶段进行划分为概念性方案设计、方案设计、初步设计、施工图设计和专业深化设计等。

3.具体内容

3.1　职责分配

3.1.1　产品技术部

（1）负责项目勘察、设计供方的选择，提出设计方案是否满足技术性要求的主导意见；负责审批异地项目公司设计供方的选择。

（2）负责项目概念设计方案、方案设计、初步设计，审批异地项目概念设计方案、方案设计、初步设计。

（3）监督项目施工图设计。

（4）负责对项目各阶段设计成果进行备案，并负责设计成果评价。

（5）对项目的设计管理提供技术支持。

3.1.2　项目公司

（1）本部项目公司负责概念设计方案、方案设计、初步设计、施工图设计。

（2）异地项目公司负责概念设计方案、方案设计、初步设计、施工图设计。

（3）参与设计成果评价。

（4）异地项目公司负责本项目公司设计类供方的选择，负责组织施工图会审。

3.1.3　工程管理部、项目公司成本管理部门。参与设计评审，提出"限额设计"及项目成本控制的主导意见。

3.1.4　营销部门、物业部门。参与设计评审，提出设计方案是否满足市场需求及功能性要求的主导意见。

3.2　设计单位选择

公司所选择的设计单位必须满足以下基本条件。

（1）具有独立法人资格。境外设计单位在国内应有独立法人资格的分支机构。

（2）著名（品牌）设计机构，对项目市场推广有显著的促进作用。

（3）具有多年的设计经验，成立时间五年以上。

（4）信用良好，经调查近两年内没有重大合同纠纷或其他不良记录。

（5）有类似项目和大型项目、标志性建筑的设计经验。

（6）专业特长与所委托的项目的类型一致。

（7）具有较强的成本意识、市场意识、作品意识。

（8）设计师具有与设计单位同等的能力。

（9）能很好地与其他专业设计相配合。

（10）内部管理体系健全。

（11）能及时提供税务发票。

（12）同时在选择设计单位时，在可行的情况下应要求设计单位做出以下条件的明确的承诺：

① 同意在公司及项目的宣传资料、广告中出现设计单位的名称和标志。

② 同意在今后的合作中"设计收费标准"有不低于约定额度的优惠。

③ 同意在对外宣传中将委托项目作为案例进行正面宣传。

④ 必要时，要求同意为公司其他项目的设计提供免费顾问，并在所顾问的项目的宣传资料、广告中以"设计顾问"的名义出现其单位名称和标志。

3.3　设计招标、委托文件的编制

3.3.1　责任部门（指产品技术部或项目公司）负责编制授权范围内的设计招标、委托文件。

3.3.2　设计招标、委托文件应包括但不限于：招标公告或邀请招标函；项目介绍；设计要求；投标要求；评标、中标通知书发出的时间；其他文件。

3.3.3　"设计委托书"必须充分、详细、明确，内容应包括但不限于以下方面。

（1）公司的开发理念；企业专业形象定位。

（2）企业文化。

（3）公司产品模式，曾经开发的项目的定式风格，项目所在地的历史沿袭、文化特色，目标客户分析，项目的核心开发理念，项目的自然与人文环境。

（4）设计目的。

（5）设计依据。

（6）设计范围。

（7）设计原则。

（8）成本限额。

（9）设计要求。

3.3.4　在编制设计招标、委托文件的过程中，要广泛征询相关部门的意见和建议，尤其是要充分听取分管领导的指导意见。

3.4　设计委托后，责任部门应确保与设计单位的项目负责人的有效沟通，及时掌握设计进度和需要补充、明确的内容。设计期间，责任部门应及时、准确地记录双方沟通的内容，作为解决可能出现的纠纷的原始证据。

3.5　当设计内容需要变更时，责任部门应与设计单位及时签署补充协议，确保双方对变更内容理解一致。

3.6　设计方案评审的原则

3.6.1　边设计边评审。为了防止设计偏差、缩短设计和评审周期，公司分别对规划设计、初步设计和施工图设计各阶段的设计成果进行依次评审。阶段设计成果评审通过后，设计单位方可进行下一阶段的设计工作。

3.6.2　责任部门是设计方案评审的责任人，对各阶段的设计成果、质量负责。

3.7 规划设计方案的评审

3.7.1 设计方案的评审。责任部门负责组织设计方案的评审和验证，相关部门和人员参与。

3.7.2 规划设计方案应至少经过两轮评审，方可产生最终方案。

（1）第一轮评审。各规划设计方案的竞标单位在规定时间内将竞标方案送到后，责任部门组织由成本管理部门、营销部门、物业部门等相关部门、专业工程师及与项目定位相匹配的外部专家参加的规划方案评审会议，进行方案的第一轮评审。评审后保留2～3家优秀方案的设计单位参加下一轮的方案竞标。

（2）第二轮评审。被保留的设计单位吸收其他方案的设计思想，对方案进行改进，并在规定时间内参加规划设计方案的第二轮竞标。责任部门再次组织规划方案评审会议进行方案的第二轮评审。第二轮评审的结论报公司招标委员会，由招标委员会确定最终中标设计单位。未中标的单位公司按照招标文件的规定给予一定的费用。

（3）中标单位再次吸收其他单位方案的设计思想和公司的设计要求，对方案进行进一步改进，确定方案后报责任部门，责任部门根据不同的评审事项组织成本管理部门、营销部门、物业部门等部门，根据各部门的专业职能进行内部综合评审或专项评审，提出改进意见，直至方案满足公司的开发要求，确定最终方案。

（4）方案设计的评审包括后期初步设计的评审。

（5）在各阶段设计院提交方案或图纸后，责任部门应先组织专业工程师对设计方案或图纸进行预审，提出技术审核意见，然后报规划设计评审会议进行讨论、审核。

（6）鉴于设计方案直接决定项目成本的高低，因此在进行设计方案评审时，"成本限额"是评审的一个重要方面。

（7）每次设计方案评审后，由责任部门专业工程师整理评审记录并保存。

3.7.3 方案设计直接影响项目的市场竞争力和盈利能力，在一定程度上决定着项目的成败。除了采用以上评审方式外，还可通过进一步征询社会公众、房地产各领域专家、目标客户的意见。

3.8 施工图建筑设计（施工图设计出图前）方案的审核

3.8.1 根据项目需要，规划设计方案确认后，可要求设计单位进行单体建筑的方案设计。

3.8.2 方案设计完成后由责任部门选择、委托建筑设计单位进行施工图设计。

3.8.3 施工图设计出图后由责任部门组织相关部门和人员对施工图方案进行专业审核。

3.8.4 施工图审核根据项目大小、难易程度、工作量、时间要求等情况由责任部门组织实施，或委托外部专业审图机构或个人实施。

3.8.5 施工图内部审核的结果根据需要可通过或要求外部专业审查机构向设计

单位传达。

3.8.6　施工图审核是项目设计阶段质量和成本控制的一个重点，主要就满足设计要求和设计规范专业角度，特别是质量、成本角度进行审核，提出修改建议。

3.8.7　为确保项目成本控制目标的实现，责任部门可在施工图设计委托时向设计单位提出单位造价成本的限定要求。

3.8.8　经审核修改后的施工图交设计单位进行修改，以确定最终设计图纸。

3.9　设计评审应从各个专业、各个方面逐一进行，并与设计单位进行充分沟通，了解设计单位的设计思想，既要满足项目的"设计要求"，又要尽量防止"设计要求"影响设计师设计思想的发挥和体现。

3.10　为提高设计评审质量，减少因设计变更而导致的项目进度延迟和工程造价增加，可以委托民间的、非政府行为的、与设计单位专业一致的其他设计单位进行评审。责任部门负责对专业评审机构考察、洽谈、监督和评价。

3.11　设计工作计划

3.11.1　在项目设计委托和设计报批前，责任部门负责编制项目的"设计工作计划"。

3.11.2　"设计工作计划"应包括各阶段工作的起止时间、责任人、工作成果和效果评价等内容。

3.11.3　"设计工作计划"应充分考虑到项目前期手续可能导致的时间延迟和公司确定的开工时间，必须留足施工图会审的时间，严防仓促开工。

3.11.4　"设计工作计划"是对责任部门及相关人员进行绩效考核的依据。

第8章 房地产企业项目施工管理制度

8-01 施工图会审与技术交底管理办法

施工图会审与技术交底管理办法

1. 目的

为了加强对施工图的管理，提高施工图会审质量，规范技术交底程序，减少因设计变更而导致的项目进度延迟和工程造价增加，制定本办法。

2. 适用范围

本办法适用于公司所有工程图纸的施工图会审和技术交底。

3. 具体内容

3.1 职责

3.1.1 项目公司负责施工图设计交底与图纸会审相关方的组织；负责图纸的接收、整理、编号和分发；负责对图纸会审记录进行签字确认，保留会审记录；负责与设计单位的沟通联络。

3.1.2 公司工程管理部、产品技术部参与图纸会审。

3.2 施工图管理

施工图管理是房地产企业技术管理中的重要环节。规范化的施工图管理是工程施工管理、竣工结算的基础，也是工程竣工验收后物业管理工作的必需。

3.2.1 施工图纸管理内容

（1）项目公司接到设计单位送来的图纸应立即进行整理、编号和分发，并负责电子文件的整理和存档。

（2）完整的施工图应包括总图及总说明、总目录、建筑图、结构图、设备图（给排水、采暖、通风、空调、设备安装等）、电气图（配电、照明、综合布线、自动报警、安防等）、室内装饰图、标准图、通用图、设计说明书等。

3.2.2 施工图纸的管理程序

（1）图纸的整理。收到图纸后，项目公司组织核对其套数、页数、种类，并按用途进行分类、编号、登记。

（2）图纸的分发。申报《建筑工程施工许可证》及各项申报手续的审核图纸根据审核部门规定的数量要求送审。公司存档2套；分管领导1套；产品技术部、工程管理部各1套；项目（工地）现场2套；施工单位4套（为其保留1套作为绘制竣工图使用）；监理公司1套。

（3）分发登记。项目公司负责记录分发时间、领取人单位、姓名、数量。

（4）图纸的保管。领用单位和个人应妥善保管图纸，防止图纸损毁和遗失。遗失图纸的，保管人负责赔偿。

（5）图纸的收回、作废。对因设计变更而作废的图纸应及时收回、登记，并加盖作废章。

3.2.3　竣工图纸的管理

（1）工程竣工验收后一般在30天内应完成竣工图。

（2）竣工图由施工单位负责绘制，一般应绘制四套，并交一套由公司存档备案。在绘制竣工图时，一般少量的局部变更可在原图上更改或在图上增画大样图或部分更改图；对改动较大的部分要重新绘制。

（3）竣工图绘制完成后由监理公司审核，并应由建设单位参与审核，后经项目公司工程部门审核认可后，并加盖审核章。

3.3　施工图内部会审和报批

3.3.1　在施工图设计方案经报审审批后，四方图纸会审之前，由项目公司组织进行施工图会审，并邀请公司分管领导、工程管理部、产品技术部和相关部门及人员参加。

3.3.2　施工图会审程序

（1）设计单位进行设计交底。

（2）参加会审的人员在规定的时间内熟悉、学习图纸，提出改进建议。

（3）项目公司组织会审人员汇总意见。

（4）设计单位进行答疑。

（5）项目公司向设计单位提出书面的"设计改进要求"。

（6）项目公司督促设计单位在规定时间内完成设计修改。

（7）项目公司组织会审人员进行二次会审（设计单位参加）。

（8）如需再次修改，设计单位应在规定时间内再次完成设计修改。

（9）项目公司报请公司总经理确认。

（10）在施工图会审期间，已经确定施工单位、监理单位的，应邀请施工单位、监理单位参与会审。

3.3.3　图纸会审的内容

（1）施工图设计是否符合设计委托书中功能、标准、构造、规模、经济等方面的要求。

（2）与政府批准的规划、方案对照，是否有不符之处。

（3）图纸本身是否存在错、漏、碰、缺和不符合现行规范、规程的地方。

（4）配套工程是否完善。

（5）图纸设计中采用的新技术、新工艺、新材料、构配件的设备有无实施性困难。

3.3.4 参加会审的人员必须认真进行图纸会审，并对职责范围内的图纸会审质量负责。在开工后发现设计图纸有明显失误或错误的，视因设计变更而导致工期延迟或增加造价××万元以上的，给予责任人相应处罚。

3.3.5 施工图委托审核。为提高施工图会审质量，减少因设计变更而导致的项目进度延迟和工程造价增加，项目公司可以委托民间的、非政府行为的，与设计单位专业一致的其他设计单位进行审核。项目公司负责对专业审图机构考察、洽谈、监督和评价。

3.3.6 相关专业施工图报审。项目公司到政府建设行政主管部门、消防管理部门等单位办理施工图报批手续。

3.4 施工图四方会审与技术交底

3.4.1 项目公司负责组织以下单位及人员参加施工图四方会审和技术交底会。

（1）设计单位参加人员。设计项目负责人、土建、安装（给排水、电、暖、通等）工程的设计人员。

（2）施工单位参加人员。项目经理、技术负责人、各专业施工员、预算师。

（3）监理公司参加人员。项目总监或总监代表，各专业监理工程师、造价师、记录人员。

（4）公司参加人员。公司分管领导及工程管理部、产品技术部、项目公司有关人员。

3.4.2 技术交底的基本内容

（1）设计人员的设计意图与构思，建筑构造要求，特殊部位以及有关标准。

（2）结构方案的实施要求，关键结构部位的施工要求。

（3）设备、电气工程的技术要求，技术参数的核对。

（4）对各专业间穿插施工的要求。

（5）采用新技术、新工艺、新材料的施工与工艺要求、消防要求。

（6）其他需提出和交代的内容

3.4.3 技术交底的程序

（1）确定施工单位、监理单位后，各单位人员配备齐全且已全部到位。

（2）先由设计单位对"图纸评审意见书"中所提问题统一解答。

（3）按各专业分组进行，做到相互学习，有问有答，最后进行专业间配合问题解答。

（4）设计、监理、开发、施工单位负责人发言，由监理单位总监进行总结。

3.4.4 技术交底的参加单位应在图纸会审记录上签名、盖章，一式四份，各单位一律存档。

8-02 设计变更管理制度

设计变更管理制度

1.目的

为了明确相关单位、有关部门和岗位在设计变更中的职责权限和接口关系，加强施工期间设计变更的流程管理，降低因设计变更而导致的工程造价增加和进度延迟，确保工程造价和进度在预期目标的控制范围内，特制定本制度。

2.适用范围

本制度适用于施工期间的所有设计变更的流程管理。

3.具体内容

3.1 设计变更的分类

3.1.1 按照设计变更的提出方划分，设计变更分为以下几类。

（1）A类变更。公司或产品技术部、项目公司为改进设计而提出的变更。

（2）B类变更。施工单位提出的变更。

（3）C类变更。客户提出的变更。

（4）D类变更。设计单位（发现设计有错误或失误后）提出的变更。

3.1.2 按照设计变更的原因划分，设计变更可以分为以下几类。

（1）设计优化原因。为进一步降低工程造价，在实际情况许可时，对工程局部结构、构造作法及用材进行再优化。

（2）设计错误原因。因施工图的错、漏、缺，不核定或不改变设计就难以或无法继续施工。

（3）施工错误原因。因工程施工错误，且返工成本太高或工期太长，不核定或不改变设计就难以继续施工其他部位。

（4）施工现场条件变化原因。施工过程中发现的地质、水文实际情况与勘察报告资料不符，现场地形条件与原设计不符，再按原设计施工已属不合理。

（5）营销和经营变化原因。因营销或公司经营要求变化引起的项目整体规划或工程局部部位变化。

（6）材料设备变化原因。材料设备市场供应变化，再采用原设计材料设备或成本太高，或无货供应，或达不到设计要求。

3.2 职责分配

3.2.1 项目公司职责。收集设计变更要求；制定设计变更方案，出具设计变更草图；组织设计变更可行性论证；联系设计单位，出具设计变更正式图纸。

3.2.2 产品技术部职责。收集公司及公司相关部门设计变更要求。

3.3 公司鼓励为了改进设计而提出的设计变更。经核算，设计变更有利于降低造价、促进销售、缩短工期，公司将给予提出设计变更意见者一定的奖励。

3.4 设计变更控制流程

3.4.1 收集设计变更请求

（1）项目公司负责收集项目现场设计单位、施工单位、监理单位、项目公司内部提出的设计变更申请。

（2）产品技术部负责收集公司内部提出的设计变更。

（3）相关人员应在第一时间填写设计变更申请及论证单，报产品项目公司设计部门。

3.4.2 制定设计变更方案

（1）项目公司设计部门收集项目公司内部以及公司其他各部门提交的设计变更申请及论证单。

（2）项目公司设计部门在收到设计变更申请及论证单后，拟定设计变更方案，出具相关草图。

3.4.3 成本测算。项目公司成本管理部门对设计变更进行成本测算，填写设计变更申请及论证单成本测算栏，报项目公司设计部门。

3.4.4 设计变更可行性论证。项目公司设计部门组织相关部门进行设计变更可行性论证，视变更影响大小可邀请公司领导参与，论证通过时根据设计变更权限进行审批。

（1）××万元以下，由项目公司设计部门审批通过。

（2）×× ~ ××万元，由设计部门上报项目公司经理审批通过。

（3）××万元以上，由项目经理上报公司分管领导审批通过。

（4）可行性论证不能通过时，设计变更结束。

3.4.5 设计变更实施

（1）设计变更经评审、审批后，由项目公司与设计单位联系出具正式设计变更图纸。

（2）设计单位完成变更设计后，项目公司须保留变更资料，由甲方代表在设计变更单上签字，并书面通知申请人执行变更。

（3）如果重大设计变更需要向政府有关部门重新办理报批手续的，由项目公司办理相关手续。

8-03 工程招投标工作管理制度

工程招投标工作管理制度

1.目的

为了使各项工程顺利进行并提高工程招投标工作管理水准，特制定本制度。

2.适用范围

本制度适用于公司所有项目甲方分包工程、工程监理及工程材料采购、设备采购。

3.具体内容

3.1　工作原则

招投标工作做到公开、公平、公正、科学、严谨，以适度的成本，挑选最可靠的施工单位和监理单位及材料和设备供货商，确保工期、质量、成本控制达到公司要求，切实维护公司利益。

3.2　职责

工程管理部负责建立由公司认可的合作单位（包括承建商、供货商、监理公司）名册和资料库。

3.3　工作内容

3.3.1　公司认可的合作单位，必须是与公司有过良好合作经历的，或者是社会声誉卓著并且经考察证实具备实力可以合作的单位。合作单位由部门经理级别以上人员推荐（其他职员可通过部门经理推荐），并由推荐部门组织考察小组（工程管理部派员参加）进行考察，出具考察报告，经工程管理部经理签署并报公司分管总经理同意后，即纳入认可单位名册。

3.3.2　工程管理部牵头，组织成本管理部和项目经理部在项目结束后对认可合作单位进行评估，评估不合格的单位应予以淘汰。投标单位必须是公司认可名册中的单位。投标单位一般不得少于三家，投标单位不够三家时，需报成本管理部同意，经公司分管总经理批准后备案。

3.3.3　投标单位的选择。原则上由项目经理部推荐1/2竞标单位，工程管理部推荐1/2竞标单位，竞标单位必须通过资格预审。竞标单位考察工作由工程管理部负责组织安排。参加施工招投标、施工监理招投标的竞标单位考察工作由工程管理部派两名以上专业工程师，成本管理部派一名以上专业工程师，项目经理部派经理（或经理助理）、土建工程师、给排水工程师、电气工程师组成考察小组；参加材料设备招投标的竞标单位考察工作由工程管理部、成本管理部、项目经理部各派一名以上专业工程师组成考察小组。当天考察，当天上交考察评分表。考察综合报告须报公司分管总经理审批后生效。

3.3.4　工程招标文件（即工程合同）须征求成本管理部和各项目管理部意见，由工程管理部经理最后定稿，报公司分管总经理审批后备案。成本管理部对招标文件的可控性负最终责任。

3.3.5　工程招标文件应采用工程管理部统一制定的标准文本，其内容主要包含：工期要求、工程造价或取费标准要求、质量要求、付款方式、招标范围、结算方式、验收标准及其他要求等。招标文件中的与项目内容相关的空白部分和补充内容，均由经办部门负责填写。

3.3.6 工程施工、建设监理、施工材料、电梯和建筑智能化设计施工的招投标工作，由工程管理部主持，成本管理部、设计部和项目经理部参加。项目经理部对所签定合同的具体实施负责。

3.3.7 市政配套材料设备、园林绿化、道路桥梁、建筑装潢等工程的招投标工作，由项目经理部主持，成本管理部、设计部和工程管理部参加。

3.3.8 所有工程招投标工作的定标结果报公司分管总经理批准后生效。

3.3.9 按照国家有关规定应进行公开招标的工程和项目，由主办部门负责按政府有关规定执行和办理相关手续。

3.3.10 全部招投标资料需按公司档案管理规范进行归档保管。

3.4 特急项目

3.4.1 特急项目种类

（1）水、电、煤、电话等市政配套工程，提前介入土建施工遇到的工地障碍和堆场清理；配套工程由于技术要求改变管位和加快施工进度需要配合的人工。

（2）四大管线爆裂和损坏（物业公司无法检修）的应急项目；配套工程进场施工需要的临时简易砖瓦用房搭建。

（3）因工地施工临时拆除围墙影响物业公司的草皮翻挖和临时人行道增设，围墙和绿化翻土及请物业公司恢复草皮的费用。

（4）由于共同交叉施工，而工地要求达不到销售标准增加的清扫人工。

（5）两个工程项目之间的盲地处理和因项目需要而引起的临时用水、电杆移位等。

（6）配合公司各类促销宣传活动需要对周围环境做部分调整的零星项目增加工程量。

3.4.2 特急项目处理程序。项目经理部接总经理层书面要求后，经判断可列入特急项目的，项目总经理应及时向分管总经理请示并着手准备工作，同时拟书面报告及临时协议报成本管理部和工程管理部，并同时办理正式合同申报手续。报告须含项目缘由及主办人、施工单位选择方法并说明原因、工作计划、其他须说明事项、临时协议等。

3.4.3 工程造价在××万元以下的零星工程，施工单位必须提交详细的施工预算书。项目总经理必须对设计变更认真对待，涉及工程量增加超过施工预算总价10%的，必须经公司总经理层批准才能实施。若工程结算价超过施工预算10%以上，项目经理部须上报专题报告说明情况。如因管理不善所致，扣项目总经理当月津贴50%，并通报批评。

8-04　工地检查制度

工地检查制度

1.目的

为使工地检查工作规范化、制度化，便于公司及时了解各工地的工程质量、进度等情况，特制定本制度。

2.适用范围

本制度适用于公司所有工地现场的检查。

3.具体内容

（1）检查工地是工程管理部的日常工作内容之一，主要指工程管理部代表公司对公司各项目工地的工程质量、进度、工程签证、设计变更、合同履约等情况进行定期检查及不定期抽查，并将检查结果总结发布。

（2）工程管理部应不定期参加各工地的工程例会，对施工现场进行抽查，以了解工地的现状及存在的问题，根据问题的重要程度写出专题报告，通知项目经理部并抄报公司分管总经理。

（3）工程管理部应于每月下旬会同成本管理部、总经理办公室有关人员对各工地进行一次大检查，各项目经理部在检查中应给予积极支持与配合，并指派一名专业工程师配合检查工作。

（4）工地检查的内容包括，各专业的质量情况、工程总体进度完成情况、现场文明施工情况、配合销售情况、公司工程管理规范的执行情况等。

（5）各项目经理部应将每周的"工程例会纪要"，在会后的第二天以电子邮件的形式发给工程管理部。

（6）各项目经理部应在每月30日之前，将本工地的工程质量情况、进度完成情况、下月主要工作计划、主要设备材料供货详细计划、配合销售工作的进展情况、存在的主要问题等，以电子邮件的形式发给工程管理部。或将上述内容充实到《工程月报》中，在规定日期（每月30日）之前，抄送给工程管理部。

（7）各项目经理部应将现场发生的重大事件（如重大的质量事故、人身安全事故等）及时以电话及电子邮件的形式通知工程管理部。

（8）工程管理部应在每月对各工地进行一次评估，并将评估报告发给各项目经理部及上报公司领导。

8-05　工程施工组织设计审查制度

工程施工组织设计审查制度

1.目的

为充分考虑住宅工程的特点，科学审查、修改施工组织设计，保证施工质量，节约工期和成本，特制定本制度。

2.适用范围

本制度适用于公司所有的工程施工组织设计审查。

3.具体内容

3.1　审查时间

临建搭设前审核施工总平面布置，在开工前审核施工组织设计，在各分部工程开工前审核技术交底。

3.2　审查小组成员

工程管理部、项目经理部、全体监理人员以及审算部，特殊的部分还要请相关的专家参与施工总平面图，施工组织设计的审查工作由工程管理部负责召集和主持，施工技术交底由项目经理部负责。

3.3　审查责任

3.3.1　审查小组应全面、认真审查施工组织设计。

3.3.2　审查后的施工组织设计如导致施工出现重大技术失误或经济损失，审查小组应负有关责任。

3.3.3　施工组织设计未经审查，不得擅自签发与之有关的文件。

3.3.4　未经审查的施工组织设计，不得作为施工和结算依据。

3.4　审查程序

3.4.1　施工单位在工程开工前编制施工组织设计。

3.4.2　施工组织设计按监理单位、项目经理部、成本管理部、工程管理部的顺序进行审批，施工单位对施工组织设计的审核意见及时进行补充和完善。

3.4.3　最后报工程总监审批。

3.4.4　施工组织设计必须经工程总监批准以后才能施工。

3.5　审查内容

3.5.1　综合部分

（1）施工组织设计依据应充分，包括招标书、投标书、施工合同、甲方其他要求、政府有关规定、全套施工图纸、地质勘探报告、地下管网分布图、现场状况等。

（2）施工组织设计必须六项齐全且有深度。工程管理架构、进度总计划、现场平面布置、主要施工方法、施工机械状况说明及一览表、质量安全保证措施。

（3）针对本工程的特殊部位和关键节点要编制详细的施工方案。

3.5.2 进度计划

（1）进度计划安排应符合实际情况，并考虑分包单位的施工进度安排。

（2）进度计划中应明确各分项工程工程量、材料用量、日人工产量等计算依据，并应绘制各工种劳动力分布曲线。

（3）施工人员、施工机械、设备、材料安排应充足，进退场时间应科学、合理，特别对需甲方限价以及甲供的材料、设备应有详细的进场计划。

（4）应明确甲方或乙方分包工程的进退场时间（包括电梯、消防系统、空调、防水、铝合金、通讯系统、有线电视、高低压配电、室外给水、煤气、橱柜等）。

（5）施工进度计划应考虑因建设单位销售需要提前移交部分的施工安排。

3.5.3 施工总平面布置

（1）现场布置图应考虑基础、地下室、主体、装修等施工各阶段的需要（包括分期工程的上下期衔接），并应重点考虑销售需要。

（2）乙方应采取措施创造、维护良好的现场销售环境；应有具体措施配合样板房施工和对外开放。

（3）现场给排水系统的安排、现场施工用电布置必须经济合理。

（4）施工机械的布置必须满足施工机械的要求。

（5）平面布置应达到方便施工、易于管理、节省成本的目的。

3.5.4 主要施工方法

（1）主要施工方法的审核包括：施工机械的型号数量，施工流水作业和劳动力的安排，周转材料的选用和配备，各种施工难点的技术措施等是否满足现场施工的进度和质量要求，是否经济合理。

（2）主要施工机械指压桩机、塔吊、井架的选用和布置必须满足现场施工的进度和质量要求，且经济合理。

（3）施工流水作业和劳动力的安排必须满足施工进度的要求。

（4）模板的选用和数量配备必须满足现场施工的进度和质量要求。

3.5.5 质量、安全要求

（1）由于业主对房屋质量（特别涉及使用方面，例如渗漏、裂缝、排水不畅通等）的要求高，方案中应有防治工程质量通病的具体措施和奖惩制度，确保房屋的使用功能。

（2）在危险环境下施工，应采取具体防护措施，确保人身和财产安全。

（3）乙方应采取措施协调各分包单位的施工工作（如垂直运输、用水用电、加工场地等），负责本单位和分包单位的成品、半成品的保护。

3.5.6 施工方案

（1）施工组织设计中的措施，应根据工程需要考虑周全，并分项列明所采取的措施的费用，由甲方根据招标书、投标书、施工合同等决定是否支付该部分费用。

（2）应针对施工难点（例如后浇带、防水工程、大体积混凝土、转换梁、坡屋面等）编制技术方案，方案应科学、经济、方便。

（3）应明确乙方分包工程的施工单位，并由分包单位提供分包工程施工方案、资质证书。

（4）应针对各季节的特点（如台风、雨季等），采取不同的施工措施。

（5）考虑各种备用方案，包括人力、设备、材料等，如发电机、水池等。

（6）施工现场应采取措施达到文明施工标准。

（7）关于样板房毛坯部分的施工应有具体的措施，样板房开放后应有具体的维护办法（如防水等）。

（8）人力、设备的安排应充分，对于垂直、水平运输等关键设备应有具体可行的维修、备用措施。

8-06 施工图纸会审管理制度

施工图纸会审管理制度

1.目的

为了减少因施工图纸设计深度不够而引起错误施工，使项目工期、成本、质量能够得到更好的控制，特制定本制度。

2.适用范围

本制度适用于本公司所有施工图纸的会审管理。

3.具体内容

3.1 参加人员

施工图纸会审及技术交底由项目经理部组织，设计部、工程管理部、成本管理部、工程监理单位及施工总承包单位参加。

3.2 工作职责

项目经理部、工程管理部、设计部必须对各专业图纸认真核查。目的是达到了解设计意图，熟悉施工图纸，发现其中可能存在的问题，以便在设计技术交底和图纸会审时提出，并加以解决，确保施工顺利。

3.3 图纸会审内容

各相关部门及单位在核查施工图的基础上，将施工图中出现的错、漏、碰、缺等问题在图纸会审中提出，由设计单位解决；监理单位负责书写设计交底和图纸会审纪要，并经业主、设计、施工三方签证。

3.4 "三边"工程核查重点

对于"三边"工程，设计部提出分步施工出图要求，各相关部门及单位审查分批图纸前后交接部位，发现矛盾及时与设计单位联系协调处理，为确保施工顺利进行创造条件。

3.5 施工图纸核查的重点

单位工程最终沉降量计算值是否满足有关规定；各种地下设备管道是否符合市政工程总体规划；住宅工程是否满足《××市住宅设计标准》；消防通道、室外消火栓等是否遗漏或符合有关规定等。

3.6 建筑专业施工图纸核查要点

（1）房屋的开间、进深、层高、平面布局等是否满足《设计任务书》的要求。

（2）建筑说明和装修材料表是否有错漏或交代不清。

（3）平面图中分尺寸与总尺寸是否吻合，各隔间尺寸的标注及每间平面的布局，平面相互交叉关系尺寸是否交代清楚，注意轴线与柱子、墙体的关系尺寸；核查立面图中每层标高、门窗位置与平面图是否相符，注意核查剖面图中各层标高，特别是交叉层的标高以及交叉层的处理；立面图中应标明门窗的标高；结构梁、柱、板的表示等。

（4）校对上电梯机房和上屋面的标高尺寸；上屋面处的平台标高要略高于屋面最上层面层标高，防止雨水倒泛；标准层以上电梯机房或屋面注意横梁是否碰头，标高要核准。

（5）楼梯踏步的高宽、平台宽度不宜小于梯段宽度；封闭式剪刀楼梯两面开门；如利用剪刀楼梯间作为排烟时，必须有对外的窗户等。

（6）屋面工程防水、隔热、泛水等设计是否符合规范或《设计任务书》的要求。

（7）配合设备专业，必须在建筑图上标示的开洞和预埋件是否有遗漏。尤其注意对空调留洞及冷凝水管的处理。

（8）门窗表中的数量、尺寸、型号必须与平面图核对，是否有遗漏或差错。

（9）如有地下车库，需注意汽车入库道与自行车入库道的不同，同时要设有避免雨水进库的集水坑。

（10）外阳台和卫生间的地坪比室内要低。

（11）屋顶避雷装置的设计是否符合规范。

（12）图纸必须交代的节点有无遗漏。

（13）图纸中采用的标准图集，一律要注明标准图集的型号。

（14）建筑节点作法是否与公司《施工技术操作细则》中的规定有冲突。

3.7 结构专业施工图纸核查要点

（1）结构总说明（核对地质勘察报告），校对基础部分的设计。

（2）复核各类结构构件的尺寸是否齐全，用料设计是否符合设计规范和抗震要求。

（3）校核所有平面中各项分尺寸和外包总尺寸以及每层结构平面的标高。

（4）校对所有结构构件的设计钢筋和构造钢筋以及洞口加固钢筋，主次梁交接处须加箍或吊筋，柱与墙、扶手与墙的连接筋等是否标示完整。

（5）如有悬挑构件，悬挑构件的主筋应设置在上部；悬挑构件的端头如有集中力时，悬挑主筋应下弯钩住集中力作用构件的钢筋。

（6）电梯井内埋件、牛腿、缓冲器及机房的设计是否符合制造厂提供的电梯资料。

（7）各设备专业所提出的洞孔、埋件、埋管、吊钩、平台等是否标示无误。

（8）楼面和梁面有高低差时，要注意高低差的尺寸与钢筋的搭接。

（9）所有必须绘制的构件详图、节点详图以及特殊结构的详图有否遗漏。

（10）防潮层的设置、女儿墙的压顶、砖砌阳台栏杆转角的小柱与压顶等是否设计完善。

（11）构件尺寸、钢筋用料、混凝土强度等级比计算需要值超过太多时，要提出合理化建议；反之用料不足的要提出增补。

（12）凡选用的标准构件，必须注明标准图集的型号。

（13）避雷接地的设计是否符合构造及规范要求。

3.8　给排水专业施工图纸核查要点

（1）校对设计说明和材料明细表，是否有错、漏。

（2）校对用户提供的数据和设计供水总量是否符合规范。

（3）进水管的直径应按最大用水量和扬程的高度进行设计，但要考虑人员的增多以及其他的特殊情况。

（4）核对水泵房的大小以及水泵的台数是否符合工艺和规范的要求。

（5）检查各层平面布置图，是否有遗漏，如卫生间和盥洗的龙头除三件套外，应加设计洗衣机和淋浴器两个头子。厨房龙头除了生活、污水外再加过滤水的头子。

（6）校对所有系统图的管径尺寸和标高。

（7）校对泵房间的设计和水箱的设计是否符合规范要求。

（8）排水管的直径按照排放量而定。校对排水管的直径、尺寸、标高及坡度；排进市政集水井的坡度不小于0.3%。

（9）校对各层平面图和排水系统图，特别是位置、数量、管径、标高是否符合规范。须设置地漏的地面是否做坡度。

（10）凡有穿孔及预埋套管处都须在图中标明。

（11）屋面排水斗的设计和排水量是否符合规范要求。

（12）注意变压器室下面，是否需要设置隔油池。

（13）化粪池的型号和数量按排放量定。

3.9　煤气专业施工图纸核查要点

（1）煤气设计量与实际使用及煤气公司的供量三者之间是否符合要求。

（2）煤气管道是否设计到厨房及浴室。

（3）校对煤气管道的平面图和系统图。

（4）对煤气管道特殊要求的说明是否遗漏。

（5）设计应考虑煤气加热器的排气管。

3.10　强电专业施工图纸核查要点

（1）校对说明书与材料表，是否有遗漏或需补充。

（2）校对用户总耗电量和设计总电量是否符合，并需所在区供电局批准。

（3）进户线的方位应该离供电局距离最短的方向，节省用户的电线、电缆。

（4）根据总的用电量是否要设配电间还是变电所应按规范进行设计。

（5）检查每层分项的电表或配电箱的设计有否。

（6）动力与照明线路必须分开。

（7）校对每户需用电气设备的布局（如照明、空调、电视）以及高标准装修所提出的要求是否都有设计。

（8）校对所有平面图的设计。

（9）校对高压及低压的配电系统图。

（10）电缆沟的设计是否符合规范。

（11）防雷系统的设计是否遗漏。

（12）对建筑所需开洞、预埋的都需在图中交代清楚，并要注明标高和尺寸。

3.11　弱电专业施工图纸核查要点

（1）是否设总机房，根据电话门数而定，总机房必须用木地板。

（2）进每户的电话线除特殊要求外，每户进一路线，设二至三个分线盒。

（3）卫生间应设置一电话分线盒。

（4）校对消防系统图、电话系统图、安防系统图、有线电视共用天线系统图。

8-07　工程质量控制及管理办法

工程质量控制及管理办法

1.目的

为了加强对工程质量控制的管理，保证工程品质，特制定本制度。

2.适用范围

本制度适用于本公司工程质量控制的管理。

3.具体内容

3.1 工程质量管理程序

3.1.1 项目经理部作为公司派驻施工现场的专门机构，应重视质量控制工作。在施工过程中按照合同规定和规范的要求督促监理单位和施工单位认真履行合同，实现质量目标。

3.1.2 监理单位是现场质量、进度控制，安全文明管理和施工单位间协调的主要责任单位，并协助开发商进行成本控制。

3.1.3 项目经理部要为监理开展工作创造有利条件，充分发挥监理的作用，并对现场监理的工作能力和监理效果进行有效监控。

3.2 开工前的准备工作

3.2.1 场地移交。施工单位进场后，项目经理部应及时对满足条件的场地进行移交，包括场地、红线点、坐标点、水准点等移交给施工单位，并办好书面移交手续。

3.2.2 监理人员的资格审查。项目经理部应对进场的监理人员进行资格审查，核对监理人员名单是否与监理合同相符，检查和了解监理人员的学历证书、职称证书、资格证书、工作简历是否真实可靠。对进场的监理人员进行面试，符合要求才能进场开展监理工作，并定期对监理人员进行考核（做好记录），及时调整不合格的监理人员。将监理人员的姓名、性别、专业、技术职称、资格证书名称、进出时间等情况登记在"施工现场监理人员登记表"上。

3.2.3 监理规划的审查。督促监理单位及时提交《监理规划》，由项目经理部认真审核。

3.2.4 各种准备工作的检查。施工图已会审；施工组织设计已审批；施工现场的准备已具备开工条件；施工单位的各项准备工作已就绪；施工总平面布置图已审核。

3.3 施工质量预控

3.3.1 工程施工实行样板引路制，包括重要的部位、关键的节点、新工艺新材料的应用等，特别是关于渗漏方面的必须实行样板引路制。主要步骤如下。

（1）明确工艺流程。样板制作之前由项目经理部、监理单位牵头，工程管理部、施工单位协助，根据设计要求、施工技术细则、相关的规范、法规等明确工艺流程和质量标准。

（2）制作统一样板。项目部根据工程情况，在开工前明确需要制作样板的清单，根据其重要性分成A、B两类，A类以粉刷、门窗、屋面、卫生间为主，其余为B类。不管由几家施工单位，只能统一采用一个样板。

（3）样板做法。施工工艺流程明确后由施工单位编写施工方案和质量控制要点，监理单位编制监理实施细则和质量检查标准，经审核后由施工单位实施，制作样板时要显示每道工艺的结果，由一系列样板组成，而不仅仅是显示完成面的情况。

（4）样板确认

① A类由项目部负责，监理单位、施工单位、工程管理部参与确认。B类由现场监理负责，项目部、施工单位参与确认。

② 样板做好后必须经相关单位、部门确认并办好书面手续。

（5）样板交底。样板确认以后，由施工单位技术负责人对施工班组进行交底，监理单位监督检查，并做好书面记录。

3.3.2 督促监理单位分阶段提交有针对性、可操作的监理实施细则，由工程主管进行审核。

3.3.3 在各分部分项工程开工前，监督监理单位审核施工单位的技术交底情况，检查各项准备工作，包括操作人员的上岗证，各种材料的质保书、出厂合格证、取样复试，机械器具的准用证。

3.4 施工质量过程控制

3.4.1 加强对测量及定位放线的监控工作，监督监理单位按合同要求的仪器对测量定位进行复核。

3.4.2 对重要材料设备要检查、监督监理单位是否按合同和有关规范的要求进行见证取样和测试。不定期地抽查材料的准用证、质保书、合格证、检验报告等质保材料。

3.4.3 监督检查监理人员进行隐蔽工程验收情况，对重要的部位和工艺必须参与验收。不定期地抽查监理人员对重点部位的旁站检查情况。

3.4.4 项目经理部应坚持经常性的质量检查制度，以《创优操作细则》及屋面、外墙、门窗、卫生间渗漏控制为核心内容，掌握现场质量的实际情况，检查、监督监理单位是否按合同和规范的要求进行质量监控。

3.4.5 对隐蔽工程及重要和关键工序（如桩基工程、重要部位的混凝土浇灌、防水工程、装修工程等）要会同监理单位到施工现场进行检查。

3.5 事后控制与成品保护

3.5.1 对于重要分部分项工程，如防渗漏的有关工序，在完工后要督促监理单位100%检查验收并落实整改。

3.5.2 对于出现的质量问题要进行归纳总结，分析产生问题的原因，提出采取预防的办法，并报工程管理部归档。

3.5.3 督促监理单位加强成品保护的管理工作。

3.6 工程验收

3.6.1 隐蔽工程验收。施工单位自验后，通知项目经理部和监理验收，专业工程师和监理验收通过后，在隐蔽工程验收单上签字，允许其进入下一道工序。

3.6.2 中间验收。工程主管组织监理对分部工程进行验收评定，并在施工单位提交的"分部工程质量检验评定表"上签字。

3.6.3 竣工验收。单位工程完工后，工程管理部组织项目经理部、监理对单位工程进行检验评定，并在单位工程质量综合评定表上签字。单位工程验收合格后，项目经理部会同施工单位上报工程所在地质监站验收。

8-08 工程进度控制及管理办法

工程进度控制及管理办法

1.目的
为了便于工程施工总进度控制，对施工进度进行及时跟踪及预警，特制定本办法。

2.适用范围
本办法适用于本公司项目工程进度的管理。

3.具体内容
3.1 项目开工前由项目部根据合同工期目标编制施工总计划，经工程总监批准后，报分管负责，由工程管理部负责备案。

3.2 每月1日前项目经理编制当月"月施工进度计划"，经工程总监批准后，报分管负责，由工程管理部负责备案。

3.3 工程管理部每月8日、18日前至工地现场拍摄工程形象进度照片，记录该月施工进度原始资料。

3.4 工程管理部每次至现场检查实际进度情况后，对可能出现的工期拖延提出预警，并将具体情况反馈至各项目经理部、工程总监及分管副总。

3.5 工程管理部每月28日前至现场检查最终进度情况，拍摄工程形象进度照片并于检查后2天内编制当月进度对比表，反映实际施工进度与计划施工进度之间的差距，分析工期滞后的原因，对可能延误的工程提出预警，并将汇总情况及时反馈至各项目经理部。

3.6 各项目经理部每月30日之前完成当月工程月报，分析影响工期的原因（如设计变更、报批报建、气候、甲供材料、施工单位人力及物质资源）、采取过的补救措施及下一步相应的赶工方法，经工程总监批准后报分管副总，由工程管理部负责备案。

3.7 各项目经理部必须根据不同分部分项工程，统计实际工期并编制"阶段性工期对比情况汇总表"，为以后合同工期提供原始资料，并报工程总监及分管副总，由工程管理部负责备案。

3.8 工程管理部负责与项目部相关管理人员经常进行交流，及时了解项目施工进展。

8-09 材料设备采购管理制度

材料设备采购管理制度

1.目的

为了全面了解供应商及其产品的特性，规范选择供应商的操作程序，对采购过程进行控制，确保采购产品符合公司要求，特制定本制度。

2.适用范围

本制度适用于本公司采购各类工程物资的各项管理活动。

3.具体内容

3.1 工作职责

3.1.1 工程管理部

（1）组织对材料供应商的考察和评估工作。

（2）汇总编制"材料设备管理控制汇总表"。

（3）对材料设备进行选样和封样。

（4）编制招标文件，组织成本管理部、项目经理部进行招标活动。

（5）督促材料设备供应商在网上注册并跟踪指导。

（6）负责按照集团《材料设备采购规定》在网上进行材料设备招投标采购。

（7）负责材料设备采购合同签约。

（8）负责采购文件的保管。

（9）按照《材料样品仓库管理程序》对公司本部材料设备样品间进行日常管理维护工作。

（10）编制、修订、解释本制度

3.1.2 设计部

（1）确定材料设备设计标准。

（2）制定满足项目总进度计划的"设计标准确认时间表"。

（3）对材料设备样板进行确认。

3.1.3 成本管理部

（1）确定材料设备的目标控制成本。

（2）参加材料设备招标工作。

3.1.4 项目经理部

（1）编制材料设备进场计划。

（2）参加材料设备招标工作。

（3）负责材料设备采购合同执行。

（4）负责采购材料设备进场验收。

（5）负责供应商供货评估。

（6）负责材料设备现场封样仓库的日常管理。

3.2 操作程序

3.2.1 项目扩初设计阶段，设计部根据"材料设备分类明细表"提供"材料设备设计标准确认表""材料设备设计确认计划表"，项目经理部提供"材料设备设计确认计划表"，工程管理部提供"材料设备管理控制汇总表"，经公司总经理层审批通过后予以实施。材料设备的设计标准、功能要求和目标成本只有在公司总经理的书面同意后才能做更改。

3.2.2 工程管理部按照《工程招投标工作管理制度》《供应商评价和选择程序》的有关规定，组织成本管理部、项目经理部对材料设备供应商进行考察和评估。

3.2.3 工程管理部汇编《供应商名录》《合格供应商目录》《试点合作供应商目录》《战略供应商目录》。

3.2.4 工程管理部负责编制采购招标文件，成本管理部、项目经理部参与编制，法律室负责审核，按照"材料设备采购招标文件内部审核表"填写审核意见，经分管总经理批准后进行招标工作。

3.2.5 工程管理部督促投标单位发布招标文件前24小时，按招标文件规定及时交纳投标保证金。投标单位只有按规定交纳投标保证金后，方可参加投标。招标工作结束后工程管理部负责退还投标保证金。

3.2.6 工程管理部组织开标评标工作，成本管理部、项目经理部各一人以上参与。决标后填写"材料设备招投标工作流程表"，报分管总经理批准。由工程管理部签发中标通知书，并报合同审批。合同报批应附合同文本、供应商资质证明、"材料设备招投标工作流程表"及其他相关资料。

3.2.7 工程管理部负责甲供材料采购合同签约，项目经理部负责甲指乙供材料由项目经理部、供应商、施工总承包单位进行三方合同签约。

3.2.8 项目经理部负责采购合同实施，并根据设计（工程）变更情况对原采购合同签署补充协议。

3.2.9 根据《产品选样和封样程序》规定，工程管理部组织采购产品（甲供材料）选样和封样，项目经理部组织采购产品（甲指乙供材料）选样和封样，并填写"材料设备封样清单"。"材料设备封样清单"由工程管理部、项目经理部、供应商各存一联。

3.2.10 工程管理部组织项目经理部、供应商等相关单位对甲供材料采购合同实施合同交底，并填写"材料设备合同交底单"。对于三方采购合同由项目经理部组织监理、施工单位、供应商等相关单位进行交底。

3.2.11 工程管理部负责甲供材料封样物、卡标识，并移交项目经理部保管，办理移交手续。项目经理部负责甲指乙供材料封样物、卡标识，项目经理部负责现场仓储物资管理，并按《材料样品仓库管理程序》实施。项目竣工，项目经理部负责将现场封样产品完整集中到材料样品间，由工程管理部统一保管。

　　3.2.12　项目经理部组织协调监理单位分阶段和发货前对订购产品的入厂验证和订购产品进场验证，并按《进货检验和试验程序》规定实施。

　　3.2.13　项目经理部做好采购产品验证记录、验证标识和验证日记，按规定填写"供应商供货质量、进度考核表""供应商供货评估表"，由项目秘书存档。

　　3.2.14　项目经理部协调与供应商之间的材料（设备）供求进度、质量验证和工作配合关系，协调供应商与监理单位、施工总承包单位等之间的合作关系。

　　3.2.15　合同实施期间，项目经理部负责与设计部的设计业务对接。

　　3.2.16　对于甲方指定分包工程，项目经理部督促供应商严格执行工程隐蔽验收，半成品和成品验收制度，并规范办理工程验收手续，以此作为工程付款、结算的依据之一。

　　3.2.17　项目经理部负责及时通报采购产品损失现象（含工程、设计变更将发生现象），并按"材料设备设计变更审批表"实施。

　　3.2.18　项目经理部在每月25日，将《材料设备采购调整计划》（与《材料设备采购计划》格式相同）《供应商供货质量、进度考核表》《材料设备采购月报表》送交工程管理部备案。

　　3.2.19　项目经理部负责完整收齐所有采购材料设备全套工程竣工验收资料报质监站，如产品合格证、质量保证书、检测（试验）报告、营业执照、资质证书、产品使用说明等。

　　3.2.20　项目经理部负责做好各类采购材料（设备）付款台账，付款台账记录应包含合同类别、合同单位、产品名称、合同总价、工程量、增减工程量、增减账目、各阶段付款金额和日期、结算金额、付款报批日期、支票金额、支票编号、支票（现金）收发日期、支票（现金）签收人、签收日期等。

　　3.2.21　项目经理部负责整理审核"货物验收清单"、发票和其他单据，并按《项目付款审批表》申请甲供材料（设备）付款，"付款审批表"主办人意见栏里必须由总监理工程师审核意见。项目经理部主办工程师负责付款审批手续准确、及时、完整、规范。

　　3.2.22　工程竣工后，项目经理部负责就供应商相关产品售后服务内容及文件资料向物业管理部门交底，由物业管理部门与供应商对口联系维修业务。如发生困难或遇阻力时，由项目经理部协助办理。

　　3.2.23　工程管理部组织相关部门总结与经验教训评估，建立经验教训档案库。

　　3.3　附则

　　所有物资采购部门及其人员必须遵守职员手册有关规定，维护公司利益。同时在物资采购工作中，必须本着公正、公平、公开、廉洁奉公的办事原则，如有违者，一经查出严肃处理。

第9章 房地产企业营销管理制度

9-01 营销计划管理办法

营销计划管理办法

1.目的

为了实现公司年度营销工作目标，充分保证工作质量，提高工作效率，有效把握及控制营销工作各个环节，特制定本办法。

2.适用范围

本办法适用于本公司所有营销计划的管理。

3.具体内容

3.1 项目公司年度营销计划

年度营销计划包括上年度营销工作总结与下年度营销工作计划。年度营销计划提报集团时间为每年12月26日10:00。

3.1.1 上年度营销工作总结

（1）上年度当地市场信息总结。项目所在地总体房产市场数据汇总与分析。市场数据为：土地供应量、商品房供应量、商品房去化量、成交均价、二手房相关数据。

（2）上年度具体营销工作总结

① 销售完成情况总结。主要针对销售目标完成情况、现场销售能力培养情况、客户满意度情况等做详细分析。销售目标指年度签约套数（销售面积）目标、年度资金回笼目标。

② 媒体效果总结。主要针对当地投放的各类主要媒体做详细分析，对其他的主流与分众媒体做适当的分析，作为下年度媒体投放的参考依据。

③ 促销活动效果总结。主要针对各开盘活动、××万元以上的促销活动、公关活动的执行情况、活动效果、活动的应变能力等做详细分析。

④ 营销费用总结。明确年度及各月的原计划营销推广费用与实际支出情况，同时就营销推广费用的投放节奏、投放比例等做详细分析。

3.1.2 下年度营销计划

（1）销售目标。销售总目标：年度签约套数（销售面积）目标、年度资金回笼目标；月销售目标：月度签约套数（销售面积）目标、月度资金回笼目标。

（2）年度营销整合推广策略。年度营销预算具体说明。

3.2 项目公司年中营销计划

年中营销计划包括上半年度营销工作总结与下半年度营销工作计划。年中营销计划提报集团时间为每年6月26日10:00。

3.2.1 上半年度营销工作总结

（1）上半年度当地市场信息总结。项目所在地总体房产市场数据汇总与分析。市场数据主要包括：土地供应量、商品房供应量、商品房去化量、成交均价、二手房相关数据。

（2）上半年度具体营销工作总结

① 销售完成情况总结。主要针对销售目标完成情况、现场销售能力培养情况、客户满意度情况等做详细分析。销售目标指上半年度签约套数（销售面积）目标、上半年度资金回笼目标。

② 媒体效果总结。主要针对上半年当地投放的各类主要媒体做详细分析，对其他的分众媒体做适当的分析。

③ 促销活动效果总结。主要针对各开盘活动、××万元以上的促销活动的执行情况、活动效果、活动的应变能力等做详细分析。

④ 营销费用总结。明确上半年及各月的计划营销费用与实际支出情况，同时就营销费用的投放节奏、投放比例等做详细分析。

3.2.2 下半年度营销计划

（1）销售目标调整方案

① 下半年销售目标。下半年度签约套数（销售面积）目标调整、下半年度资金回笼目标调整。

② 逐月销售目标。月度签约套数（销售面积）目标调整、月度资金回笼目标调整。

（2）下半年度营销整合推广策略调整方案。

（3）下半年度营销预算调整说明。

3.3 项目公司月度营销计划

月度营销计划包括上月度营销工作总结与下月度营销工作计划。月度营销计划提报集团时间为每月26日10:00。

3.3.1 上月度营销工作总结

（1）上月当地市场信息汇总，主要包括总体房产市场各类数据汇总与分析；各重点区域市场数据汇总与分析；各重点区域重点楼盘当月动态分析。

（2）上月具体营销工作总结

① 销售完成情况总结。主要针对销售目标完成情况、来人积累情况、各类户型销售完成情况、现场销售能力培养情况、客户反馈的意见整理及落实情况、客户满意度情况等做详细分析。销售目标指上月度签约套数（销售面积）目标、上月度资

金回笼目标。

②　媒体效果总结。上月推广主题及表现总结，上月媒体投放效果总结。其中媒体投放数据包括各媒体上月投放金额；各媒体实际吸引来人量；各媒体实际完成成交量；各媒体平均每单位来人花费的金额。

③　促销活动效果总结。其中促销活动（有新客户参加）数据包括：各促销活动投放金额；各促销活动实际吸引来人量；各促销活动实际完成成交量；各促销活动平均每单位成交花费的金额。

④　营销费用总结。上月计划发生金额；上月实际发生金额；截至该月项目剩余营销费用金额。

⑤　代理公司工作评估分析及相关问题的处理建议。

3.3.2　下月度营销工作计划

（1）销售目标

①　下月销售目标。下月度签约套数（销售面积）目标调整、下月年度资金回笼目标调整。

②　逐周销售目标。周签约套数（销售面积）目标调整、周资金回笼目标调整；媒体配合方案。

③　销售重点。重点销售房型。

（2）下月整合推广策略。主要包括各推广渠道组合方案，各类渠道推广主题方案，营销设计稿方案，促销活动初步方案，各类渠道推广、促销活动预期达到的效果（来人量、成交量），下月现场销售调整、完善方案。

9-02　项目销售管理总则

项目销售管理总则

1.目的

为规范企业的项目销售工作，提高管理工作水平，最大限度地突现企业经济效益，特制定本制度。

2.适用范围

本制度适用于本公司楼盘销控、认购管理等。

3.具体规定

3.1　销售策略、计划的制定

3.1.1　拟开发项目之初，策划营销部应派员参与项目的立项过程，掌握项目定位、产品规划、成本等内容，做好营销策划工作准备。

3.1.2　根据项目开发进度，营销部应及时进行全程营销策划，包括项目调研、制定销售策略、宣传推广策略等。

3.1.3　营销部应根据项目施工进度，实施营销推广计划，做好开盘前的准备工作，包括各种形式的宣传、销售现场包装、销售人员到位与培训等。

3.1.4　营销部经理应根据项目情况，及时做好项目销售规划、组建售楼中心，以配合售楼中心开展各项工作。

3.2　楼盘销控管理

3.2.1　销控工作由专案秘书统一负责。专案秘书不在时，由售楼中心合同内勤具体执行，并于第一时间通知营销部经理。

3.2.2　置业顾问需要销控单位时，须同专案秘书联系，确认该单位尚未售出可以销控，才能进行销控。

3.2.3　专案秘书销控单位前，必须以置业顾问先交客户的认购金或身份证原件为原则。

3.2.4　置业顾问应于销控单位得到确认后，方能与客户办理认购手续。

3.2.5　置业顾问不得在专案秘书不知情或销控单位未果的情况下自行销控，否则自行承担由此而产生的一切后果，企业也将严肃处理当事人。

3.2.6　销控后如客户即时下订单并落订，专案秘书需将最新资料登记于"销控登记表"上；销控后如客户没有下订单落订，专案秘书需及时取消该单位的销控登记。否则，因此产生的后果由销控员承担。

3.2.7　如客户已确认落订，置业顾问必须第一时间向专案秘书汇报。

3.3　认购管理

3.3.1　定金与尾数

（1）置业顾问必须按企业规定的订金金额要求客户落订，如客户的现金不足，置业顾问可争取客户以企业规定的最低订金落订。

（2）如客户的现金少于企业规定的最低订金，必须经得营销部经理的同意后方可受理，否则不予以销控及认购。

（3）如客户并未交齐全部订金，置业顾问必须按企业所规定的补尾数期限要求客户补齐尾数。如客户要求延长期限，须通知营销部经理并取得同意后方可受理。

3.3.2　收款、收据与《临时认购书》

（1）置业顾问向客户收取订金或尾款时，必须通知售楼中心专案秘书（出纳），并由专案秘书（出纳）与客户当面点清金额。专案秘书核对无误后才能开具收据，并即时收取订金及相应单据。

（2）若客户交出的订金不足，需补尾数的，只能签订《临时认购书》。

（3）客户交尾数时，原已开出的收据不需收回，只需增开尾数收据，专案秘书核对无误后与客户签订认购书，并收回《临时认购书》。

（4）客户交出的订金或尾数为支票的，开具支票收条，在收条上登记认购情况，并进行销控，在支票到账后，方可办理认购手续。

3.3.3 《认购书》

（1）《认购书》中的楼价栏，须以客户选择的付款方式所能达到的折扣之后的成交价为准。如该单位有额外的折扣，须按审批权限交由营销部经理签名。

（2）《认购书》中的收款栏，须由专案秘书核对订金无误后如实填写，并在下方注明所开收据的编号。

（3）置业顾问填写完《认购书》后必须交由专案秘书核对检查，确认无误后可将客户联作为认购凭据交给客户，并收好余联。

3.3.4 楼盘签约程序规定

（1）置业顾问应按照企业的统一要求向客户解释标准合同条款。

（2）置业顾问带领客户到现场专案秘书处确认客户身份和查看该房间的销控状态，填写《签收确认单》。

（3）《签收确认单》须经营销部经理签字后方可签订正式合同。

（4）置业顾问执《签收确认单》《核定缴款通知单》及正式合同，带领客户到财务交纳首期房款或购房户自行到指定银行指定账户存入首期房款，带回"存款回单"。

（5）财务人员复核并收"存款回单"后，收回客户订金收据开具首付款发票，并在《签收确认单》上盖收讫章及签字确认。

（6）置业顾问执《签收确认单》、"客户首付款发票"，将购房合同移交给合同内勤签字盖章。

（7）将签收流程中涉及的相关材料及时集中到合同内勤处审核统计。

（8）合同内勤填写《签收客户档案交接表》，经营销部经理签字后将合同转交到合同外勤。

3.4 客户确认管理

3.4.1 抢单及其处罚

（1）抢单是指置业顾问通知客户与其置业顾问联系过，为了个人利益不择手段将此客户成交业绩及佣金据为己有行为。

（2）抢单行为将受到企业最严厉的辞退处罚，且业绩佣金归已与客户联系过的置业顾问。

3.4.2 抢单是指多名置业顾问在不知情的情况下与同一买房客户联系的行为。

3.4.3 企业实行置业顾问首接业绩制。原则上以《销售日报表》登记第一时间的置业顾问为准，该客户成交业绩归该置业顾问。

3.4.4 接待上门或客户热线电话时，如发现该客户是某位置业顾问熟人，但该置业顾问从未向该客户介绍过本项目并且该客户并未提及该置业顾问名字，则该客户与该置业顾问无关，按正常的上门或热线接待。

3.4.5 客户为置业顾问介绍另外的客户时，置业顾问应提前在《销售日报表》

中登记被介绍客户姓名及电话。此客户看房或来电时，无论是否提及该置业顾问姓名，其他置业顾问均有义务将此客户还给置业顾问，如置业顾问来登记，被介绍客户也未提及该置业顾问则该客户与此置业顾问无关。

3.4.6　置业顾问在得知与他人撞单的情况下，为了获取业绩和佣金，私下联络客户换名，或采用其他不择手段的行为，一旦查实，将没有佣金，并予以辞退处理。

3.4.7　置业顾问不允许走私单，如发现将予以开除处理。

3.4.8　在售楼中心工作的非置业顾问不得将接待的客户未经营销部同意介绍给某个置业顾问。

3.4.9　如果客户到营销部领导处投诉或反映某置业顾问不称职，经营销部核查属实，营销部有权安排其他置业顾问继续谈判至签收，业绩、佣金平均分配，此类客户今后带来的新客户有权自愿选择置业顾问洽谈。

3.4.10　未成交客户介绍的新客户，如客户指定原置业顾问接待，则由原置业顾问接待，如未指定则算作上门客户并按顺序接待。

3.5　客户跟踪规范

3.5.1　接待客户的来电来访后，接待人员应认真填写《来电登记表》《来访客户登记表》，交于客服专员安排客户跟踪日程。

3.5.2　置业顾问必须于每日上班开始来半小时，根据所安排结果及时做跟踪笔记。在当日下班时，整理当日工作，完善工作日记。

3.5.3　置业顾问必须于每周五向营销经理报告本周的客户跟踪情况。

3.5.4　营销经理每周定期检查工作笔记，对笔记不合格者进行处理（如不接电话、不接客户等），并记入劳动考核。

3.5.5　从客户与置业顾问第一次联系之日起至一个月止，置业顾问未跟踪客户，该客户不再受企业保护。

9-03　售楼日常管理规范

售楼日常管理规范

1. 目的

为了规范售楼中心工作人员的行为，提升售楼中心良好形象，为客户提供优质的服务，特制定本规范。

2. 适用范围

本规范适用于本公司售楼中心的所有工作人员。

3. 管理规定

3.1　日常纪律管理

3.1.1　售楼中心的置业顾问必须严格遵守现场考勤及值班时间，每天值班时记录簿上签到，不得迟到早退，不得擅自离开工作岗位。

3.1.2　营销经理负责记录考勤，填写"考勤记录表"，主动将"考勤记录表"上交人力资源部，企业有权对售楼中心销售居首位的人员做考勤抽查，如发现售楼中心主任的考勤与实际不相符，则根据具体事实对售楼中心主任和当事人做严肃处理。

3.1.3　售楼中心主任负责安排置业顾问轮休，置业顾问请假或外休必须提前两天向售楼中心主任请假并填写"请假单"，售楼中心主任必须提前一天告知营销部经理并安排好售楼现场工作，否则，综合办有权记当事人旷工并对售楼中心主任做出处理。

3.1.4　售楼中心主任请假或补休必须提前一天向营销部经理请假，并填写"请假单"报综合办备案，否则，视为旷工。

3.1.5　置业顾问不得于工作时间在售楼中心工作范围内吃任何零食或喝饮料（中、晚饭除外），不得阅读任何与售楼无关的书本、刊物，不得接打私人电话，不得做其他与售楼无关的事情。

3.1.6　售楼中心的全体成员必须团结一致，互帮互敬，严禁拉帮结派，背后拆台，不得在售楼中心的任何地方向客户推介其他企业的楼盘。

3.1.7　售楼现场人员必须遵守工地的安全管理制度，一律不得操作未经有关部门检查合格和未正式交付使用的电梯，带领客户进入工地。带客户看房时，置业顾问和客户必须头戴安全帽，并及时提醒客户注意脚下的建筑杂物。

3.1.8　售楼中心必须张贴"考勤制轮值表""销售统计控制表"，必须将上下班时间贴在醒目的位置。

3.1.9　在售楼中心，不论遇到什么情况，一律不得与客户、发展商、合作方和同事发生争吵，如果发生此类事件，不问原因，立即对当事人予以除名处理。

3.1.10　置业顾问在售楼中心一律不得用销售电话拨打声讯台，如有发生，由售楼中心主任追查出当事人，当事人除应交足声讯台费用外，企业还将对当事人处以十倍的罚款，对售楼中心主任处以两倍的罚款。

3.1.11　置业顾问必须按企业规定和程序进行售楼活动，不得违规向客户承诺和收受客户的一定房号费、订金、房款及其他款项。

3.1.12　置业顾问应熟练掌握销售过程中的各项操作技能，如签订各项售楼文件、计算按揭月供等。

3.1.13　广告期间（广告当天和广告第二天）售楼中心置业顾问应全部到岗。

3.1.14　售楼中心允许置业顾问休息时间自愿上班。

3.1.15　有特定合作业务的应事先向售楼主管说明，并在"成交记录表"上登记，以作为佣金分配的依据，否则企业有权处理争议。严禁争抢其他同事的客户，一经发现，视情节严重性予以扣发工资及奖金处理。

3.2 着装规定

3.2.1 售楼中心工作人员在8:50 ~ 8:55之间进行着装准备。

3.2.2 售楼中心工作人员必须按照企业要求，着标准制服上岗。

3.2.3 售楼中心女性员工必须化淡妆，长发须束起，不能佩戴太过夸张的耳环及项链，手上最多只能佩戴一枚戒指，不能涂抹太过妖艳的指甲油。

3.2.4 员工工装必须保持干净整洁，衬衣必须经常更换及洗熨。

3.2.5 所有员工必须穿深色办公鞋，保持鞋面整洁。

3.2.6 所有员工上岗必须佩戴统一制作的胸卡或胸牌。

3.3 客户接待

3.3.1 前台接待

（1）前台接待员工必须在客户进门时全体起立，并同时说"欢迎参观！"

（2）面带微笑与来访客户沟通，同时将其引荐给各置业顾问或客户指定的置业顾问。

（3）客户离开时，前台人员必须同时起立，并说"谢谢光临，请慢走！"

（4）接听电话时，必须在铃声响起三声内接听电话，并说"××楼盘，您好！"做好接听记录。

（5）前台接待员工每日做好客户登记工作，并保证各类统计的准确性。

3.3.2 置业顾问接待

（1）在售楼现场，售楼无需按事先规定的顺序接待客户，若轮到的置业顾问不在或正在接待客户时，则跳过或补接。

（2）售楼中心主任负责监督调整现场客户接待秩序，尽量做到公平合理，并保证每个来访客户都能及时得到置业顾问的主动接待。

（3）置业顾问轮到接待客户时，必须做好充分的准备工作并主动迎接客户。

（4）置业顾问不得挑客户，不得使客户感受到冷遇，不论客户的外表、来访动机如何，置业顾问都要全力接待。

（5）置业顾问不得以任何理由中断正在接待的客户，而转接其他客户。

（6）置业顾问不得在客户面前争抢。

（7）置业顾问不得在其他置业顾问接待客户的时候，主动插话或帮助介绍，除非得到邀请。

（8）每个置业顾问都有义务帮助团队促成交易，其他置业顾问的客户到来，在场置业顾问必须立刻与原置业顾问联络，得到同意并了解情况后才能继续接待。

（9）除非得到原置业顾问的同意，置业顾问不得给他人的客户递名片。

（10）置业顾问接待客户完毕，必须将客户送出售楼中心，并不得于客户背后谈论、辱骂或取笑该客户。

（11）置业顾问不得私自为客户放盘、转名，否则企业将做违规处理。

（12）每位置业顾问都有义务做电话咨询，并鼓励客户到访现场售楼处，除非客户来现场主动找某位置业顾问，否则仍以楼盘轮流到的置业顾问作为客户的登记人。

（13）置业顾问不得以任何理由阻止客户落订，不得做出损害企业利益的行为。一经发现，严肃处理。

（14）当需与客户坐下洽谈时，应先为客户拉开座椅，并示意其请坐，等客户落座后自己方可坐下，置业顾问必须只坐座椅的三分之二，挺胸立腰，手放于桌上，面带微笑，平视客户。当接待完毕，客户离座时应先将客户的座椅放回原位，并送客户至售楼中心门口。

（15）工作期间因事离岗须事先报请上级并获得上级部门批准，无故不得离开工作岗位，一经发现，视情节轻重可做罚款或旷工处理。

（16）置业顾问有义务提出合理化建议，完善项目的销售工作。

3.4 样板间操作

3.4.1 样板间由客人自行前往观看，前台接待员须事先与客户说明。

3.4.2 样板间内的工作人员必须热情接待客户，不得争抢或懈怠客户。

3.4.3 售楼中心营销主管（专案秘书）负责早晚两次核对样板间内的物品，并与现场保安人员做好交接工作。

3.4.4 当客户进入样板间时，应有工作人员主动递上鞋套或其他保护性工具。

3.4.5 带看样板间的工作人员在接待时间内对样板间内的物品负有保管责任，任何物品损坏，须立即告之当日样板间负责人或售楼中心主任（营销部经理）。

9-04 销售合同及资料管理办法

销售合同及资料管理办法

1. 目的

为了加强对营销合同及营销资料的规范管理，做好各部门的协同工作，保护企业的商业信息，特制定本办法。

2. 适用范围

本办法适用于本公司销售合同、报表、信息及相关资料的管理。

3. 具体内容

3.1 购房合同签署及管理

3.1.1 领用购房合同（以下简称合同）

（1）营销部合同内勤根据需要可一次性从区房管局购买一定数量的空白合同并登记合同编号，指定专人保管空白合同并对领用者进行登记。

（2）因误填等原因作废的空白合同须交回营销部销毁，如有丢失，应及时告之营销部，并根据合同编号登报声明。

3.1.2　购房合同签署过程

（1）购房合同由本企业法人代表委托授权人员负责签署，营销部应将企业留存的原件全部交由合同内勤保管。

（2）收取定金。客户定金无论数额大小，一律由财务部收取，出纳（或专案秘书）应以最快的速度到达销售现场，时间不得超过30分钟。

3.1.3　合同条款的依据（企业方）

（1）合同面积以总工办出具的《暂测面积》为标准，以非标准分割单位出售，须经总工办测定，总经理签字认可。

（2）合同金额以总经理签发的《价格报告书》为标准。以低于标准的价格出售时，须经总经理签字同意。

（3）付款方式、违约责任、设计变更、质量承诺、产权登记、物业管理、保修责任等各项事宜均以总经理签发的有关文件为标准。

（4）以上标准文件应交综合办存档，由财务部备份。

3.1.4　合同更改。因某种原因更改合同的，经双方协商后（企业方必须经总经理同意）签署程序同上，作废合同处理办法同上。

3.1.5　合同查询及使用

（1）营销部负责合同资料的准确性、及时性、保密性。

（2）购房合同的查询权限为总经理、副总经理及总经理助理、营销部经理、该合同签署人、财务部经理、综合办主任、合同管理员。

（3）调用或查看原件的权限为总经理、副总经理及总经理助理、营销部经理、该合同签署人、财务部经理、综合办主任。其余人员须经以上人员同意，方能调用或查看购房合同。

3.1.6　合同内容审查。营销经理及财务部以合同条款为依据，分别及时（两个工作日内）对每份合同进行审查，如有不符合标准的情况，须立即核实。

3.1.7　建立客户档案，以便跟踪

（1）客户个人资料。

（2）每份合同变更情况。

3.1.8　运用购房合同，跟踪客户

（1）根据客户合同的执行情况，合同内勤定期列出应收款明细及客户联系电话，交由置业顾问催款。

（2）根据合同执行情况，合同内勤每周一列出待办按揭的客户明细，交由合同外勤（按揭经办人）催促并协助客户办理按揭。

（3）每月统计出客户生日明细，提供给客户服务人员安排寄送生日礼品。

3.2　销售报表编制及管理

3.2.1 销售报表种类。销售报表一般主要包括销售日报表、周报表、月报表及来访来电客户情况、"客户合同执行情况表""销售价格监控情况表"等。

3.2.2 销售日报表

（1）填制内容。当天销售情况、回款情况、办理预售合同情况、办理按揭合同情况以及更改合同房号、面积、总价情况、销售率、平均单位、回报率。

（2）填制时间。第二天（工作日）上午10:00前。

（3）申报程序。以书面形式由报表填制人员交给营销部经理审核，再由营销经理发给企业经理及以上人员、财务部及全体置业顾问传阅。

3.2.3 销售周（月）报

（1）填制内容。本周（月）的销售情况、回款情况。

（2）填制时间。每周（月）首日上午12:00前。

（3）申报程序。以书面形式，由报表填制人员交给营销部经理审核，营销部经理再发给综合办公室及各部传阅。

3.2.4 来访来电客户情况

（1）填制内容。每天来访来电的客户情况，并做分拆，以图表形式表示。

（2）填制时间。每周一12:00以前。

（3）申报程序。以书面形式由现场专案秘书填制，报营销部经理审核，发给经理级以上人员传阅。

3.2.5 合同执行情况

（1）填制内容。销售的每个单位房号、面积、成交价、首期款、按揭款、各期付款时间和金额、逾期款。

（2）填制时间。每天10:00前统计前一天的合同执行情况。

（3）申报内容。在销售专用电脑上共享，方便置业顾问随时查阅。

3.2.6 销售动态监控情况

（1）填制内容。销售总情况、各房型的销售情况销售楼盘表、销售分析数据及判断。

（2）填制时间。每周一10:00前。

（3）申报程序。以书面形式，由专案秘书填制，向总经理、营销部经理、财务部经理汇报。

3.3 销售资料保密

3.3.1 保密对象、价格制定策略、营销方案、广告计划、未施行的促销手段，任何有关销售资料的草稿等。

3.3.2 认购书、合同档案由专人负责保管，在未征得营销部经理的允许下，不得将认购书及合同原件、复印件外传。

3.3.3 未经上级主管允许时，置业顾问不得带客户进入售楼中心各办公室。

3.3.4 置业顾问随时整理各项销售文件，把属于保密的资料保管完善。

3.3.5　在接待大厅中，置业顾问每天整理销售资料，除张贴的表格、外流的楼书外，其他销售资料（尤其是销售手册、实际销售楼盘表等）必须在每天下班前放进销售办公室保管，不得放在接待大厅。

3.3.6　不得在复印机、传真机、打印机上留下任何销售资料。

3.3.7　未经营销部经理允许，不得在其他部门留下任何销售机密性资料。

3.3.8　不得把销售机密性资料透露给公司以外各宣传媒体和任何公司，在不影响企业经营的情况下，由营销部经理统一对外口径。

3.4　附则

（略）。

第10章 房地产企业成本控制制度

10-01 房地产成本管理办法

房地产成本管理办法

1.总则

（1）为了增强成本控制力度，降低成本费用，提高市场竞争力，根据国家有关法规政策，结合公司成本管理的要求和实际，制定本制度。

（2）成本管理的基本原则。以保证质量为前提，以过程控制为环节，以规范操作为手段，以提高经济效益为目的。

（3）成本监控的任务。遵守国家有关法规政策，落实成本岗位责任制，完善成本管理基础，形成有效的成本监控系统，努力降低成本、提高经济效益。

（4）成本管理的目的。是保证成本的支出获得最大效益——提升价值，以经济合理性最大的成本提升产品的竞争力，并形成行业成本优势。

（5）成本管理的基本内容。合理确定成本与有效控制成本。

2.适用范围

本制度适用于公司及其所属的分公司（项目部）。本制度未涉及的内容或未尽事项，应按照国家和公司房地产开发企业成本管理的有关规定执行，本制度由公司成本管理部根据集团成本管理的需要进行修订和完善。

3.成本管理职责

3.1 公司成本管理部职责

3.1.1 公司成本管理部负责成本管理，控制和核算。

3.1.2 制定、修正集团成本管理制度，督促、指导各分公司（项目部）落实公司的成本管理制度，并跟踪、检查执行情况，对成本实行制度监控。

3.1.3 组织各方面专家对拟建项目投资估算进行评估，把握投资决策，做好项目前期策划中的成本控制。评估的重点如下。

（1）投资成本估算是否经济、合理。

（2）投资回报是否符合公司利润目标的要求。

（3）投资风险能否得到有效控制。

3.1.4 跟踪、落实各项目成本计划及其执行情况，适时了解各项目成本的实际构成，汇编公司成本报表，分析、总结项目成本控制情况，协助、督促各分公司

（项目部）做好项目操作过程中的成本控制工作。

3.1.5　建立成本信息监控中心，及时收集各项目成本动态资料，为公司管理层提供充分、有效的决策依据，并按要求将有关意见反馈给各分公司（项目部）。

3.1.6　根据管理的需要，派出审计小组对项目成本进行阶段审计和决算审计，对项目成本发生的合理性、成本管理的规范性提出审计意见；并结合项目收益情况，考核项目的成本降低率、投入产出率、投资回报率等指标。

3.2　分公司（项目部）成本管理职责

分公司（项目部）负责人为成本管理责任人。其职责如下。

（1）认真执行公司成本管理制度，结合实际制定本单位的成本管理制度，并自觉接受公司监督。

（2）客观、认真地进行项目成本费用测算，编制项目成本费用计划，确定项目及每个单项工程的目标成本，分解成本费用控制指标，落实降低成本技术组织措施。

（3）遵循基本建设程序，进行项目实际操作，实行项目经理负责制和全员全过程控制，对可控成本、变动成本和成本异常偏差实行有效监控，保证将成本控制在目标成本范围内。

（4）正确处理成本、市场、工程质量、开发周期、资源、效益之间的关系，防止和杜绝重大工程质量事故的发生，努力缩短开发周期，严格控制项目的质量成本和期间费用，加速投资回报，提高投资回报率。

（5）组织项目开发成本费用核算，及时、全面、准确、动态地反映项目成本、费用情况，按规定编制成本会计报表。

4. 管理规定

4.1　房地产成本监控

4.1.1　成本监控系统。根据公司的管理体制，建立以公司成本管理部为中心、分公司（项目部）操作监控的房地产成本监控系统，保证成本控制工作的顺利进行。

4.1.2　成本监控的要求

（1）制度建设。根据管理的需要，公司应制定和完善包括以下几方面内容的成本管理制度。

① 成本管理责任制及监控程序。

② 计划管理制度。

③ 招投标管理制度。

④ 合同管理制度。

⑤ 工程（质量、进度、监理、现场、工程盘点、竣工验收、移交）管理制度。

⑥ 预决算（概算、设计变更、现场签证、结算、款项拨付）管理制度。

⑦ 费用控制制度。

⑧ 材料设备管理制度。

（2）计划管理。分公司（项目部）应根据项目开发的节奏，及时编制成本计划，并跟踪、检查、考核计划的执行情况。成本计划主要包括以下几个方面。

① 开发产品成本计划（按完全成本口径）。

② 期间费用计划。

③ 降低成本技术组织措施计划。

成本计划以设计概算、施工图预算、成本预测和决策为依据，综合考虑各种因素进行编制，做到目标明确、先进、可行，尽量数据化、图表化。

应完善成本考核办法，确立成本降低率、费用节约额、项目投资回报率等成本考核指标。

（3）分析检查。各分公司（项目部）在成本控制过程中，应定期按开发阶段对房地产成本的结构、差异及其原因、控制措施和效果进行分析，以便及时总结经验教训，做好下一步成本控制工作。分析的重点如下。

① 计划及其执行情况。

② 实际成本与预算成本、计划成本的对比差异及其原因。

③ 分析控制措施的效果、存在的问题及改进的意见与对策。

④ 评价、结论与提示。

公司根据管理需要，按项目成本控制情况进行分析检查。

（4）信息交流

① 项目基本情况。

② 按会计制度规定应编报的成本核算报表。

③ 成本动态情况及其分析资料。

④ 当地政策性收费项目、内容、标准、依据及政策的适用期限、收费部门。

按例外管理原则，对下列成本异常偏差及其处置办法，应随时报集团总部。

——当地有关法规政策的重大调整。

——成本超降率占单项工程成本总额的10%以上，或占其本身预算成本或计划成本的30%以上的项目、事件。

——合作条件更改。

——补交地价。

各分公司（项目部）应建立成本信息库，互相交流成本控制的经验教训。

4.2　房地产开发环节的成本控制

4.2.1　立项环节的成本控制

（1）新项目立项时必须由营销部提交详细的《可行性研究报告》，并经公司立项听证会讨论通过。《可行性研究报告》除应具备地块基础资料、周边环境及其发展趋势、合作方背景、合作方式及条件、初步规划设计方案、开发节奏及市场定位等基础内容外，还需包括以下内容。

① 成本费用估算和控制目标及措施。

② 投资及效益测算、利润体现安排。

③ 税务环境及其影响。

④ 资金计划。

⑤ 竞投方案（仅限招标、拍卖项目）。

⑥ 投资风险评估及相应的对策。

⑦ 项目综合评价意见。

（2）招标、拍卖项目的竞价不得突破公司批准的最高限价，合作建房项目要充分考虑地价款的支付方式及相应的资金成本。

（3）招标、拍卖合同或合作开发合同应公司审核后再正式签署。

4.2.2 规划设计环节的成本控制

（1）总体规划设计方案（必须包括建造成本控制总体目标），应首先上报公司领导牵头组织的"规划设计方案听证会"审查，通过后方可进入设计阶段（如单体设计、扩初设计、施工图设计）。每一阶段都必须要求设计单位出具"设计概（预）算"，并在与上一阶段的概（预）算进行认真分析、比较的基础上，编制我方的"建造成本概（预）算"，确定各成本单项的控制目标，并以此控制下一阶段的设计。

（2）施工图设计合同应具备有关钢筋、混凝土等建材用量要求的条款，并载明设计单位的"施工图预算"，原则上不得突破我方编制的"建造成本预算"。

（3）设计、工程、预算人员应会同监理人员组成联合小组，对施工图的技术性、安全性、周密性、经济性（包括建成后的物业管理成本）等进行会审，提出明确的书面审查意见，并督促设计单位进行修正，避免或减少设计不合理甚至失误所造成的投资浪费。

4.2.3 招标环节的成本控制

（1）除垄断性质的工程项目外，其他工程的施工或作业单位不得指定。

（2）主体施工单位的选择，必须采取公开或邀请招标的方式进行。

（3）应组织设计、工程、预算、财务四类专业人员联合组成招标工作小组，就招标范围、招标内容、招标条件等进行详细、具体的策划，拟订标书，开展招标活动。对投标单位应就其资质、经济实力、技术力量、以往施工项目和施工管理水平等进行现场考察，提出书面考察意见。对投标情况进行评估，提出书面评估意见。

（4）同等条件下，应尽量选择企业类别或工程类别高而取费较低的单位。

（5）零星工程应当在2个以上施工单位中，综合考察其技术力量、报价等进行选择。

（6）垄断性质的工程项目（如水、电、消防、人防等）应尽力进行公关协调，最大程度降低造价。

（7）施工合同谈判人员至少应包括工程、预算两方面的专业人员，合同条件必须符合招标条件，合同条款及内容概念应清晰，不得因工程紧而不签合同就开工。

（8）应建立健全施工队伍档案，跟踪评估其资信、技术力量等。

（9）工程应严禁擅自转包。

4.2.4 施工过程的成本控制

（1）现场签证

① 现场签证要反复对照合同及有关文件规定慎重处理。

② 现场签证必须列清事由、工程实物量及其价值量，并由甲方主管工程师和预算人员以及监理公司现场管理人员共同签名，其中甲方预算人员必须对工程量、单价、用工量进行把关。

③ 现场签证必须按当时发生当时签证的原则，在事后5日内办理完毕，严禁事后补签。签证内容、原因、工程量必须清楚明了，涂改后的签证及复印件不得作为结算依据。

④ 凡实行造价大包干的工程和取费系数中已计取预算包干费或不可预见费的工程项目，在施工过程中不得办理任何签证。

⑤ 因业主要求或者因设计不当，确实需要变更设计的，应填写《设计变更审批表》，经设计、监理公司和我方有关负责人认可后，方可办理。办理过程中必须对照有关设计、施工或售楼合同，明确经济责任，杜绝盲目签证。

（2）工程质量与监理

① 项目开工前，原则上应通过招标方式择优选择具有合法资格与有效资质等级的监理公司，监理公司应与所监理工程的施工单位和供货商无利益关系。

② 工程质量监控人员应与监理公司密切配合，严格把关。一旦发现质量事故，必须组织有关部门详细调查、分析事故原因，提交事故情况报告及防患措施，明确事故责任，并督促责任单位，按照质检部门认可的书面处理方案予以落实。事故报告与处理方案应一并存档备案。

③ 应特别重视隐蔽工程的监理和验收。隐蔽工程的验收，必须由工程预算人员联合施工单位、质检部门共同参与并办理书面手续。凡未经验收签证的，应要求施工单位不得隐瞒和进入下一道工序的施工。隐蔽工程验收记录按顺序进行整理，存入工程技术档案。

（3）工程进度款

① 原则上不向施工单位支付备料款。确需支付者，应不超过工程造价的15%，并在工程进度款支付到工程造价50%时开始抵扣预付备料款。

② 工程进度款的拨付应当按下列程序办理。

程序一：施工单位按月报送施工进度计划和工程进度完成月报表。

程序二：工程部门会同监理人员，对照施工合同及进度计划，审核工程进度内容和完工部位、工程质量证明等资料；成本管理部门整理复核工程价值量。

程序三：经财务部门审核后按有关批准程序付款并登记付款台账。

应要求施工单位在我方开户银行开具结算账户，以便为我方融洽银企关系和监督工程款项的使用提供便利。

工程进度款支付达到工程造价的85%时，原则上应停止付款。

4.2.5　工程材料及设备管理

（1）项目开工前，工程管理部门应及时列出所需材料及设备清单，一般按照下列原则决定甲供、甲定乙供和乙供，并在工程施工承包合同中加以明确：甲方有特殊质量要求和价格浮动幅度较大的材料和设备，应实行甲供或甲定乙供，其余实行乙供。

（2）实行甲供或甲定乙供的材料和设备应尽量不支付采购保管费。

（3）应按工程实际进度合理安排采购数量和具体进货时间，防止积压或造成窝工现象。

（4）甲供材料（设备）的采购必须进行广泛询价，货比三家，也可在主要设备和大宗建材采购上采用招标方式。在质量、价格、供货时间均能满足要求的前提下，应比照下列条件择优确定供货商。

① 能够实行赊销或订金较低的供货商。

② 愿意以房屋抵材料款，且接受正常楼价的供货商。

③ 能够到现场安装，接受验收合格后再付款的供货商。

④ 售后服务和信誉良好的供货商。

（5）工程管理部门对到货的甲供材料（设备）的数量、质量及规格，要当场检查验收并出具检验报告，办理验收手续，妥善保管。对不符合要求的，应及时退货，并通知财务部拒绝付款。

（6）采购合同中必须载明：因供货商供货不及时或质量、数量等问题对工程进度、工程质量造成影响和损失的，供货商必须承担赔偿责任。

（7）建立健全材料的询价、定价、签约、进货和验收保管相分离的内部管理制度，不得完全由一人完成材料采购全过程。

（8）对于乙供材料和设备，我方必须按认定的质量及选型，在成本管理部门控制的价格上限范围内抽取样本，进行封样，并尽量采取我方限价的措施。同时在材料（设备）进场时应要求出具检验合格证。

（9）材料的代用应由工程管理部门书面提出，设计单位和监理公司通过，审算部门同意，领导批准。

（10）甲供材料（设备）的结算必须凭供货合同、供货厂家或商检部门的检验合格证和我方工程管理部门的验收检验证明以及结算清单，经审算、财务部门审核无误后，方能办理。

4.2.6　竣工交付环节的成本控制

（1）单项工程和项目竣工应经过自检、复查、验收三个环节才能移交。

（2）设计、工程、审算、销售和物业管理部门必须参加工程结构验收、装修验收及总体验收等,《移交证明书》应由施工单位、监理公司和物业管理公司同时签署。

（3）凡影响使用功能和安全及不符合设计要求的结构部位、安装部位、装饰部位和设备、设施,均应限期整改直到复验合格。因施工单位原因延误工程移交,给开发商造成经济损失的,要按合同追究其责任。

（4）工程移交后,应按施工合同有关条款和物业管理规定及时与施工单位签订《保修协议书》,以明确施工单位的保修范围、保修责任及处罚措施等。

（5）甲方按租售承诺先行垫付的属保修范围的费用,应在工程承包合同中明确由乙方承担。

4.2.7　工程结算管理

（1）工程竣工结算应具备以下基本条件

① 符合合同（协议）有关结算条款的规定。

② 具备完整有效的质量评定结果和符合规范要求的竣工验收资料。

③ 项目设计变更、现场签证及其他有关结算的原始资料齐备。

④ 工程遗留问题已处理完毕。

⑤ 施工单位结算书按要求编制,所附资料齐全。

（2）工程结算要以我方掌握的设计变更和现场签证为准,施工单位提供的设计变更和现场签证,一般只能作为参考。

（3）"点工"必须按照定额价计取、结算。

（4）成本管理部门应详细核对工程量,审定价格、取费标准,计算工程总造价,做到资料完整、有根有据、数据准确,也可聘请有关专业部门进行复审。

（5）结算书应当有工费、材料、设备和有关经济指标的计算过程及详细的编制说明,扣清甲供材料款项。

（6）成本管理部门应对主体工程成本进行跟踪分析管理,进行"三算"对比,找出工程成本超、降的因素,并提出改进措施和意见。

（7）在成本管理部门提供的结算资料基础上,财务部门应当结合预付备料款、代垫款项费用等债权、债务,对照合同详细审核并编制工程财务决算书。

4.2.8　其他环节的成本控制

（1）正式发售前,应组织销售、设计、工程和预算人员拟定详细的《销售承诺事项清单》,逐项测算其建设成本,并对照原成本预算逐项审核。对学校、交通、水塔等配套工程,应测算其运行成本,并列入项目完全成本范围内。《销售承诺事项清单》及有关成本测算,需报公司领导审查通过。

（2）销售过程中为增加"卖点"需增加或调整绿化、公建配套设施等项目时,应事先编制预算并报公司领导批准后方可实行。

（3）应尽可能缩短项目开发经营周期,减少期间费用。应保证向客户承诺的交工日期,以避免赶工成本和延期赔偿。在市场和经营条件允许的情况下,应注意加快项目开发节奏,减少现房积压时间,减少利息费用等成本。

10-02　房地产项目成本控制细则

房地产项目成本控制实施细则

1. 目的

为进一步明确公司各部门及相关人员和设计、监理公司在工程成本控制中的责任，从而达到对工程开发全过程成本进行动态控制的目的，确保各项目工程成本控制在管理公司批准的目标成本范围内。

2. 适用范围

适用于公司开发建设的所有项目。

3. 职责

3.1　工程部负责施工图预算低于目标合同价及设计变更费用的控制；负责现场签证的成本控制。

3.2　成本管理部负责工程项目的预算、结算及审核现场签证单、设计变更单产生的费用，并及时对目标成本的完成情况提出预警。

4. 程序要点

4.1　确定目标合同价、目标设计变更费用、目标现场签证费用

4.1.1　成本管理部根据已完成工程及同类工程的数据资料提出各项目的目标设计变更费用、目标现场签证费用。

4.1.2　成本管理部根据公司批准的目标成本和已确定的目标设计变更费用、目标现场签证费用，确定各分项工程的目标合同价，并编制成本表。

4.1.3　成本委员会对各分项工程的目标合同价、目标设计变更费用、目标现场签证费用的限额进行确认，确认后作为各责任部门成本控制的依据。

4.2　设计阶段成本控制

4.2.1　规划设计部在与设计院签订委托施工图设计合同时必须将以下成本控制参数写入合同条款中，并明确提出实现下列目标的奖惩办法。

（1）每平方米钢筋含量低于目标钢筋含量。

（2）每平方米混凝土含量低于目标混凝土含量。

（3）项目的施工图预算不超过目标合同价。

（4）属设计质量问题产生的设计变更费用不超出目标设计变更费用。

4.2.2　施工图完成后，成本控制部或相关单位在规定时间内完成施工图预算，如施工图预算未超出目标合同价，则按施工图实施；如施工图预算超出目标合同价，则由工程部组织成本控制部、设计院分析超出的原因。如属设计问题，由设计院修改；如设计标准太高，则由规划设计部调整标准，使施工图预算低于目标合同价。

4.3　施工阶段成本控制

4.3.1　施工图确认后，由工程部按公司招投标管理规定组织招标工作。

4.3.2　不提倡采用费率招标，尽可能采取总价或单价包干方式。

4.3.3　与中标单位签订的合同价不得高于目标合同价。

4.3.4　设计变更费用的控制

（1）工程部是施工图设计变更费用控制的责任部门，工程总监是变更费用控制的责任人。

（2）设计变更分为设计院设计质量引起的变更和甲方提出的变更两类。

（3）因设计质量引起变更时，设计院应在施工前10日提出设计变更，规划部1日内确认其技术可行性和合理性，成本控制部在2日内核算出此次变更产生的费用增、减值。

（4）设计变更引起的造价增加。2万元以下需经工程总监批准；2万～5万元需经总经理批准；5万元以上的需经公司技术质量委员会及成本委员会批准后下发实行。确因特定原因无法实行的，工程部应立即反馈给规划设计部及成本控制部。

（5）因甲方原因提出变更时，规划设计部应做出设计变更方案，经成本控制部估价后，成本增加2万元以下的需经设计总监批准；2万～5万元需经总经理批准；5万元以上的需报管理公司批准，批准后由设计院正式出具设计变更单，下发实行。确因特定原因无法实行的，工程部应立即反馈给成本控制部。

（6）工程部每月月中将上月所发生的设计变更费用按因设计质量问题、因甲方提出变更两类分专业汇总报设计总监、总经理及成本委员会各成员并送设计院。

4.3.5　现场签证费用的控制

（1）工程部是现场签证费用控制的责任部门，工程部各专业工程师是各专业现场签证费用控制的责任人。

（2）工程部在与监理公司签订合同时，应将现场签证费用不超出目标现场签证费用的条款写入合同中，并明确奖惩办法。

（3）现场签证审批权限。2万元以下的需经工程总监批准；2万～5万元的需报总经理批准；5万元以上的需报公司成本委员会批准。

（4）现场签证分"正常类""特急类"两类。

"正常类"签证的办理应遵循先估价后施工的原则，凡是现场签证事项提出10日以后再施工的，都视为正常类签证，必须先定价（估价）后实施，正常类签证的办理需在10日内完成。

"特急类"签证的办理是必须立即执行而且延缓实施会造成更大损失的签证。特急类现场签证的办理原则是边施工边洽谈，但必须在开工后10日内办妥全部手续。

（5）工程部每月月中将上月所发生的现场签证费用按专业汇总报工程总监、总经理及成本委员会各成员，并送监理公司。

4.4　分项工程完成后的成本控制

分项工程完成1个月内，成本控制部应将该项工程成本控制情况书面报告设计总监、工程总监、总经理及成本委员会各成员，并送设计院、监理公司。

4.5 工程竣工后的成本控制

工程竣工结算后成本控制部在一周内按建筑和安装工程统计出分部、分项工程单位成本、建筑面积单位成本、可售面积单位成本及总设计变更费用增加比例、各专业设计变更费用增加比例、总现场签证费用增加比例、各专业现场签证费用增加比例，为后续工程的成本控制提供依据。

4.6 成本控制的奖罚

4.6.1 工程竣工结算完成后，公司根据整个工程的成本控制情况，对成本控制成绩优秀的责任部门和个人按节约成本额的5%予以奖励，对成本超过目标成本的责任部门和个人按超出额的2%予以处罚，从年终奖金中扣除。

4.6.2 工程竣工结算完成后，公司根据整个工程的设计变更费用进行统计，设计变更总费用低于目标设计变更费用时，予以设计院节约额5%的奖励；设计变更总费用高于目标设计变更费用时，则予以设计院超出金额2%的罚款，罚款从预留的设计费中扣除。

4.6.3 工程竣工结算完成后，公司根据整个工程的现场签证费用统计，对非设计变更所发生的现场签证费用低于目标现场签证总费用时，予以监理公司节约额5%的奖励；当现场签证费用高于目标现场签证总费用时，予以监理公司超出金额2%的罚款。

10-03 项目拓展阶段成本测算工作细则

项目拓展阶段成本测算工作细则

1.目的

明确在项目拓展阶段，成本测算主要方法和应达到的深度。

2.适用范围

本细则适用于本公司所有拟购买或合作的房地产项目和政府招标拍卖土地项目拓展阶段的建安成本测算工作。

3.定义

拓展阶段成本测算是指在项目拓展阶段，对拟建项目所需要的建安工程投资，通过编制估算文件预先测算和确定的过程，是《项目可行性研究报告》的重要组成，是项目决策、筹集资金和控制造价的主要依据。

4.职责

4.1 成本部经理负责审核《项目拓展阶段建安成本测算表》。

4.2 成本控制工程师负责项目拓展阶段跟踪、配合，并编制《项目拓展阶段建安成本测算表》。

5.实施细则

5.1 项目经济性分析阶段成本测算

成本部经理每半年安排相关人员编制地产公司开发项目所在地区的《各类建筑各种档次物业建造成本水平报告》，供领导和相关人员参考。

5.2 项目可行性研究阶段

5.2.1 成本部经理指定成本控制工程师负责项目拓展阶段的成本测算工作。成本控制工程师负责跟踪、配合，并编制项目可研阶段成本测算。

5.2.2 成本控制工程师进行成本测算的依据包括设计部提交的可研阶段项目方案设计文件、营销部提交的关于项目定位的《市场调查报告》、项目开发部提交的《土地规划指标》及相关土地状况资料、成本信息库中的该地区各类物业成本指标和成本调研报告、市场同类档次项目的建造标准及形式。

5.2.3 成本控制工程师按《项目拓展阶段建安成本测算表》格式要求，完成测算。

（1）填写编制说明。包括"项目概况""成本测算的依据""测算基准，即建筑的基础、结构形式及建造档次装修""其他说明"（例如测算时没有考虑哪些费用）。

（2）结合项目的定位、规划指标、建筑的基础、结构形式及建造档次装修等，确定建安成本中各个项目的成本指标取值。

（3）根据政府相关规定和以往工程经验制定前期费用和开发间接费中属于成本部填写的项目。

（4）有多方案需要比较的项目，成本测算人应对各方案成本差异性分析说明，比较后提出成本建议。

5.2.4 《项目拓展阶段建安成本测算》经过成本部经理审核，提交项目开发部，作为可研分析的附件。

5.2.5 公司进入新的城市进行房地产开发，成本测算人必须在测算前完成该城市的《房地产开发成本水平调查报告》，内容应包括以下几点。

（1）该地区房地产开发适用的法律、法规、规定及其对工程成本的影响，包括定额计价模式、工程招投标规定、地产项目开发税费等。

（2）当地的设计规范和标准的特点，主要指工程建筑设计、人防要求、公建配套要求以及技术特点，以便考虑对造价的影响。

（3）当地建造成本与××市的比较。包括定额造价水平的对比和实际建造成本的比较，完成该地区《各类建筑各种档次物业建造成本水平表》。

5.2.6 成本控制工程师应在营销部提供的竞争楼盘清单中，挑选1～2个楼盘深入调研，完成《竞争楼盘成本水平调研报告》。

5.3 集团公司立项阶段

5.3.1　《项目可行性研究报告》获得集团公司批准，在集团公司正式立项后，《项目拓展阶段建安成本测算表》中有关的数据自动成为项目的预控目标。

5.3.2　成本控制工程师负责把预控目标输入成本信息库。

5.4　资料存档

《项目拓展阶段建安成本测算》由项目资料信息员负责保管，工程竣工验收后交部门秘书存档。

10-04　设计阶段成本控制工作细则

设计阶段成本控制工作细则

1. 目的

为保证项目发展成本目标的实现，设计各阶段成本控制工作的实操方法。

2. 工作范围

本地产公司所开发的项目设计阶段成本控制工作。

3. 工作职责

3.1　部门经理

（1）负责审核方案设计阶段《成本匡算》、汇编的《发展成本目标》及《方案阶段成本分析报告》。

（2）负责审核扩初设计阶段《成本概算》及《扩初阶段成本分析报告》。

（3）负责审核施工图设计阶段《成本预算》及《施工图阶段成本分析报告》。

（4）负责项目设计阶段成本控制工作的总组织与协调工作。

3.2　成本负责人

（1）负责收集、调研同类项目市场水平，编制项目成本调研报告。

（2）负责编制方案设计阶段《成本匡算》、汇编《项目发展目标》及编制《方案阶段成本分析报告》。

（3）负责组织编制扩初设计阶段《成本概算》及《扩初阶段成本分析报告》。

（4）负责编制设计各阶段成本控制建议及限额设计指标值。

（5）负责组织编制施工图设计阶段《成本预算》及《施工图阶段成本分析报告》。

（6）负责设计阶段成本控制工作的跟进工作。

（7）负责组织编制设计阶段方案成本比较。

4. 工作程序

4.1　收集、调研同类项目市场水平，编制项目成本调研报告。

4.2 方案设计阶段

4.2.1 依据设计部提供的招标方案，5个工作日内编制各设计招标方案的成本估算，经分析、比较后对设计各方案中公建配套工程面积指标及形式、各种类型住宅所占比例、与项目市场定位相对应的各类建筑及环境的档次等影响成本较大的部分提出成本控制建议，并将建议反馈给设计部，供设计评标小组评标参考。

4.2.2 方案设计完成后，成本负责人依据设计部提供的方案在一个月内编制建安《成本匡算》，对成本影响较大或成本容易流失的单项工程需做专项成本分析。

4.2.3 成本负责人根据相关部门编制的各分项成本汇编成《发展成本目标》，经部门经理审核后，组织地产公司内部评审。地产公司内部评审通过后，提交给项目开发部，项目开发部报集团审批后作为正式的成本控制目标，上传信息平台。

4.2.4 方案设计完成后一个半月内成本负责人编制《方案设计阶段成本分析报告》，主要对方案设计阶段所做的主要成本工作进行总结，并对下一阶段扩初设计提出成本控制建议，部门经理审核后进入扩初设计阶段。

4.3 扩初设计阶段

4.3.1 成本控制目标中建安成本目标在考虑可能发生的补充设计、设计变更及现场签证及其他不可预见的费用后，将建安成本目标尽可能地合理分解到每一个单项工程或专业工程上，形成扩初阶段的成本限额初步建议。

4.3.2 成本负责人组织召集设计部相关人员开会讨论扩初阶段的成本限额初步建议，充分沟通后形成会议纪要，经总经理审批后传签给设计部，作为扩初阶段的成本限额。

4.3.3 扩初设计完成并提交后一个半月内成本负责人组织编制项目《成本概算》，概算依据扩初图纸针对典型配套（如地下室、会所、网球场馆等）及不同层高塔楼标准层的主体结构混凝土含量、模板含量、砌体含量、地面、墙面装修等分项工程计算单位含量，并套用现行综合价按规定取费，并按平均市场下浮水平计算，部分因图纸设计深度不够的项目暂按估算指标值，专业分包工程按市场价格。概算经部门经理审核，总经理审批后上传信息平台。

4.3.4 概算完成一个月内成本负责人编制《扩初设计阶段成本分析报告》，主要对扩初设计阶段所做的主要成本工作进行总结，并对下一阶段施工图设计提出建议。

4.4 施工图设计阶段

4.4.1 依据发展成本目标、施工图设计任务书及扩初设计阶段初步方案对发展成本控制目标进一步分解、细化和完善。

4.4.2 针对各分项工程的不同特点，分别制定相应的限额设计经济指标、技术指标或对主要材料选型、成本控制点提出建议。

4.4.3 对分项工程中影响成本较大或容易造成成本流失的关键点作为设计阶段成本控制重点，具体如下。

（1）土方工程。争取设计一次到位，减少动土次数，重点控制挖运土方数量。

（2）挡土支护工程。结构做多个方案比选，优化设计，给出挡土支护的经济指标值。

（3）桩基工程。该工程特点是不同的桩基形式对成本及工期影响较大，且成本容易流失，一定要做几个桩基形式的方案比选后，再制定经济指标值。

（4）结构工程。是成本控制的重点，在满足设计规范的最低要求下，尽可能地降低成本，主要控制钢筋、混凝土含量的限额设计值。

（5）建筑、装修工程。该部分质量及效果对售楼影响较大，影响成本的主要因素为材料选型，而且要避免重复设计和施工，减少设计变更及补充设计，重点对住宅外墙砖、铝合金门窗、标准层电梯前室装修、防水工程等制定经济指标值。

（6）安装工程。主要控制设备（电梯、机房设备等）及材料（管线）选型及方案优化。

（7）景观工程。景观工程设计前充分考虑营销的要求、施工图的质量及材料的选型，是该部分成本控制的重点，对小区硬质地面材料、绿化工程制定经济指标值。

（8）分包工程。该部分的特点是专业性较强，政府相关规定有一定的可操作性，成本控制的重点是方案的深化及优化。

4.4.4　根据以上限额设计数值及成本控制建议，编制施工图设计阶段建安成本限额设计成本控制建议书，与设计部充分沟通后，报总经理审批，传签给设计部，作为施工图设计阶段的成本限额。

4.4.5　施工图设计过程的跟踪、测算、分析、比较。

4.4.6　施工图完成并提交后两个月内编制项目《成本预算》，部门经理审核，总经理审批，编制《施工图设计阶段成本分析报告》，部门经理审核，审核后的资料上传信息平台。

10-05　成本目标分解工作细则

成本目标分解工作细则

1.目的

把项目的建安成本目标合理地分解，用以指导限额设计、招标及合同签订工作，保证项目总发展成本目标的实现。

2.范围

本公司地产所开发的项目施工图设计阶段成本目标限额设计分解工作。

3. 职责

3.1 部门经理

（1）负责审核项目施工图设计阶段建安成本目标限额设计成本控制建议书。

（2）负责审核项目总包工程、主要分包工程承包方式及成本控制目标建议书。

（3）负责审核项目主要材料（设备）采购方式及成本控制目标建议书。

（4）负责项目成本目标分解运作过程中的总组织与协调工作。

3.2 成本负责人

（1）负责编制项目施工图设计阶段建安成本目标限额设计成本控制建议书。

（2）负责编制总包工程、主要分包工程承包方式及成本控制目标建议书。

（3）负责编制项目主要材料（设备）采购方式及成本控制目标建议书。

（4）负责与相关部门就限额设计数值及成本建议进行沟通，达成共识。

4. 程序

4.1 制定项目施工图设计阶段建安成本目标限额设计成本控制建议书

4.1.1 施工图设计开始前，对集团审批的项目发展成本控制目标中建安成本进一步分解、细化和完善。

4.1.2 建安成本目标限额设计成本控制建议编制要求具体如下

（1）成本负责人根据发展成本目标，结合施工图任务书、扩初设计阶段初步方案及市场水平，针对各分项工程的不同特点，分别制定相应的限额设计经济指标、技术指标或对主要材料选型、成本控制点提出建议；对分项工程中影响成本较大或容易造成成本流失的关键点作为施工图设计阶段限额设计成本控制重点，成本建议按专业具体提出以下几点。

① 土方及挡土工程。该工程成本容易流失，建议土方综合考虑场内平衡、挡土墙多方案经济比选，土方主要控制挖运总量、挡土支护依据方案提出成本限额指标。

② 桩基工程。不同的桩基形式对成本及工期影响较大，且成本容易流失，重点建议桩基选型多方案比选，优化设计，据不同的桩基形式提出相应的限额指标值或分项成本目标。

③ 结构工程。该部分占建安成本比重较大，且对销售没有直接的影响，这部分是成本控制的重点，在满足设计规范的最低要求下，尽可能地降低成本，主要对钢筋、混凝土技术含量提出技术指标数值。

④ 建筑、装修工程。其质量及效果对售楼影响较大，占建安成本比重较大，影响成本的主要因素为材料选型，对外墙砖、铝合金门窗、电梯前室装修、防水工程等制定合适的经济指标值。

⑤ 安装工程。主要控制安装工程的设备及材料选型，对电梯、机房设备等建议采用国产或中外合资优质产品，管线选用合适的中档材料。

⑥ 景观工程。景观工程成本波动性、弹性较大，设计质量、材料的选型是该部分成本控制的重点。

⑦ 分包工程。该部分的特点是专业性较强，政府相关规定有一定的可操作性，成本控制的重点是方案的深化及优化。

（2）限额设计数值及成本建议按格式填写，对其中重点控制点必须加以明示。

4.1.3　成本负责人就编制的建安成本目标限额设计成本控制建议的初稿，充分征求设计院及设计工程部的意见进行完善，召集设计工程部相关人员开会确认。

4.1.4　确认后的限额设计数值及成本建议经成本部经理审核，报总经理审批后作为设计限额要求，提交设计工程部具体落实。

4.1.5　施工图出图后，成本部根据施工图计算重点控制点的经济或技术指标值，与审批的限额设计数值比较，及时向设计工程部提出反馈意见，对超出限额设计部分提出预警，并报总经理综合决策。

4.1.6　设计完成后，由设计工程部编制设计成本控制分析总结报告，聘请有丰富设计及造价专业经验的专家对设计进行评审，最后由设计评审委员会对限额设计要求完成情况进行最终评定。

4.2　制定总包工程、主要分包工程承包方式成本控制目标建议书

4.2.1　项目施工图设计阶段建安成本目标限额设计成本控制建议书审批后，成本负责人根据审批的建议书，对总包、主要分包工程的承包方式提出初步建议及各分项工程成本目标。

4.2.2　工程承包方式及成本目标建议书编制原则如下。

（1）总包及分包工程合同结算成本目标由合同（招标）成本目标和设计变更及现场签证控制目标两部分组成，设计变更及现场签证控制目标一般根据各分项工程的性质不同按合同（招标）成本目标的10%左右的不同比例确定。

（2）为了加快项目开发的速度，一般在总包工程开工前，个别分项工程必须提前开工，需独立到政府部门办理相关的报建、招标及开工手续，由甲方直接发包。常见的如土方工程、边坡支护与挡土工程、桩基工程等。此类工程建议采用单价包干的方式，根据估算总量及限订单价把分项工程招标结果控制在分项成本目标范围内。

（3）对总包工程中一些专业性较强、行业竞争较激烈、市场水平与定额水平有一定差异性的工程，建议作为总包工程的甲方指定分包工程，引入市场竞争机制，从而达到降低成本、保证成本目标实现的目的。具体如下。

① 采用总价包干方式。如人防工程、白蚁防治工程、电梯工程、通讯工程、发电机及配电房安装工程等，在限额设计值下制定承包总价。

② 采用单价包干方式。如防水工程、幕墙工程、铝合金工程、钢结构工程、智能化设备等，根据限额设计指标分解承包单价。

（4）总包工程承包方式可按招标时施工图纸的完善程度来定，一般来说，各分项工程根据不同情况可能会采用不同的承包方式，如固定总价、暂定总价、综合单价包干、费率包干等。

4.2.3　汇总完成项目总包及主要分包工程承包方式建议，部门经理审核，总经理审批，指导总包及分包工程的招标及实施，确保总包及分包工程承包目标实现。

4.2.4　项目实施过程中，成本负责人负责对成本情况进行动态监控，及时预警，如有超目标的子目，分析原因，及时报部门经理、总经理决策。

4.3　制定项目主要材料（设备）采购方式及成本控制目标建议书

4.3.1　施工图完成后，项目负责人组织人员对常用的主要材料（设备）进行分类，据材料的各自特点及方便施工管理，分别建议采取不同的采购方式，并制定相应的成本目标，控制材料（设备）成本的目的是材料（设备）选型定板一定要控制在成本目标范围内。

4.3.2　对主要材料（设备）采购方式建议的主要原则如下。

（1）甲购材料（设备）。对金额较大、质量要求较高、对楼盘的素质影响较大、施工进度配合要求不高、可以相对独立施工的设备（安装）及成品材料可以采取甲购方式。如：机房设备、电梯设备、空调机组、水景设备、雕塑小品、环境设施、公建配套工程中专用设备等。

（2）甲定乙购材料。设计阶段无法定板，且该材料品牌差异（质量、价格）较大，对楼盘的素质及效果影响很大，甲方要重点控制，且与施工单位工期配合较密切；信息价相差很大的材料（信息价上没有的）适合采用甲定乙购材料。如：外墙砖、防火门、电梯大堂装修材料，环境高档及特别要求的石材、苗木、母线槽、应急灯、网球馆及会所装修面层材料等。

（3）甲方制定范围、乙方采购材料。工程中常见，对楼盘效果及素质影响不大，且有三家及以上价格、质量相近，与信息价接近，与施工进度及配合较密切的材料。如：混凝土、砌体、铝型材、玻璃、防水材料、普通的面砖及涂料油漆（功能房、楼梯间、地下室等次要位置）、特殊要求的五金件、环境普通石材（国产中低档）、PPR管材、PVU排水管、开关插座等。

（4）乙定乙购的材料。市场上的所有同类材料价格都接近，对楼盘效果及素质基本没影响，与信息价很接近的材料。如：钢材、电线电缆、电线预埋管、室外地下管道、模板、普通照明灯具（楼梯间、功能房、地下室）。

4.3.3　汇总完成项目主要材料（设备）采购方式建议，部门经理审核，总经理审批后，施工过程在成本目标范围内实施。

10-06　施工阶段成本控制工作细则

施工阶段成本控制工作细则

1.目的

控制项目施工阶段成本，将项目总成本控制在成本目标以内。

2.适用范围

适用于本集团地产公司进行的新建、改建和扩建项目。

3.定义

（1）成本估算。对设计部提出的补充设计方案及设计变更、施工方案（含施工组织设计）及方案变更、材料选型方案及选型变更等进行的供领导决策参考的成本测算。

（2）成本比选。对设计部提出的多个补充设计方案及设计变更、多个施工方案（含施工组织设计）及施工方案变更、多个材料选型方案及选型变更进行成本测算，并提出成本控制建议，供领导决策。

4.职责

4.1　成本部经理

（1）负责审核补充预算。

（2）负责审核工程进度款。

（3）负责审核超过10万元以上的补充设计的成本估算及成本比选。

（4）负责审核超成本目标的设计变更及材料设备采购以及金额在10万元以上的设计变更、施工方案变更及材料选型变更的成本估算及成本比选。

（5）负责审核项目成本分析报告。

4.2　项目成本负责人

（1）负责安排编制、复核补充预算。

（2）负责安排编制、复核工程进度款。

（3）负责安排编制、审核成本估算及成本比选。

（4）负责编制项目成本分析报告。

5.程序

合同执行。

5.1.1　合同交底

（1）项目主体工程合同签订五天内由项目成本负责人组织对工程进行合同交底，重点针对成本控制、质量控制关键条款。

（2）分包工程由项目成本负责人会同设计部在招标结束三天内以书面形式对监理进行合同交底。

5.1.2　补充预算

（1）由项目成本负责人在月度计划中安排补充预算编制工作。

（2）每月10日前由项目信息资料员负责收集全上月所发生的补充预算资料。

（3）项目成本负责人必须在每月20日前向部门负责人提交复核过的补充预算。

（4）经部门经理、总经理审批后，该补充预算作为合同结算价的组成部分。

（5）总经理审批后的补充预算交项目资料员存档并录入成本信息库。

（6）项目成本负责人每月组织一至二次合同工作交流会，对正在执行的合同履行情况进行跟踪管理，并填写《_____项目_____月合同价款变更情况汇总表》。

5.1.3 成本估算及成本比选

（1）项目成本负责人在接到设计变更、施工方案变更、材料选型变更审批单后。5万元以内的必须在1个工作日内完成编制及复核工作；5万～10万元以内的必须在2个工作日内完成编制及复核工作，报部门经理签字；10万元以上及超过成本目标的成本估算及成本比选必须在3个工作日内完成编制及复核工作，报部门经理签字。

（2）经办人负责成本估算及成本比选的存底工作。

5.1.4 设备（材料）选型、定价的成本控制

（1）如设计部选用设备、材料造成该项工程成本目标突破时，须报总经理审批。

（2）经过招标方式确认价格的甲定乙购单由部门经理直接审核；非经过招标方式确认价格的甲定乙购单项目成本负责人在接到单后，两日内签字确认后，交部门经理审核。

5.1.5 工程进度款支付

（1）项目成本负责人在接到工程部提交的工程进度款申请资料（施工单位的工程款支付申请表；施工单位进度款报价书；施工单位报送的本期发生的补充预算；经工程部审核的工程形象进度和补充预算资料）后，安排编制、复核工程进度款，并填写《××工程进度款审核表》，经部门经理审核后提交给工程部，作为工程进度款支付的依据。

（2）分包工程进度款审核表编制、复核时间为三个工作日，总包工程进度款审核表的编制、复核时间为十个工作日（含补充预算）。

5.1.6 成本工作月报。每月8日项目成本负责人组织人员按成本月报格式要求编制填写项目相关信息，并对信息的准确性负责，填写的内容包括（招投标计划、清单及简单评述；合同清单及简单评述；合同履行情况；付款；进度款审核；补充预算；工程结算；成本估算及方案比选；成本发展成本动态控制表；其他相关信息）。

5.1.7 项目成本分析报告。项目全部结算工作完成一个半月内，由项目成本负责人组织完成成本分析，并出具成本分析报告。报告须就以下问题进行总结说明：项目结算成本汇总表（按照成本分类格式要求），项目结算成本与成本目标的差异分析，超过成本目标的分项工程说明，在整个项目的成本控制过程中的主要业绩、经验及教训，今后成本工作的建议。

10-07　项目工程结算工作细则

项目工程结算工作细则

1.目的

保证项目成本控制的有效实施，提高项目工程结算的工作质量及工作效率。

2.适用范围

适用于公司成本部的工程结算工作。

3.定义

竣工结算：指根据竣工结算资料计算工程量，并按合同相关条款进行套价完成的项目成本文件。

4.职责

4.1　结算责任人负责

（1）结算资料完整性的检查。

（2）竣工图结算的编制。

（3）竣工图结算技术经济指标的分析。

（4）项目结算总结编写。

4.2　结算复核人负责

（1）结算书资料完整性的检查。

（2）结算成果的检查。

（3）结算技术经济指标分析、入库检查。

4.3　项目成本责任人负责

（1）项目结算计划的编制。

（2）结算信息的处理。

（3）合同结算协议书的办理。

（4）项目结算总结汇编，入库。

4.4　部门经理负责

（1）结算责任人及结算复核人的分派。

（2）工程结算书的审核。

（3）项目结算计划的审核。

（4）合同结算协议书的审批。

5.实施细则

5.1　工程结算流程

5.1.1　工程竣工验收一个月内，项目成本负责人提交项目结算计划，经部门经理审核，报总经理审批生效。

5.1.2　项目成本负责人接到结算资料后进行登记，部门经理组织人员编制结算书。

5.1.3 结算责任人依据竣工结算资料计算工程量。

5.1.4 结算责任人依据合同约定计价、取费，并做技术经济指标分析。

5.1.5 复核责任人复核结算书完整性、准确性及计价、取费情况。

5.1.6 成本部经理负责对结算书进行审核。

5.1.7 审核后的结算书报总经理审批。

5.1.8 项目成本负责人根据审批后的结算书办理《合同结算协议书》。

5.1.9 结算责任人根据审批后的结算书将相关数据及指标入库。

5.1.10 结算责任人负责编写项目结算总结。

5.1.11 项目成本负责人汇编项目结算总结，登记入库。

5.2 结算原则

5.2.1 固定总价。合同价即是结算价，不再调整。

5.2.2 总价包干。结算价＝合同价＋（∑材料数量×材料价差）＋合同约定合同价外可调部分（设计变更及现场签证等）。

5.2.3 合同单价包干。结算价＝∑实际工程量×合同包干单价＋∑（材料数量×材料价差）＋合同约定合同价外可调部分（设计变更及现场签证等）。

5.2.4 费率包干。结算价＝合同约定取费下浮标准×按政府规定计价结果。

5.2.5 多种承包方式。结算价＝∑固定总价＋∑总价包干＋∑分项工程暂定总价＋∑费率包干部分工程暂估价＋∑材料数量×材料价差＋∑暂定工程量×合同包干单价＋∑合同包干工程量×暂订单价＋∑合同约定合同价外可调部分（设计变更及现场签证等）。

5.3 结算书装订要求

5.3.1 工程结算书封面。

5.3.2 工程结算编制说明。

5.3.3 主要技术经济指标。

（1）总包工程按《成本信息系统》单项指标库相关要求填写。

（2）分包工程根据项目内容及特性提取实物经济指标。

5.3.4 分部分项工程计价表。

5.3.5 结算资料审核表。

5.3.6 结算资料（除了图纸以外的所有资料）。

5.4 结算资料存档

5.4.1 结算书审批完成、办理完《合同结算协议书》、技术经济指标入库后结算完成。

5.4.2 完成后的结算书及资料由结算责任人移交项目资料员存档。

5.4.3 工程竣工验收两年后移交公司档案室存档。

5.5 结算复核时间

5.5.1 固定总价及总价包干结算复核时间不超过2天。

5.5.2 合同单价包干按结算金额50万元为界分3天、5天。

5.5.3 费率包干和多种承包方式结合结算复核不超过10天。

第11章 房地产企业财务管理制度

11-01 财务预算管理制度

财务预算管理制度

1.目的

为了以财务预算为手段，全面实行预算管理，加强企业经营管理及财务控制力，充分合理运用资金，加速资金周转，降低经营管理成本，提高经济效益，特制定本制度。

2.适用范围

本制度适用于本公司所有财务预算管理。

3.具体内容

3.1 财务预算编制与审批

3.1.1 年度财务预算

（1）公司采用自上而下的零基预算模式，总经理办公室于每年12月15日前下达下年度工作计划大纲，各职能部门根据此指导年度预算与制订工作计划。

（2）各职能部门根据公司下达的年度工作计划大纲，按照财务部的编制要求（以通知形式下达），合理预测并编制本部门下年度财务预算，形成下年度"资金收支年度计划"。资金收支年度计划应分项列具收支项目及金额，收入包括融资流入、销售收入、租赁收入、营业外收入等所有现金流入，支出包括工资、奖金、员工福利、办公费用、车辆费用、工程支出、广告费、业务费、固定资产支出、税负支出、归还借款支出、财务费用、投资预算等所有现金流出，在每年1月1日以前经各部门总监签字后报送财务部。

（3）财务部根据公司下达的年度工作计划大纲精神及各职能部门提交的年度预算，从公司全局的角度对年度计划的资金进行综合平衡和审核，并提出调整修改建议，形成年度财务预算。

（4）每年1月25日前财务部将年度预算提交计划管理部门。

（5）每年1月28日前，本年度财务预算经总经理办公会审批通过，并经集团总裁签发后由财务部组织实施。

（6）如果总经理办公室对年度财务预算有调整，各有关部门则再按上述程序提交调整预算。

3.1.2 月度财务预算

（1）各职能部门在编制年度财务预算的同时，集合部门工作计划和其他相关情况，编制月度财务预算要点。

（2）部门月度财务预算由各部门负责人根据年度预算和月度预算要点进行详细分解，编制"资金预算表"及附注说明，形成月度预算。

（3）月度预算经部门主管领导签字确认后，于每月28日17点以前将下月预算提交财务部。

（4）财务部根据年度财务预算、公司工作计划、部门工作计划、（预期）公司资金状况等综合考虑汇总，并审核月度财务预算。

（5）财务部于每月30日17点以前将下月预算交计划管理部门，经总经理办公会批准后下达执行。

3.2 预算管理

3.2.1 管理原则与功能

（1）年度预算一经下达，原则上不得变更。

（2）预算具有平衡资金、控制开支、开源节流等约束功能，各职能部门必须全面执行。

（3）财务预算下达后提交集团财务部备案，并作为月度、年度考核和监察的依据。

3.2.2 财务预算调整。每年六月份，总经理办公室对本年度财务预算根据实际情况进行适当调整，经公司总经理签发后调整生效。

（1）年度预算非下列原因，不得调整。

① 国家重大政策性因素导致预算不能实现。

② 因公司经营战略变化和调整导致预算改变。

③ 财务预算制定时不可预见性的重大因素导致预算需要调整。

④ 集团总裁决定。

（2）月度预算调整

① 月度预算根据实际情况，经财务部审核和总经理办公会审批同意后可在各月度内进行调节。

② 月度预算累计调整不得突破年度预算。

3.2.3 预算执行管理

（1）成本、费用发生时，财务部应对照预算逐笔审核是否在预算内。

（2）每年编制年度预算总结分析报告，并作为编制下年度财务预算的决策依据。同时，每月编写预算执行报告。

（3）每月8日前向各职能部门通报其上月费用支出情况。

（4）财务部必须经常检查、分析财务预算的执行情况，认真考核财务成果，反映存在的问题，提出整改及处理意见。

3.2.4 预算外支出

（1）无财务预算的开支原则上不作安排，开支由财务部负责控制。

（2）未列入当月预算而因工作确需开支的，由相关职能部门进行预算外追加申请，并按相关程序报批后执行，原则上每月不超过一次。

（3）追加预算后各月预算累计超过年度总预算时，按年度审批程序报批后方可实施。

3.3 罚则

3.3.1 财务部。未及时登记和反馈费用预算执行情况而致使费用超预算开支的，给予财务部总监每次××元的罚款，给予经办责任人每次××元的罚款。

3.3.2 其他部门

（1）未按时、按要求上报年度财务计划和月度财务计划的，给予部门总监每次××元的罚款，给予经办责任人每次××元的罚款。

（2）未经批准超预算开支的，给予部门总监每次××元的罚款，给予经办责任人每次××元的罚款。

11-02 销售收款管理办法

销售收款管理办法

1.目的

为了规范集团销售财务的管理，确保销售收款的准确和销售核算的及时准确，保证收款现金的安全，加强对销售财务的监督，提升销售财务的服务水平，提升销售财务的管理水平，特制定本办法。

2.适用范围

本办法适用于本公司所有销售收款的管理。

3.具体内容

3.1 认筹、退筹

3.1.1 在公司项目集中认筹期间，由营销部参照项目发布会的情况，预计集中认筹人数，财务部安排适当的人员，确保认筹现场财务收款有序和准确。现场会计登记认筹台账并每天核对。

3.1.2 客户退筹时需要携带相关证据，包括收据、VIP卡、身份证原件等。营销部根据客户VIP卡和身份证原件验证客户的身份，由销售主管在收据上签字，现场财务根据经审批的收据退款，由客户在"退筹表"上对收到的现金签字确认。集中退筹的现金由财务部送至现场，结余现金送存银行。提前退筹的客户，需要由本人书面提出申请，同时履行上述审批程序。现场会计登记退筹台账并每天核对。

3.1.3　遗失收据的客户退筹时，由客户提出申请，经置业顾问、销售主管确认，经现场财务、销售会计核对后，客户凭其身份证复印件及"客户声明书"（包括承诺、卡号、票号、手印），由现场财务核对身份证原件，办理退款。

3.2　解筹、下大定、退大定与换定

3.2.1　在公司项目集中解筹、下大定期间，由营销部参照认筹情况，预计集中解筹人数，财务部安排适当的人员，确保认筹现场财务收款有序和准确。

3.2.2　客户下定金额不足公司约定金额的，由营销部经理在认购协议上审批意见，不足金额必须在3日内补齐，否则取消下定或收取违约金。违约金按照日0.05%收取，违约日期自约定补交款期满的次日起。

3.2.3　客户退大定，各分子公司根据公司营销部的退定管理制度执行，财务部安排适当的人员和现金，现场财务审核相关收据和签批手续后进行退款。集中退定的现金由财务部送至现场，结余现金送存银行。非集中退定的客户，在每周六退款。

3.2.4　客户下定后更换楼号，如果客户名字没有变化的，可以按照下定时的价格进行。如果客户下定后在协议规定的期限内没有签约的，更换楼号时按照新的更换时的新价格执行。如果客户下定后更换名字的（配偶或直系亲属除外），按照新的价格体系进行。

3.3　现场财务操作流程

3.3.1　审核价格认可单，在正确无误的价格认可单上签字确认。

（1）现场会计需依据价格认可单中的坐落号登记销控表。

（2）现场会计依据公司签批的价格表审核价格认可单中的价格和面积，有代收费的要对各项代收费用金额进行复核计算。

（3）现场会计审核优惠是否符合公司规定。分子公司对项目的优惠授权，由各公司主管副总根据项目的整体优惠比例拟定优惠权限。各分子公司总经理、业务副总和销售经理给客户的优惠额度按照各项目价格审批表的整体优惠额度内执行，分子公司总经理对个别特殊客户的优惠在此基础上可以有权限再优惠×%，此为最大权限，若需更大优惠，超出比例部分需要报集团总经理审批。分子公司财务部每月将优惠情况汇总报财务部总会计师备案。

（4）审核付款方式和金额

①分期付款客户首付款比例原则是4∶4∶2，时间是签约时间、签约后3个月、交付前1个月。首付款一周内付清，签约当天付款比例不得低于合同总价10%；首付款比例最低限额为××%；对于首付款比例不足××%的客户，第二次付款除应将首付款差额补齐外，付款时间至少应提前1个月。

②一次性付款签约当天首付款不低于××%，低于××%的部分可以由销

售经理签字确认三天后补齐，否则取消签约或收取违约金。一周内付款不得低于××%，15天内必须付清，否则取消下定或收取违约金，违约金按照日0.05%收取。

③ 按揭付款首付比例不得低于××%（90平方米以下的不低于20%，个人第二套按揭款首付比例不低于××%，当地政府、金融机构对首付比例有其他要求的以当地要求为准）。签约当天不得低于××%；低于××%的，经营销部经理签字确认后，一周内将首付余款付清。否则取消签约或收取违约金，违约金按照日万分之五收取。

3.3.2 销售收款与开票。现场出纳和会计依据审核无误的价格认可单收款和开票。

（1）客户刷卡或交现金，现场出纳确保收款安全和准确，现场会计为客户开具相关票据，确保票据的准确性、完整性。

（2）销售会计将空白内部收据盖章后交给现场会计使用，现场会计应妥善保管票据，用完后应统计票据金额及票据作废等使用情况后交回销售会计。收据使用、交存均有记录表，销售会计应妥善保管记录表。

（3）若购房客户要求更换原收据或发生退定、退房者，现场财务必须验明原收据的真实性、有效性，更换收据还需在新开收据中写明"原收据××××号，金额××××元收回，本次实交款××××元"字样。收据换发票应遵循收据全部收回，在发票备注中注明"换票"字样。

（4）若购房客户收据丢失，必须写出丢失证明，提前两天报销售会计核查，确认丢失的收据在此之前没有办理退款后，由客户登报声明收据作废，销售会计方可办理退定、退房手续。销售核算会计建立票据丢失台账进行备查管理。

（5）购房客户所写的丢失证明，必须写明原收据号、金额及客户名称，同时必须承诺若因丢失收据造成的包括我方在内的一切损失及后果均由购房客户自己负责。

3.3.3 款项收讫后，客户签订销售合同，现场会计审核合同。项目销售合同模版是在项目形成销售前制定，并需要经过营销部和财务部的会签及报律师审定后，在该项目执行。

3.3.4 签约以首付房款交纳和销售合同签订（合同号已出且客户签字）同时具备为标准。

3.3.5 集中发放产权证时，由销售会计计算超面积款，现场财务协助营销部办理产权证发放。客户领房产证时，必须本人亲自领取，并携带相关证据，包括购房合同、身份证原件。若为退款的客户，证件部应通知客户集中退款时间，自己办理房产证的客户，需要办理申请手续，由销售会计计算超面积款，经公司审批后证件部通知客户到现场会计、出纳办理收退款。

3.4 应收款和违约金收取

3.4.1 销售应收款的范围包括凡签订销售合同后，根据销售价格认可单和合同规定，客户应交所有款项减去已交款项外的部分。

3.4.2 销售应收款的催收责任划分。销售应收款的催收由营销部和财务部共同负责，营销部负责现款部分的欠款回收和按揭贷款的资料上报、催报。财务部负责办理或督促按揭代理公司及时办理按揭手续和银行入账工作。

3.4.3 催收程序及时间界定

（1）每周两次由现场会计汇总当月现金应收款明细，交营销部案场主管。由营销部依照《应收款催交制度》催收。

（2）营销部正式签订合同时，按揭贷款的资料必须齐备。

（3）财务部在具备按揭条件情况下，要求21个工作日下账（合同签订的次日起计算）。

（4）如果客户提供的按揭资料不符合国家政策规定，或客户不具备按揭办理条件，且客户不变更付款方式的，财务部向营销部下发取消客户签约订单信息，在系统中关闭订单，作为当月销售合同任务的冲减。

3.4.4 销售违约金计算原则与标准

（1）应收客户分期付款的房款延期交款，按照客户违约日期计算，日违约金0.05%。

（2）客户办理按揭，由于未提供资料产生的按揭到账延期，按照客户违约日期计算，日违约金0.05%，违约期间自约定提交按揭资料期满后次日起至资料提交齐备止。

（3）退房、退定违约金按本公司营销部的规定配合执行。

3.4.5 销售违约金减免的权限

（1）减免金额在100元以下（不含100元），经客户申请，置业顾问核对，销售主管核对，经销售经理批准，由现场会计核对后免收客户违约金。

（2）减免金额在100～200元，经客户申请，置业顾问核对，销售主管核对，经营销经理批准，主管副总审批，由现场会计核对后免收客户销售违约金。

（3）减免金额在200～500元的销售违约金，经客户申请，置业顾问核对，销售主管核对，经营销经理批准，财务经理批准，主管副总审批后，由现场会计核对免收客户销售违约金。

（4）减免金额在500～1000元的销售违约金，经客户申请，置业顾问核对，销售主管核对，经营销经理批准，财务经理批准，主管业务副总批准后，经总经理审批后，由现场会计核对免收客户销售违约金。

（5）减免金额在1000元以上的销售违约金，经客户申请，置业顾问核对，销售主管核对，经营销经理批准，财务经理批准，主管业务副总批准后，经总经理审批后，报财务部审批后执行。

（6）不完全符合当级条件的，按照下一级的审批程序进行。

3.4.6 其他违约金的减免。客户作废合同，每份合同违约金200元。由客户申请，置业顾问核对，经营销经理、财务经理批准，确定减免金额，由现场财务收取客户作废合同违约金。

3.5 退房、换房、合同变更

3.5.1 退房

（1）客户提出退房（含地下室）申请后，营销部依照公司退房流程办理签字审批。财务部现场财务、销售会计审核客户退款金额的准确性，收回所有相关票据。销售现场不允许直接给客户退房款，客户退房手续由公司财务出纳依据审批后的申请，办理退款。

（2）销售退房退款流程见下图。

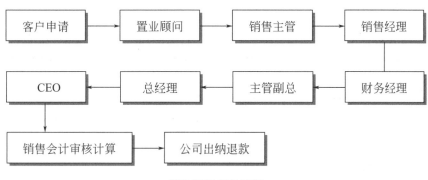

销售退房退款流程

各分子公司总经理审批的可以直接审批退房的套数控制在按项目是10套/千套，超过比例的套数上报给集团CEO审批（有特殊情况再另批）。

（3）财务部现场财务、销售会计审核客户退款金额计算的准确性，并收回所有相关票据。现场会计负责确认姓名、坐落位置、总房款、已付款情况等购房信息，并签字确认。财务经理、主管副总、总经理签字核准，公司出纳扣减违约金后办理退款。

3.5.2 换房

（1）客户提出换房申请后，营销部依照公司换房流程办理签字审批。

（2）财务部现场财务、销售会计审核客户已收金额，收回所有相关票据。

（3）销售换房流程

① 签约后换房流程

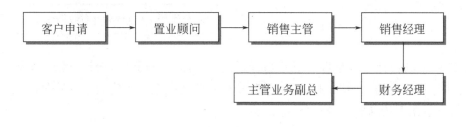

② 下定后签约前换房流程

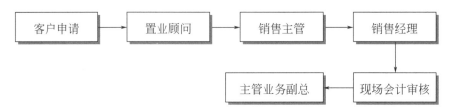

上述流程及换房过程，需要在系统中同时更新，现场会计及时把相关信息上报给销售核算会计。

③ 销售换名流程

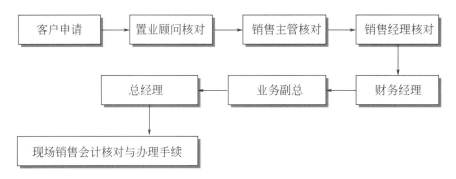

只有客户的直系亲属或配偶才可以更换合同名字，更换名字时需要提供双方的身份证、结婚证或户口本的原件及复印件等有效证件。销售主管、销售经理、现场会计核对证件原件。非直系亲属之间合同若更换名字，需要按照新的价格体系进行销售程序处理。

3.5.3 合同变更。客户提出合同变更申请后，营销部依照公司合同变更流程办理签字审批。

3.6 销售现场工作管理

3.6.1 销售票据管理

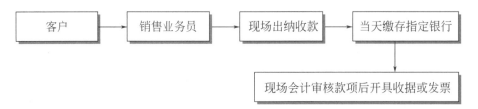

销售现场会计负责整理、汇总当日票据，传递给公司销售会计。销售会计与现场会计每日及时沟通票据的传递情况并核对发票或收据，销售会计入账处理（最迟2天内完成票据传递和账务处理）。

3.6.2　具体收款程序要求

（1）现场出纳收取款项，现场会计必须在当日复核收款金额并开票，现场出纳将现金缴存银行，如当日无法缴存，应将现金送回公司交公司出纳妥善保管，销售现场不得存放现金。

（2）现场财务做到当天财务收款数据当天录入客户管理（CRM）系统，并和销售部核对相关数据，确保实际票据和明源系统中财务收款日报核对无误。对签约资料、应收款明细表要进行及时核对，每周两次由现场会计汇总当月现金应收款明细，交营销部案场主管。

3.6.3　销售现场现金收款截止时间为下午四点，四点以后不得收取现金。

3.6.4　销售现场不允许为客户信用卡（银行卡）代支现金业务，也不得协助安排客户之间的信用卡（银行卡）代支现金业务。

3.6.5　销售现场会计、出纳的调休时间原则上应不与公司或部门组织的学习、培训时间冲突，如果有特殊事情需要临时调整休息时间，需要报给销售会计，在得到销售会计和财务经理的批准后，方可以调整休息时间。

3.6.6　销售核算会计负责检查销售现场的出纳、会计工作。

（1）检查的内容包括销售内控程序的执行；票据的管理；销售日报的清晰、完整性；销售台账的管理；销售现场的整洁和文档的管理；现场工作的流程安排与执行。

（2）销售核算会计需要进一步审核客户管理（CRM）系统的数据准确性，并确保销售现场会计录入准确、及时，具体如下。

① 销售会计对现场会计的数据准确性和及时性进行监督并记录，作为对现场财务的月度考核依据。

② 销售会计在周五晚上前把本周的按揭到账数据全部录入系统。

③ 销售会计要将手工销售月报、签约资料与公司系统核对（指并行阶段）。

④ 销售会计可以使用财务接口功能编制并导出凭证，并打印相应当日的明细清单。发现问题及时处理，与现场沟通。如是系统问题及时上报科技信息部。

3.6.7　销售现场的具体工作内容和流程，根据业务发展需要，由销售核算会计向财务经理汇报后，销售现场会计执行销售核算会计的工作安排。

3.7　销售合同的管理

3.7.1　款项收讫后，客户签订销售合同，现场会计审核合同。项目销售合同模版是在项目形成销售前制定，并需要经过营销部和财务部的会签及报律师审定后，在该项目执行。

3.7.2　证件部在向财务部移交购房合同要达到以下要求：购房合同按照楼座号排好先后顺序；购房合同封面上注明坐落号和业主姓名；业主的借款合同、反担保合同与购房合同应整理在一起。

3.7.3　销售会计暂时保管营销证件部转交的销售合同。销售合同在财务部贴花后，转交给人力资源部保管。合同的交接均应建立登记簿。

3.7.4　销售合同的借阅，需要有置业顾问确认业主身份，业主凭身份证和自己的销售合同原件到财务部或人力资源部办理合同借阅手续。合同管理人员负责查看相关证件，并登记客户借阅信息（姓名、联系方式、业务代表、借阅时间），并要求客户签名。销售合同保管人员负责定期把借阅的销售合同催交回公司保管。

11-03　房地产项目成本核算办法

房地产项目成本核算办法

1.目的

加强成本管理，规范集团房地产开发企业成本核算，正确计算开发产品成本，便于成本资料的比较和分析。

2.适用范围

适用于集团内全资、控股及受托非控股经营的房地产开发企业。

3.职责

3.1　总部财务管理部负责本规范的推行、解释、修改并检查执行情况。

3.2　集团内各房地产开发企业负责严格按照国家以及集团成本管理的要求，正确组织成本核算工作，建立成本核算责任制，完善成本核算基础工作，改进成本核算办法，合理确定成本计算对象，正确归集和分配开发成本及费用，及时、准确、完整地提供成本核算资料，并及时发现成本管理中存在的问题，不断寻求降低成本的途径，同时对在本规范实施过程中发生的问题及时向总部财务管理部反馈。

4.方法和过程控制

4.1　成本核算的基本程序

成本核算的一般步骤依次如下。

（1）根据成本核算对象的确定原则和项目特点，确定成本核算对象。

（2）设置有关成本核算会计科目，核算和归集开发成本及费用。

（3）按受益原则和配比原则，确定应分摊成本费用在各成本核算对象之间的分配方法、标准。

（4）将归集的开发成本费用按确定的方法、标准在各成本核算对象之间进行分配。

（5）编制项目开发成本计算表，计算各成本核算对象的开发总成本。

（6）正确划分已完工和在建开发产品之间的开发成本，分别结转完工开发产品成本。

（7）正确划分可售面积、不可售面积（由主管部门划分提供），根据有关规定分别计算可售面积、不可售面积应负担的成本，正确结转完工开发产品的销售成本。

（8）编制成本报表，根据成本核算和管理要求，总括反映各成本核算对象的成本情况。

4.2 成本核算对象的确定

4.2.1 成本核算对象的确定原则

（1）满足成本计算的需要。

（2）便于成本费用的归集。

（3）利于成本的及时结算。

（4）适应成本监控的要求。

4.2.2 成本核算对象的确定方法。各公司可根据成本核算对象的确定原则，并结合项目实际情况，确定具体成本核算对象。

（1）成片分期（区）开发的项目，可以以各期（区）为成本核算对象。

（2）同一项目有裙楼、公寓、写字楼等不同功能的，在按期（区）划分成本核算对象的基础上，还应按功能划分成本核算对象。

（3）同一小区、同一期有高层、多层、复式等不同结构的，还应按结构划分成本核算对象。

（4）根据核算和管理需要，对独立的设计概算或施工图预算的配套设施，不论其支出是否摊入房屋等开发产品成本，均应单独作为成本核算对象。对于只为一个房屋等开发项目服务的、应摊入房屋等开发项目成本且造价较低的配套设施，可以不单独作为成本核算对象，发生的开发费用直接计入房屋等开发项目的成本。

4.3 成本费用项目及核算内容

4.3.1 成本费用项目。开发产品成本核算应视开发产品的具体情况，按制造成本法设置成本项目。成本项目一般包括下列八项：土地获得价款、开发前期准备费、主体建筑工程费、主体安装工程费、社区管网工程费、园林环境工程费、配套设施费、开发间接费。

4.3.2 各成本项目的核算内容

（1）土地获得价款。指为取得土地开发使用权而发生的各项费用，主要包括以下内容：

① 政府地价及市政配套费。支付的土地出让金、土地开发费，向政府部门交纳的大市政配套费、交纳的契税、土地使用费、耕地占用税，土地变更用途和超面积补交的地价。

② 合作款项。补偿合作方地价、合作项目建房转入分给合作方的房屋成本和相应税金等。

③ 红线外市政设施费。红线外道路、水、电、气、通讯等建造费、管线铺设费、接口补偿费。

④ 拆迁补偿费。有关地上、地下建筑物或附着物的拆迁补偿净支出，安置及动迁支出，农作物补偿费，危房补偿费等。

（2）开发前期准备费。指在取得土地开发权之后、项目开发前期的水文地质勘察、测绘、规划、设计、可行性研究、筹建、"三通一平"等前期费用。主要包括下表中的内容。

开发前期准备费

序号	费用项目	费用明细
1	勘察设计费	（1）勘测丈量费。包括初勘、详勘等。主要有：水文、地质、文物和地基勘察费，沉降观测费，日照测试费，拨地钉桩验线费、复线费、定线费、施工放线费、建筑面积丈量费等 （2）规划设计费 ① 规划费。方案招标费、规划设计模型制作费、方案评审费、效果图设计费、总体规划设计费 ② 设计费。施工图设计费、修改设计费、环境景观设计费等 ③ 其他。可行性研究费、制图、晒图、赶图费、样品制作费等。 （3）建筑研究用房费。包括材料及施工费
2	报批报建增容费	（1）报批报建。包括安检费、质检费、标底编制费、交易中心手续费、人防报建费、消防配套设施费、散装水泥集资费、白蚁防治费、墙改基金、建筑面积丈量费、路口开设费等，规划管理费、新材料基金（或墙改专项基金）、教师住宅基金（或中小学教师住宅补贴费）、拆迁管理费、招投标管理费等。 项目整体性报批报建费：项目报建时按规定向政府有关部门交纳的报批费 （2）增容费。包括水、电、煤气增容费
3	"三通一平"费	（1）临时道路。接通红线外施工用临时道路的设计、建造费用 （2）临时用电。接通红线外施工用临时用电规划设计费、临时管线铺设、改造、迁移、临时变压器安装及拆除费用 （3）临时用水。接通红线外施工用临时给排水设施的设计、建造、管线铺设、改造、迁移等费用 （4）场地平整。基础开挖前的场地平整、场地清运、旧房拆除等费用
4	临时设施费	（1）临时围墙。包括围墙、围栏设计、建造、装饰费用 （2）临时办公室。租金、建造及装饰费用 （3）临时场地占用费。含施工用临时占道费、临时借用空地租费 （4）临时围板。包括设计、建造、装饰费用

（3）主体建筑工程费。指项目开发过程中发生的主体内列入土建预算内的各项费用。主要包括以下费用。

① 基础造价。包括土石方、桩基、护壁（坡）工程费，基础处理费、桩基咨询及检测费、降水。

② 结构及粗装修造价。主要包括混凝土框架（含独立柱基和条基等浅基础）、砌体、找平及抹灰、防水、垂直运输、脚手架、超高补贴、散水、沉降缝、伸缩缝、底层花园砌体（高层建筑的裙楼有架空层，原则上架空层结构列入裙楼、有转换层结构并入塔楼）。

③ 门窗工程。主要包括单元门、入户门、户内门、外墙门窗、防火门的费用。

④ 公共部位精装修费。主要包括大堂、电梯厅、楼梯间、屋面、外立面及雨篷的精装修费用。

⑤ 户内精装修费。主要包括厨房、卫生间、厅房、阳台、露台的精装修费用。

（4）主体安装工程费。主体安装工程费包括下表中的内容。

主体安装工程费

序号	费用项目	费用明细
1	室内水暖气电管线设备费	（1）室内给排水系统费（自来水/排水/直饮水/热水） （2）室内采暖系统费（地板热/电热膜/分户燃气炉/管道系统/暖气片） （3）室内燃气系统费 （4）室内电气工程费。包括楼栋及单元配电箱、电表箱、户配电箱、管线敷设，灯具、开关插座，含弱电工程管盒预埋
2	室内设备及其安装费	（1）通风空调系统费。包括空调设备及安装费用、空调管道、通风系统费用 （2）电梯及其安装费 （3）发电机及其安装费。包括发电机供货、安装、机房降噪费 （4）消防系统费。包括水消防、电消防、气体灭火、防排烟工程费 （5）人防设备及安装费。包括密闭门、气体过滤装置等
3	弱电系统费	（1）居家防盗系统费用。包括阳台及室内红外探测防盗、门磁、紧急按钮等 （2）对讲系统费用。包括可视及非可视对讲系统费用 （3）三表远传系统费用。包括水、电、气远程抄表系统费用 （4）有线电视费。包括有线电视、卫星电视主体内外布线及终端插座费用 （5）电话系统费用。包括主体内外布线及终端插座费用 （6）宽带网。包括主体内外布线及终端插座费用

（5）社区管网工程费。社区管网工程费包括下表中的内容。

社区管网工程费

序号	费用项目	费用明细
1	室外给排水系统费	（1）室外给水系统费。主要包括小区内给水管道、检查井、水泵房设备及外接的消火栓等费用 （2）雨污水系统费用
2	室外采暖系统费	主要包括管道系统、热交换站、锅炉房费用
3	室外燃气系统费	主要包括管道系统、调压站
4	室外电气及高低压设备费	（1）高低压配电设备及安装。包括红线到配电房的高压线、高压柜、变压器、低压柜及箱式变压设备费用 （2）室外强电管道及电缆敷设。室外强电总平线路部分费用 （3）室外弱电管道埋设。包括用于电视、电话、宽带网、智能化布线的管道预埋、检查井等费用
5	室外智能化系统费	（1）停车管理系统费用。包括露天停车场管理系统、地下室或架空层停车场管理系统的费用 （2）小区闭路监控系统费用。包括摄像头、显示屏及电气系统安装等费用 （3）周界红外防越系统费用。红外对扫等 （4）小区门禁系统费用 （5）电子巡更系统费用 （6）电子公告屏费用

（6）园林环境工程费。园林环境工程费是指项目所发生的园林环境造价，主要包括以下费用。

①绿化建设费。包括公共绿化、组团宅间绿化、一楼私家花园、小区周边绿化支出。

②建筑小品。雕塑、水景、环廊、假山等。

③道路、广场建造费。道路广场铺设、开设路口工程及补偿费等。

④围墙建造费。包括永久性围墙、围栏及大门。

⑤室外照明。室外照明电气工程，如路灯、草坪灯。

⑥室外背景音乐。

⑦室外零星设施。儿童游乐设施、各种指示牌、标识牌、示意图、垃圾桶、座椅、阳伞等。

（7）配套设施费。配套设施费是指房屋开发过程中，根据有关法规，产权及收益权不属于开发商，开发商不能有偿转让也不能转作自留固定资产的公共配套设施支出。主要包括以下几类。

① 在开发小区内发生的不会产生经营收入的不可经营性公共配套设施支出，包括居委会、派出所、岗亭、儿童乐园、自行车棚等。

② 在开发小区内发生的根据法规或经营惯例，其经营收入归于经营者或业委会的可经营性公共配套设施的支出，如建造幼托、邮局、图书馆、阅览室、健身房、游泳池、球场等设施的支出。

③ 开发小区内城市规划中规定的大配套设施项目不能有偿转让和取得经营收益权时，发生的没有投资来源的费用。

④ 对于产权、收入归属情况较为复杂的地下室、车位等设施，应根据当地政府法规、开发商的销售承诺等具体情况确定是否摊入本成本项目。如开发商通过补交地价或人防工程费等措施，得到政府部门认可，取得了该配套设施的产权，则应作为经营性项目独立核算。

该成本项目下按各项配套设施设立明细科目进行核算，如下所述。

游泳池：土建、设备、设施。

业主会所：设计、装修费、资产购置、单体会所结构。

幼儿园：建造成本及配套资产购置。

学校：建造成本及配套资产购置。

球场。

设备用房：配电房、水泵房土建及装修费。

车站建造费：土建、设备、各项设施。

（8）开发间接费。开发间接费核算与项目开发直接相关，但不能明确属于特定开发环节的成本费用性支出；以及项目营销设施建造费。开发间接费包括下表中的内容。

开发间接费

序号	费用项目	费用明细
1	工程管理费	（1）工程监理费。支付给聘请的项目或工程监理单位的费用 （2）预结算编审费。支付给造价咨询公司的预结算的编制、审核费用 （3）行政管理费。直接从事项目开发部门的人员的工资、奖金、补贴等，人工费以及直接从事项目开发的部门的行政费 （4）施工合同外奖金。赶工奖、进度奖 （5）工程质量监督费。建设主管部门的质监费 （6）安全监督费。建设主管部门的安监费 （7）工程保险费

续表

序号	费用项目	费用明细
2	营销设施建造费	（1）广告设施及发布费。车站广告、路牌广告 （2）销售环境改造费。会所、推出销售楼盘（含示范单位）周围等销售区域销售期间的现场设计、工程、装饰费；临时销售通道的设计、工程、装饰等费用 （3）售楼处装修、装饰费。设计、工程、装饰等 （4）样板间。包括样板间设计、装修、家具、饰品以及保洁、保安、维修费。主体外搭设的样板间还包括建造费用；主体内样板间销售后回收的设计、装修、家具、家私等费用，在主营业务收入中单列或单独记录，考核时从总费用中扣除 （5）其他
3	资本化借款费用	包括直接用于项目开发所借入资金的利息支出、折价或溢价摊销和辅助费用，以及因外币借款而发生汇兑差额。因借款而发生的辅助费用包括手续费等
4	物业管理完善费	包括按规定应由开发商承担的由物业管理公司代管的物业管理基金、公建维修基金或其他专项基金；以及小区入住前投入的物业管理费用

（9）期间费用。包括管理费用、营业费用、财务费用三类，均不属于房地产的制造成本范畴。

4.4　会计科目与账簿设置

4.4.1　"开发成本"科目。该科目核算产品开发过程中所发生的各项费用。各级明细科目的设置详见"房地产成本核算科目明细表"。

成本管理软件运用成熟的单位，可以将明细科目仅设置到二级，即八项成本项目，三级、四级明细数据在成本管理软件中保存。成本项目数据必须定期（月、季度）与成本管理软件中的相应数据进行核对，并保持一致。

在各级明细科目下，应按各成本核算对象设立核算项目，成本核算对象可分层次设立。

为了归集暂时不能确定特定成本核算对象的成本，以及需要先归集后分配的成本，在每个项目的成本核算对象中，加设一条"待分摊成本"进行归集。

项目开工前，所有成本均在成本核算对象"拟开发土地"中核算；项目开工后，将已开工部分逐期自"拟开发土地"中转入"在建×期"。

4.4.2　"开发间接费"科目。该科目归集和分配与项目开发直接相关，但不能明确属于特定开发环节的成本费用性支出；以及项目营销设施建造费。

这类费用先归集，再按一定标准分配计入各成本核算对象。

4.4.3　"预提费用"科目。核算按权责发生制原则计提的，应由本受益期、受益对象承担的已经发生或将要发生，但尚未支付的成本、费用。

（1）费用预提的时间。至少每季度末预提一次。

（2）费用预提的范围。对完工开发产品应进行成本预提，未完工产品按实际支付金额核算成本。

（3）费用预提的金额。以成本管理软件中的动态成本总额减账面已列入成本总额的差额计提。

（4）核算方法。预提时，借记"开发成本—成本预提及结转"，贷记本科目；次月月初，再将上述分录用红字冲回。

4.4.4　"待摊费用"科目。按权责发生制原则核算在本期发生但应由本期及以后各期共同负担的，分摊期限在一年以内的费用。

4.4.5　"完工开发产品"科目。核算已开发完成并验收合格的开发产品的库存实际成本。

4.5　成本费用的归集与分配

4.5.1　土地获得价款。一般能分清成本核算对象的，可直接将土地成本计入特定的成本核算对象中；如果分不清成本核算对象，可先在"土地获得价款"之"待分摊成本"的核算项目进行归集，然后再在有关成本核算对象间分配；也可以不进行归集而直接通过设定分摊方法分配计入有关成本核算对象。有关分配方法如下。

（1）按占地面积计征地价、进行补偿、缴纳市政配套费时的分配方法

方法一：先按小区的占地面积将土地成本分配到各小区；再将分配到各小区内的土地成本，按小区内房屋等成本核算对象和道路、广场等公用场所的占地面积进行直接分配；然后将分配到小区内道路、广场等公用场所占地面积的土地成本，按房屋等成本核算对象的占地面积进行间接分配，计入房屋等成本核算对象的开发成本；房屋等成本核算对象的直接分配数加间接分配数，即为该房屋等成本核算对象应负担的土地成本。

方法二：也可将公用占地面积先分摊到房屋等成本核算对象的占地面积上，房屋等成本核算对象自身的占地面积加分摊的公用占地面积，再乘以单位面积的土地成本来分配。

（2）按建筑面积计征（或补偿）时的分配方法。按成本核算对象的建筑面积来分摊。

4.5.2　开发前期准备费、主体建筑工程费、主体安装工程费、社区管网工程费、园林环境工程费、配套设施费。能够分清成本核算对象的，可直接计入成本核算对象的相应成本项目；应由两个或两个以上的成本核算对象负担的费用，可通过各成本项目下的"待分摊成本"之核算项目进行归集，并按公司规定的分摊标准分配计入各成本核算对象。

4.5.3　开发间接费

（1）应先通过"开发间接费"科目分项目归集开发间接费的实际发生数，在每月（季）末，根据其实际发生数按一定标准分配计入各开发项目的各成本核算对象。

（2）车位及车库、其他配套设施及留作自用的固定资产，均不分配开发间接费。

4.6 成本核算工具

成本管理软件是成本核算的主要工具，金蝶财务软件是成本核算的辅助工具，其数据可由成本管理软件引入。

4.7 成本报表

成本报表是成本信息管理的中心，通过成本报表可动态了解项目成本总体情况、与目标成本的偏差情况、成本管理中存在的问题等信息。各公司都应完整、详细、动态地编制成本报表。

11-04 资金管理制度

资金管理制度

1.目的

为了加强对公司内部货币资金的控制和管理，保障货币资金的安全，根据《中华人民共和国会计法》和《内部会计控制规范》等法律法规，制定本制度。

2.适用范围

本制度适用于本公司所有类型的资金管理。

3.具体内容

3.1 岗位分工及授权批准

3.1.1 公司建立货币资金业务的岗位责任制，明确相关部门和岗位的职责权限，确保办理货币资金业务的不相容岗位相互分离、制约和监督。

3.1.2 公司办理货币资金业务，应当配备合格的人员，根据公司具体情况进行岗位轮换。办理货币资金业务的人员应当具备良好的职业道德，忠于职守，廉洁奉公，遵纪守法，客观公正，不断提高会计业务素质和职业道德水平。

3.1.3 公司对货币资金业务建立严格的授权审批制度，明确审批人对货币资金业务的授权批准方式、权限、程序、责任和相关控制措施，确定经办人办理货币资金业务的职责范围和工作要求。

3.1.4 审批人应当根据货币资金授权审批制度的规定，在授权范围内进行审批，不得超越审批权限。经办人应当在职责范围内，按照审批人的批准意见办理货币资金业务。对于审批人超越授权范围审批的货币资金业务，经办人员有权拒绝办理，并及时向审批人的上级授权部门或上级授权人报告。

3.1.5 公司应当按照规定的程序办理货币资金支付业务。

（1）申请。公司有关部门或个人用款时，应当提前向财务部提交货币资金支付申请，注明款项的用途、金额、预算、支付方式等内容，并附有效经济合同或相关原始凭证等。

（2）复核。主办会计对货币资金支付申请进行复核，复核货币资金支付申请的程序是否正确，手续及相关单证是否齐备，金额计算是否准确，支付方式、支付单位是否妥当等。复核无误后，交由审批人审批。

（3）审批。根据其职责、权限和相应程序对支付申请进行审批。对不符合规定的货币资金支付申请，审批人应当拒绝批准。

（4）办理。出纳人员应当根据经审批的支付申请，按规定办理货币资金支付手续，及时登记现金和银行存款日记账。

3.1.6　公司对于重要货币资金支付业务，应当实行集体决策和审批，并建立责任追究制度，防范贪污、侵占、挪用货币资金等行为。

3.1.7　严禁未经授权的机构或人员办理货币资金业务或直接接触货币资金。

3.2　现金管理

3.2.1　公司使用现金的范围

（1）办公用品、运杂费等 ×× 元以下的日常零星支出。

（2）职工的工资及各项劳保福利费用。

（3）差旅费支出。

（4）为正常业务而准备的备用金。

3.2.2　公司严格按照国家关于现金管理的规定使用现金。公司与其他单位的经济往来，凡是能够通过转账结算的，不得使用现金结算。

3.2.3　所有现金收入款项都应于当日如数存入银行，当日下班后发生的现金收入应由出纳人员保管在保险柜中，须上报集团财务负责人，并于第二天上班时及时存入银行。在法定节假日获得的现金，公司必须妥善保管，并在开户行营业后的当天上午立即存入银行。公司任何员工不得以库存现金收入直接支付各项开支（即不准坐支现金）。

3.2.4　根据公司日常现金开支的实际情况，实行库存现金限额管理，一般以公司 3 ~ 5 天的正常零星开支额确定库存现金限额。公司的库存现金限额及限额的追加必须报集团财务中心并经财务总监同意后，才能向开户银行进行申请。

3.2.5　对发生的一切现金收支业务，必须取得或者填制合法、完整、正确的原始凭证。对各种收支款项的原始凭证必须为原件，复印件不得作为原始凭证。如遇特殊情况须经公司总经理批准。

3.2.6　各单位应建立严格的授权审批制度，明确现金支出业务的授权批准人和现金报销的标准，不得越权审批。对发生的一切库存现金收支凭证（收据、报销发票等）是否合法、合规、准确、完整，财务部须进行严格、认真的审核。对不符合报销制度的单据，财务部负责人、主管会计或出纳人员有权拒绝办理，或要求更换及补充。如情节严重，报销人员拒不执行的，可直接向公司总经理报告。

3.2.7 公司设置"现金日记账",及时、全面、连续、逐笔记录现金收入的来源和现金支出的用途,随时掌握现金的动态,防止收支不清和发生差错。

3.2.8 现金出纳员根据审核无误的收支凭证,按经济业务发生的先后顺序逐日逐笔登记现金日记账,并做到日清日结,账款相符。

3.2.9 根据内部牵制原则的要求,出纳人员不得兼任稽核、会计档案保管和收入、支出、费用、债权债务等账目的登记工作及银行存款余额调节表的编制工作。实行内部牵制,钱账分离,杜绝私自挪用库存现金、公款私存和其他的不法行为。

3.2.10 公司严格支票、印鉴的管理

(1)财务专用章、公司法人章及支票必须分开保管,公司法人章由财务负责人保管,财务专用章由会计人员保管,支票由出纳员保管。财务负责人或会计人员不在单位期间,印鉴应由法定代表人指定的专人保管。印鉴代管须办理交接手续,并由行政中心监管全部移交手续,代管人员必须对印章的使用情况进行登记。

(2)公司严禁出纳员在保管空白支票的同时,保管与存取现金、进行担保等须用的有关印鉴。

(3)财务部原则上不得将已加盖财务专用章及公司法人章的支票预留在公司,如因工作需要,需先填好限额,并经公司总经理批准。

(4)开具的支票须写明经批准同意的收款人全称,收取的发票须与收款相符。如收款人因特殊情况需要公司予以配合支付给第三者,必须有收款人的书面通知并经公司总经理批准。

3.2.11 公司5万元以上大额现金的存取,必须有1~2人陪同。根据现金的存取金额的大小,其陪同人数及具体陪同人员由财务部总监临时指定;为安全起见,10万元以上的现金存取,必须由公司派车且有2人在场;5万~10万元的现金存取可由公司派车或乘出租车进行现金的存取,但必须有2人在场。

3.2.12 公司在现金的存取过程中,发生被抢劫或被偷等情况,应立即向事故发生地公安部门进行报案(如打110),并同时向公司领导进行汇报。在现金的存取过程中,公司严禁有关当事人徇私舞弊,窃取现金。如发现,视情节轻重及悔改态度,将进行通报、降职、降薪、调离、开除,直至移送司法机关。

3.2.13 现金出纳人员应具备良好的职业道德,忠于职守,廉洁奉公,并根据实际情况进行岗位轮换,但原则上两年轮换一次。

3.2.14 加强对现金的管理,除现金出纳员每天核实、自查外,财务部负责人须定期(每月至少一次)、不定期地对本部现金进行盘点,出纳员应主动配合,查后若发现盘盈、盘亏,应及时查明原因,报批处理。禁止出纳人员白条顶库。发生违纪,追究有关责任人的责任。

3.3 银行存款的管理

3.3.1 公司发生的一切收付款项,除相关制度规定可用现金支付的以外,都必须通过银行办理转账结算。严格按中国人民银行发布的《支付结算办法》及相关法规执行，遵守银行结算纪律，保证结算业务的正常进行。

3.3.2　公司可以采用银行汇票、汇兑、支票等结算方式进行收款。

3.3.3　为随时掌握银行存款的收支和结存情况，合理组织货币资金的收支，按各开户银行及其他金融机构、存款种类，设置"银行存款日记账"进行序时核算。

3.3.4　按规定每天到各开户银行收取银行结算凭证。

3.3.5　对所有的银行结算凭证，财务负责人须进行严格审核，以防止和杜绝挪用、贪污等违法犯罪行为发生。

3.3.6　出纳根据审核后的原始凭证和收付款记账凭证，逐日逐笔登记"银行存款日记账"。

3.3.7　"银行存款日记账"应定期与"银行对账单"核对清楚（每月至少核对一次），发现差错，应及时查明更正。月份终了，"银行存款日记账"余额与"银行对账单"余额应该相等，如有不符，必须逐笔核对，查明原因，并编制"银行存款余额调节表"进行调节，调节后的"银行存款日记账"余额与"银行对账单"余额必须完全一致。调节表上的挂账数应在下月全部催办入账，及时处理。严禁出现一个月以上的未达账项。

3.3.8　公司严格遵守《人民币银行结算账户管理办法》，不准出租、出借银行账户。

3.3.9　领用支票，需向财务部门填制"用款申请单"，写明日期、收款单位、用途及限额（或应付金额），由财务人员签发支票。领用人员应在支票登记簿上登记签字，并按规定期限核销。不准携带盖好印章的空白支票外出采购。

3.3.10　公司不准签发远期支票和空头支票；不准出借、出租或将支票转让给其他单位使用。

3.3.11　支票领用后，应于当月内报账。如确因有特殊情况不能及时报账，最迟于下月报账。在支票报账时，应与"用款申请单"核对收款单位、用途、支付金额等。如发现不一致，应向总经理汇报，并查明原因，及时处理。

3.3.12　收据的管理。不准收据和印鉴由一人管理，不准出现盖了公司财务章的收据交由出纳自行开票。出纳收款开票，会计复核盖章。

3.4　其他货币资金的管理

（略）。

3.5　备用金、借款的管理

3.5.1　部门员工因业务的合理需要申请一定数额的备用金，按审批权限审批后，按审批金额向财务部预支备用金。实行定额备用金的人员须经财务总监和总经理批准，公司备用金总额不得超过××万元，超过××万元由董事长批准。

3.5.2　员工借款应由部门负责人根据业务需要拟定金额，并经财务总监、总经理批准方可借款。

3.5.3　定额备用金的人员报账时，不抵扣备用金，在财务直接支取现金。备用金实行年初（2月）申请（新员工为到职转正后），年末结清（次年1月）。逾期未结清的，一次从工资中扣回，超过应发工资时分次从工资中扣回。

3.5.4　临时借款的范围。业务应酬、员工出差、零星开支及其他确需临时借款的。

3.5.5　备用金、临时借款审批程序如下图所示。

备用金、临时借款审批程序

即由借款人填制借款单，按程序审批后到财务部支取备用金或临时借款，同时借款人须在相关凭证上签字。

3.5.6　使用临时借款的员工应在业务发生完毕后五个工作日内持有效票据到财务办理报销手续。逾期不报者，财务有权自当月或下月起从工资中一次扣回，超过应发工资时分次从工资中扣回。

3.5.7　对未及时办理报销手续的员工除按上述条款从工资中扣回外，不再办理借款手续，即实行"前款不清、后款不借"的原则。

3.5.8　借款单是财务账务处理的依据，除当日借款当日归还的以外，报销费用时借款单不予退还；由出纳开具收据给报销人，作为冲抵借款的凭据，收据须妥善保管备查。

3.5.9　借款不得挪作私用，只能按借款用途开支，并按实报销。

3.6　资金计划管理

3.6.1　公司严格实行资金全额预算管理制度；对未列入公司资金计划的开支不得支付。

3.6.2　公司除按年编制年度资金计划外，还应逐月编列资金预计表。

3.6.3　公司应按月编制"资金预算执行情况表"，以了解资金实际运用情况（详见预算管理制度）。

3.6.4　财务部根据公司年度资金计划编制公司的长、短期借款计划，并配合资金计划中心做好公司的对外资金筹措及与金融等部门的关系协调处理。

3.6.5　公司未经集团公司董事会（总裁办公会）授权及经总经理签字的股东会决议，不得向任何金融机构或单位融资或对外担保，如因此造成损失，由最终决定人和直接责任人负责赔偿。

3.6.6　公司资金服从集团"集中管理、统一调度、有偿使用"的原则。其具体办法为：集团内部富余资金（富余资金指账面超过了总股本30%以上资金）经集团资金计划中心统一调剂。公司根据经营需要合理确定富余资金调剂期限，按年初与集团资金计划中心商定年利率，定期支付或收取资金使用利息，到期还本或收本。当富余资金超过10%，少于30%时，可由集团资金中心与公司总经理办协商调剂，统一调度。

3.6.7　股东个人原则不得借款，确因特殊原因需要借款，须经董事会决议批准，并按以下原则执行。

（1）借款额度不能超过出资额的20%。

（2）借款期限不能超过半年，借款年利率为集团内部借款年利率。

（3）以本人股份作担保签订借款合同。

3.6.8　项目融资及融资机制

（1）项目融资计划提交总裁办公会审批后执行。

（2）融资费。用于公司资金筹措的融资费用开支标准（略）。

（3）新项目贷款，分以下四个阶段使用融资费用。

①项目启动后可开支20%。

②授信下来后可开支30%。

③审批下来后可开支30%。

④资金使用时可开支20%。

（4）融资奖励。按银行贷款到位金额的××%计算。

3.7　监督检查

3.7.1　公司应当建立对货币资金业务的监督检查制度，明确监督检查机构或人员的职责权限，定期和不定期地进行检查。

3.7.2　货币资金监督检查的内容

（1）货币资金业务相关岗位及人员的设置情况。重点检查是否存在货币资金业务不相容职务混岗的现象。

（2）货币资金授权批准制度的执行情况。重点检查货币资金支出的授权批准手续是否健全，是否存在越权审批行为。

（3）支付款项印章的保管情况。重点检查是否存在办理付款业务所需的全部印章交由一人保管的现象。

（4）票据的保管情况。重点检查票据的购买、领用、保管手续是否健全，票据保管是否存在漏洞。

3.7.3　对监督检查过程中发现的货币资金内部控制中的薄弱环节，应当及时采取措施，加以纠正和完善。

3.8　罚则

（略）。

11-05 资产管理制度

资产管理制度

1.目的

为了加强公司资产管理，及时了解、掌握公司账面资产的数量、金额、分布等情况，特制定本制度。

2.适用范围

本制度所指资产包括固定资产、低值易耗品、往来账、样板间、出租资产、库存材料、待售产品、在建工程等。

3.具体内容

3.1 固定资产管理制度

3.1.1 固定资产的范围。固定资产是指企业使用期限超过1年的房屋、建筑物、机器、机械、运输工具以及其他与生产、经营有关的设备、器具、工具等。不属于生产经营的主要设备、公司价值在××元以上并且使用年限超过2年的也应当作为固定资产，主要包括以下资产。

（1）办公类。办公桌（椅）、电脑桌（椅）、会议桌（椅）、板台（椅）、沙发、茶几、文件柜、保险柜、书柜、空调、微机（含软件）、打印机、复印机、报架、白板、台灯、饮水机、验钞（票）机等。

（2）通讯类。手机、电话机、对讲机等。

（3）其他类。车辆、刻录机、摄像机、照相机、投影机、采访机、音响、DVD、微波炉、消毒柜、冰柜、冰箱、煤气罐（灶）、营销部样板间物品、床（含床上用品）、电风扇等。

3.1.2 人力资源部负责对所有固定资产进行统一管理和调配，各部门经理为本部门所使用固定资产的责任人，负责进行保管和维护。

3.1.3 因工作需要购置固定资产时，须由使用部门填写"固定资产购置申请审批表"，由部门经理签字交总经理批准。特殊固定资产（如计算机软件等），经批准后也可以由申请人自行购置。

3.1.4 固定资产购置除可以进行招标的以外，其他固定资产购置必须进行比价采购（至少3家以上的供应商进行比质比价），由人力资源部经理审批。

3.1.5 预算范围内的固定资产购置由各部门自行审批，预算外的固定资产购置5000元（含5000元）以内而且没有超出总体预算的由部门经理提出，报总经理审批。

3.1.6 固定资产购置到位，由人力资源部相关负责人办理验收登记手续后，由申请购置部门办理领用手续后方可投入使用。

3.1.7 因工作需要须将固定资产移交其他部门使用和保管时，必须由调出、调入部门双方的总经理共同填制"固定资产调拨通知单"，并由双方部门经理签字认可后，交人力资源部经理审批，审批同意后，交固定资产管理人员备案。严禁各部门之间未经审批擅自转移固定资产。

3.1.8　盘点和检查。人力资源部会同财务部每半年对公司所有固定资产的使用和保管情况进行一次盘点。人力资源部相关负责人应每月对特殊固定资产（计算机、打印机、复印机等）的使用和保管情况进行一次抽查。各部门必须由专门人员对特殊办公用品及时进行保养、维护，若人为损坏，则由其保管人与部门负责人承担相应责任。

3.1.9　固定资产送修处理。固定资产需报修时，须向人力资源部说明其损坏原因，并填写"固定资产报修单"，人力资源部将根据情况确定维修方案，应由使用部门负责的，使用部门自行负责修理。若人为损坏，由责任人承担维修费，并视情节轻重，给予相应处分。

3.1.10　报损（废）处理。报损（废）时，由使用部门填写"固定资产报损（废）单"，注明报损（废）原因，并由部门负责人签字后，送人力资源部负责人审批后，报财务部处理。若属重要固定资产，须报总经理审批后方可报损（废）。若人为损坏或丢失的固定资产，由责任人现金赔偿或原物赔偿，并视情节轻重，给予相应处分。

3.2　低值易耗品管理

3.2.1　低值易耗品的范围。低值易耗品包括文件柜、保险柜、档案柜、打印机、办公桌椅、会议桌椅、电话机、饮水机、电风扇、碎纸机、装订机、裁纸机、白板、DVD、U盘、传真机等单个价值在50元以上，并且使用年限在一年以上并达不到固定资产管理标准的工具用具作为低值易耗品管理。

3.2.2　低值易耗品的摊销方法。按照现行会计制度规定，低值易耗品的核算摊销方法有三种：即一次摊销法、分期摊销法、五五摊销法。

3.2.3　低值易耗品的管理

（1）单价在500元上的低值易耗品和总价超过1000元的批量物资采购，需进行比价采购，参与比价的供应商应不少于三家。对固定供应商应一季度做一次比价评估。

（2）采购人在办理低值易耗品报销时，应填写入库单，交由验收人验收签字，经有关领导签批后方可报账。领用时应办理个人或部门领用手续，填写出库单。报销时财务资产费用会计要依据采购入库单在系统中严格按数量金额账要求进行账务处理。

（3）资产管理员应建立低值易耗品台账（按资产类别），在低值易耗品入库、出库时进行登记管理，台账内容应至少包括登记资产编号、资产名称、数量、金额、购入时间、使用部门、领用时间、领用人签名、现有状态等。必须贴上编码标签方能办理领用手续。财务部门与资产管理员每月就本月新增、领用和报废进行核对，出具当月低值易耗品确认表。

（4）个人使用的低值易耗品必须妥善保管和使用，若丢失或损坏应报人力资源部认可责任后方可重新领用。报损的低值易耗品，由相关人员验旧，并出具报损报告，由人力资源部经理审批，人力资源部在低值易耗品台账中做核销处理。低值易耗品报损时原则上应以旧换新；对盘亏的低值易耗品应落实责任人，并由人力资源部进行评估，按评估值赔偿，必须将赔偿款上交财务。

（5）低值易耗品的实际使用人转移或离职时，应向人力资源部交回领用的工具、用品，办理清交手续。人力资源部保管人员应根据各类用品所领用时间和预计的使用寿命，查验收回物品的完好程度，如有不符合常规的损耗，应向人力资源部经理提出报告，并落实责任人，合理考虑使用状况，对损坏程度进行评估，应该赔偿的必须将赔偿款上交财务。

（6）公司规定每半年进行一次低值易耗品盘点，由资产管理员负责盘点，财务部门监盘，并抽查入账保管和领用制度的执行情况。财务部门登记的低值易耗品数量金额明细账和人力资源部登记的台账共同核对，盘点低值易耗品数量和使用现状，登记盘点表、出具盘点报告并上报主管领导。

3.2.4　低值易耗品的编码和分类

（1）低值易耗品的编码。

（2）低值易耗品的分类

① 办公桌包括所有办公用桌，如电脑桌、会议桌、板台。

② 办公椅包括所有办公用椅，如折叠椅、沙发。

③ 文件柜包括所有用于存放办公资料的柜式家具。

④ 电器类主要指除上述办公家具以外的办公用电器设施，如冰箱、饮水机、微波炉、风扇等。

⑤ 电子类指计算机及其配套设施，如U盘、移动硬盘等。

⑥ 工具类指维修或施工用工器具。

⑦ 其他指不属于上述类别的其他低值易耗品。

3.2.5　低值易耗品的配备原则

（1）低值易耗品的配备坚持"精简实用、就低不就高"的原则。

（2）总经理可配备2米大班台1张、班前椅1把；接待椅2把；木制书柜3套；会议桌1张，带8把木椅；沙发1组；茶几1张；电话机2部；饮水机1台。

（3）副总经理可各配1.6米大班台1张、班前椅1把；接待椅2把；木制书柜2套；沙发1组；茶几1张；电话机2部；饮水机1台（根据办公环境而定）。

（4）中层管理人中每人配备1.4米办公桌椅1套，接待椅2把；资料柜1组，2部电话机；每个办公室配1台饮水机。

（5）其他管理人员每人配1套1.2米办公桌椅，资料柜根据部门实际情况而定，移动硬盘各部门配备一个。

（6）档案管理部门可根据需要配备档案柜。

（7）会议室可视大小配备会议桌椅；配整理台1张、饮水机1台、90厘米×180厘米白板1张；投影幕布等物品。

（8）接待室可根据需要配备沙发、茶几、饮水机等物品。

（9）项目部宿舍可配备高低床、桌椅、衣柜、饮水机等。

（10）需求部门申请时必须坚持上述标准和原则，不得擅自提高配备标准。

（11）为减少库存积压和资金占用，低值易耗品实行零库存管理。

3.3　样板间资产管理

3.3.1　样板间资产管理的范围。样板间摆放的资产、从样板间撤出的暂存营销部仓库的资产，包括家具、家电、饰品等。

3.3.2　资产管理责任人。营销部样板间客服主管、营销部资产管理人员、财务部负责资产管理的会计以及样板间保安、保洁均负有相关责任。

3.3.3　资产购买、入库验收、保管、登记账簿等程序规定

（1）资产的购买应考察多家供应商，在保证质量的前提下比价购买，同时要求票据齐全，包括发票、明细清单等。

（2）新购买的资产在办理完入库手续后应及时到财务部报销。

（3）样板间的资产购入摆入样板间时，购买人、营销部资产管理人员、财务人员应共同验收，确定资产的名称、数量、金额、摆放位置等。

（4）资产的保管

① 营销部仓库、样板间资产应摆放有序，以方便入库、出库和盘点。

② 营销部仓库应保证照明，应有防潮措施，易霉变损坏的资产应有特别的防潮措施。

③ 仓库管理人员应保证资产的安全、完好，如果发现有霉变、损坏的资产应及时提出处理意见。如若丢失，应负赔偿责任。

3.3.4　账簿的登记

（1）营销部应指定专人负责资产管理，登记账簿，填制入库单。

（2）账簿以实际仓库和样板间为依据建立，仓库建一本资产明细账，每个样板间建一本物品明细账。

（3）每一项资产应单独设置一页账，账簿应连续编号。

（4）登记应以入库单、出库单为依据，每笔业务应分别按行登记。

（5）账簿登记的内容。资产的产地、规格型号、资产购买入库日期、资产名称、数量、单价、金额，出库日期、资产名称、数量、单价、金额，每次业务发生后的留存数量、金额。

（6）财务部定期检查营销部账簿的登记情况，并在账簿上注明检查记录。每月财务部定期核对财务账与营销部仓库账是否一致，如果不一致应说明原因。

3.3.5　管理责任划分

（1）购买人负责资产的购买、报销，保证所购资产的质量、数量、金额与票据一致。

（2）营销部资产管理人员负责填制入库单、出库单，登记相关账簿；保证填制项目完整、数字准确。

（3）财务部负责资产管理的会计监督资产验收、资产盘点、账簿的登记。

（4）样板间的保安、保洁负责样板间资产的安全、卫生。

（5）营销部客服主管、财务部经理对资产安全管理负直接领导责任。

3.3.6　资产的变动管理。样板间出售以后，营销部、财务部应核实资产去向，办理相关调拨手续。撤出的家具、家电、饰品等资产应分为以下四类。

（1）随样板间售出的，填制出库单并进行出售的注销登记。

（2）在新样板间直接使用的，将资产从售出的样板间搬至新样板间，并登记相应的账簿。

（3）能在以后的样板间继续使用的，应及时办理暂存营销部仓库的入库手续，并登记相应的账簿。

（4）不能在以后的样板间继续使用的，营销部负责及时按规定程序处理。

3.3.7　资产的盘点

（1）盘点参与人员。营销部客服主管、营销部资产管理人员、财务部会计人员。

（2）原则上营销部应对仓库及样板间的资产每月盘点一次，每半年营销部、财务部共同盘点一次。

（3）样板间出售时，营销部、财务部应对样板间物品进行盘点清查，核实资产去向。

（4）盘点应以营销部登记、财务部核准的账簿为依据，保证账簿物品数量与实际库存相符；如果不相符，必须查清原因。

（5）每次盘点后，相关人员应共同编制一份盘点盈亏报表，经上级审阅后报公司领导。

3.3.8　资产的处理

（1）对仍有使用价值但公司不再使用的资产应及时清理，回收部分价值，以防止资产因霉变、损坏等原因彻底报废。具体的处理办法为：营销部、财务部参考资产的原始购买价和折旧程度定出基本价，在公司内部公开拍卖。

（2）对无任何使用价值的资产应及时作废品处理。

（3）资产拍卖或处理后，及时登记账簿，作注销处理。

3.4　其他资产的管理

3.4.1　其他资产包括：出租资产、待售产品、在建工程、库存材料等。

3.4.2　公司财务人员必须对本公司其他资产的数量、金额、分布等情况有深入的了解和掌握。

3.4.3　对出租资产的管理，要登记台账，台账的内容至少包括出租资产的原值、摊销值、每一套出租房的面积、位置、承租人、租赁期限、租金金额、应收取租金时间、实际收取租金时间等。

3.4.4　对待售产品、出租资产、在建工程、库存材料的管理，按照公司对资产管理的要求每半年进行一次盘点，财务必须参加监盘，并留存盘点记录和盘点报告。

11-06　内部稽核审计管理制度

内部稽核审计管理制度

1.目的

为了加强对公司的内部监督和风险控制，保障公司财务管理、会计核算和生产经营符合国家各项法律法规要求，促进公司内部控制制度的健全与有效运行，维护股东和其他利益相关者的合法权益，特制定本制度。

2.适用范围

本制度适用于本公司内部稽核审计的管理。

3.具体内容

3.1　职责和范围

3.1.1　财务审计的职责是全面检查、监督、评价全公司范围内的财务和经营管理活动。强调事前审计，做到事前、事中、事后审计相结合。

3.1.2　财务审计的范围

（1）财务核算情况。收入、成本的真实、完整性；往来核算的正确性；内部账项核对及调整的及时、准确性；涉税事项的账务处理的正确性；费用核算的正确性。

（2）预算执行情况。对各时段（月度、季度、年度）财务预算执行的有效性，以及对预算指标完成情况进行分析和总结，并提出解决方案和建议。

（3）财经纪律遵守情况。国家各项财经法规和公司相关财经纪律的遵守情况和执行力度。

（4）房地产开发项目的运作。评价项目开发决策的科学性、经济性、可行性；项目计划制订的合理性、科学性、可行性；项目实施过程中的监督管理；项目实施成果的比较和分析。其中项目实施过程中的监督管理内容如下。

① 项目预算审计。

② 工程招议标程序审计。

③ 合同签订和执行情况审计。

④ 工程设计变更、现场签证审计。

⑤ 甲供材料和设备的招标、采购、供应价格审计和结算程序审计。

⑥ 工程进度款结算和支付执行情况审计。

⑦ 工程竣工验收、结算情况审计。

⑧ 工程索赔与反索赔的资料准备和执行情况审计。

⑨ 工程移交手续审计。

（5）其他重大事项的专项审计。

3.2　审计的方式

3.2.1　内部审计。由财务部进行。

3.2.2　外部审计。委托外部审计机构如会计师事务所、工程造价管理咨询公司等机构进行。

3.3　审计的程序

3.3.1　制订年度计划。根据公司年度的工作重点，制订年度审计项目并制定工作计划。

3.3.2　制定审计方案。根据年度总体审计计划，综合考虑各审计项目的具体情况后制定审计方案，明确审计目标、范围、拟收集的审计证据、审计的时间安排以及在审计过程中需注意的事项。

3.3.3　送达审计通知书。在实施审计前，须提前三天向公司被审计单位（公司及公司下属各职能部门、公司员工个人）送达"审计通知书"，特殊情况下，经集团总裁（或总裁授权人）批示后可直接实施审计。"审计通知书"由财务部总监签署意见，送总经理审批后送达被审计单位，由被审计单位主管领导负责签收。

3.3.4　财务审计工作实施。在审计实施过程中，审计人员通过审查会计凭证、账簿、报表，查阅与审计事项相关的文件、资料，检查现金、实物、有价证券，向被审计单位和个人调查取证等方式进行审计，并撰写审计底稿和收集相关证明材料。

3.3.5　撰写审计报告并征求意见

审计人员根据证明材料和审计底稿撰写初审报告，向被审计单位征求意见。被审计单位对审计结论有异议的，在收到审计报告之日起，三天内向财务部出具书面意见。

（1）属事实不清或一般性的问题，由审计人员进一步查明事实后与被审计单位经办人协商处理，协商不成的报财务部总监与公司总经理协商处理。

（2）重大或原则问题，由财务部直接报集团财务部财务总监与公司总经理协商处理，协商不成的报集团总裁裁决。

3.3.6　审计决定执行的后续审计

（1）审计决定一经做出，由公司财务部书面通知被审计单位执行。

（2）审计决定下达一个月以内，公司财务部应执行后续审计，检查被审计单位对审计决定的执行情况，并将检查情况报告公司总经理。

3.3.7　年度审计计划外的审计事项，须由申请审计的单位或个人以书面的形式报集团总裁（或总裁授权人），审批同意后实施。

3.3.8　有关工程审计事项代表财务部按相关规定执行。

3.4　对被审计单位的要求

3.4.1　被审计单位应无条件按照审计要求提供会计凭证、账簿、报表以及与审计有关的资料。

3.4.2　被审计单位或个人应积极配合审计人员工作，并接受相关问题的调查。

3.4.3　被审计单位不得转移、隐匿、销毁会计凭证、账簿、报表以及其他与财务收支等有关的资料。

3.4.4　审计结论一经确认，被审计单位相关负责人对审计报告等资料应履行签字确认手续。

3.4.5　离任审计时，除对被审计人在任职期间的经营管理、经济效益审计外，还需对被审计人任职期间的证照及函件等档案资料一并进行审计，并予以评价，遗失或造成损失的按照集团相关制度进行处理。

3.5　审计结论的汇报

3.5.1　审计机构应对公司内部控制运行情况进行检查监督，并将检查中发现的内部控制缺陷和异常事项、改进建议及解决进展情况等形成审计报告，向董事会和监事会报告。

3.5.2　审计机构如发现公司存在重大异常情况，可能或已经遭受重大损失时，应立即报告公司董事会并抄报监事会，并对公司董事会作出的处理决定予以执行并反馈执行结果。

3.5.3　公司董事会应依据审计报告，对公司内部控制情况进行审议评估，形成内部控制自我评价报告。公司监事会应对此报告发表意见。

3.6　罚则

（略）。

Part 3 房地产企业管理表格

第12章 前期开发部工作表格

12-01 可研阶段工作联系单

可研阶段工作联系单

配合部门		
所需内容		
提交时间		
本部门签字	申请人：	年 月 日
	部门负责人：	年 月 日

12-02 可研阶段工作成果交接单

可研阶段工作成果交接单

提供部门	
工作成果目录	
双方确认	年 月 日
	年 月 日

12-03 设计阶段工作联系单

设计阶段工作联系单

配合部门		
所需内容		
提交时间		
本部门签字	申请人：	年 月 日
	部门负责人：	年 月 日

12-04　设计阶段工作成果交接单

设计阶段工作成果交接单

提供部门	
工作成果目录	
双方确认	年　月　日
	年　月　日

12-05　开发资料交接单

开发资料交接单

项目名称			
开发资料目录 （含图纸）	资料名称	原件	复印件
接收部门			
接收人签字	年　月　日		

12-06　宗地交接确认单

宗地交接确认单

项目名称	
四至、桩点情况	
地上物建筑情况	
备　注	
接收部门	
接收人签字	年　月　日

第13章 房地产企业营销管理表格

13-01 项目公司年度营销执行汇总表

项目公司年度营销执行汇总表

_____ 年

项目公司：　　　　　　　　　　　　　　　　　　项目名称：

分项 \ 月份		1月		2月		3月		4月		5月		6月		7月		8月		9月		10月		11月		12月		合计
		计划	完成	计划	完成	计划	完成	计划	完成	计划	完成	计划	完成	计划	完成	计划	完成	计划	完成	计划	完成	计划	完成	计划	完成	完成比例
销售指标	定购套数																									
	签约套数																									
	销售额																									
	回笼资金额度																									
推广费用	营销推广费用																									
	所占年度总预算（总费用）比例																									

制表人：　　　　　　　　　　　　　　　　制表时间：
项目公司营销负责人：　　　　　　　　　　项目公司总经理：
集团营销总监：　　　　　　　　　　　　　集团总经理：

13-02 项目公司年度营销目标计划表

项目公司年度营销目标计划表

_____年

项目公司：   项目名称：

分项 \ 月份		1月	2月	3月	4月	5月	6月	7月	8月	9月	10月	11月	12月	合计
销售目标	定购套数													
	签约套数													
	销售额													
	回笼资金额度													
推广费用	营销推广预算													
	所占年度总预算比例													

制表人：   制表时间：
项目公司营销负责人：   项目公司总经理：
集团营销总监：   集团总经理：

13-03 项目公司年度营销工作进度计划表

项目公司年度营销工作进度计划表

_____年

项目公司：   项目名称：

分项	工作内容	开始时间	完成时间	责任人	配合或协调方	备注
策划						
销售						
客服						

制表人：   制表时间：
项目公司营销负责人：   项目公司总经理：
集团营销总监：   集团总经理：

13-04 项目公司上半年度营销执行汇总表

项目公司上半年度营销执行汇总表

_____年

项目公司：　　　　　　　　　　　　　　　项目名称：

分项	月份	1月		2月		3月		4月		5月		6月		合计		项目汇总	
																可售总建面	
		计划	完成	计划	完成	计划	完成	计划	完成	计划	完成	计划	完成	计划	完成	可售总套数	
销售指标	定购套数															全年计划	
																全年截至目前已完成	
																全年截至目前已完成比例	
	签约套数															全年计划	
																全年截至目前已完成	
																全年截至目前已完成比例	
	销售额															全年计划	
																全年截至目前已完成	
																全年截至目前已完成比例	
	回笼资金额度															全年计划	
																全年截至目前已完成	
																全年截至目前已完成比例	
推广费用	营销推广费用															全年计划	
																全年截至目前已完成	

制表人：　　　　　　　　　　　　　　　制表时间：
项目公司营销负责人：　　　　　　　　　项目公司总经理：
集团营销总监：　　　　　　　　　　　　集团总经理：

13-05　项目公司下半年度营销目标计划表

项目公司下半年度营销目标计划表

_____年

项目公司：　　　　　　　　　　　　　　　　项目名称：

分项	月份	7月	8月	9月	10月	11月	12月	合计
销售目标	定购套数							
销售目标	签约套数							
销售目标	销售额							
销售目标	回笼资金额度							
推广费用	营销推广预算							
推广费用	所占年度总预算比例							

制表人：　　　　　　　　　　　　　　制表时间：
项目公司营销负责人：　　　　　　　　项目公司总经理：
集团营销总监：　　　　　　　　　　　集团总经理：

13-06　项目公司月度营销计划及执行汇总表

项目公司月度营销计划及执行汇总表

_____年_____月

项目公司：　　　　　　　　　　　　　　　　项目名称：

分项	序号	第一周		第二周		第三周		第四周		合计	
分项	时间范围										
分项	天数										
分项	销控 / 类别	计划	完成	计划	完成	计划	完成	计划	完成	计划	完成
销售指标	定购套数										
销售指标	签约套数										
销售指标	销售额	当月计划		当月完成		全年合计已完成		全年合计已完成比例			
销售指标	回笼资金额度	当月计划		当月完成		全年合计已完成		全年合计已完成比例			
推广费用	营销推广费用	当月计划		当月完成		全年合计已完成		全年合计占总预算比例			

制表人：　　　　　　　　　　　　　　制表时间：
项目公司营销负责人：　　　　　　　　项目公司总经理：
集团营销总监：　　　　　　　　　　　集团总经理：

13-07 项目公司每月销售欠量情况明细表

项目公司每月销售欠量情况明细表

_____年_____月

项目公司：　　　　　　　　　　　　　　　　　　　　　项目名称：

1.定购及签约明细				
定购	签约	未签约	签约未到期	签约逾期
2.签约后续贷款未清汇总（客户原因逾期）				
贷款类型	贷款情况		贷款金额/元	合计金额/元
商业贷款	资料全，待银行放款□ 资料不全□			
公积金与组合贷款	资料全，公积金在办□ 公积金未办□			
合计				
备注：	贷款在办理过程中金额：			
	贷款资料不全或公积金未办：			
3.尾款逾期未清汇总（非贷款）				
套数				
金额				

13-08 项目月推广费用明细表

项目月推广费用明细表

序号	时间	品名	数量	单价	总价	是否正规发票	支付方式	费用支出方式	用途	经手人	备注

项目经理：_____　　　　　　　　　　推广专员：_____

13-09　销售案前总验收表

销售案前总验收表

编号：　　　　　　　　　　　　　　　　　　　　　　　　　　　　案名

分类	验收项目	已完成	未完成	预计完成日期	承办人	备注
现场布置及设备	销售中心					
	样板房					
	现场看板					
	景观园艺					
	工地围挡					
	空调、水、电					
	电话、传真					
	复印机					
	桌椅					
	饮水机					
	安全系统					
	音响设备					
基本销售工具	沙盘模型					
	单体模型					
	楼盘效果图					
	位置图					
	家具配置图					
	灯箱					
	认购协议书					
	合同书					
	楼书、海报					
	销讲资料					
	案场表格					
	名片					
	销控表					
广告媒体	报纸					
	户外广告					
	门户网站					

续表

分类	验收项目	已完成	未完成	预计完成日期	承办人	备注
广告媒体	专业杂志					
	电台					
	告示牌					
	指示牌					
	户外看板					
	演示光盘					
	宣传车					
	旗帜					
	气球					
促销	促销赠品					
	促销活动					
人员	置业顾问					
	保洁人员					
	安保人员					

承办人：

13-10　项目来访客户登记表

项目来访客户登记表

编号：

姓名＼类别	性别	来访时间	联系方式	人次/人数	来电咨询	来自区域	认知途径	预留期限	购房用途	是否追踪	诉求重点

13-11 回访客户登记表

回访客户登记表

序号	日期	客户姓名	来访次数	首访日期	锁定房源情况	主要抗性或问题点	成交与否	置业顾问

13-12 大定统计表

大定统计表

序号	姓名	年龄	大定时间	签约时间	联系方式	物业坐落	户型面积	总价	单价	优惠	付款方式	置业顾问

13-13 大定逾期情况汇总

大定逾期情况汇总

本月成交_____套，逾期____套，逾期比率_____%。

序号	客户姓名	大定日期	合同约定签约日期	实际签约日期	合同约定过期天数	公司规定过期天数	过期原因	置业顾问
1								
2								
3								
4								
5								
6								
7								
8								
项目经理意见：								

13-14 成交记录表

成交记录表

月份：

单元楼号	时间	面积/平方米	总价/万元	单元楼号	时间	面积/平方米	总价/万元

13-15 签约联系登记表（房屋保留期间）

签约联系登记表（房屋保留期间）

编号：

房号		保留期限		
客户姓名		联系方式		
保留时间		经办人		
签约联系情况	日期	联系方式	结果	

13-16 合同统计表

合同统计表

序号	合同号	姓名	联系方式	职业	物业坐落	大定时间	签约时间	合同情况							置业顾问
								面积	单价	首付款	贷款额	总价	优惠	付款方式	

13-17 公积金未到账客户明细

公积金未到账客户明细

序号	客户姓名	签约日期	合同约定到账时间	客户信息备案表领取时间	逾期到账时间	面积	首付款	贷款额	总金额	置业顾问
1										
2										
3										
4										
5										
6										
7										
8										
9										

13-18 换房申请审批表

换房申请审批表

编号：

原楼座房号		所换楼座房号	
客户姓名		日期	
换房原因： 客户签名：　　　　年　月　日			
部门经理审批意见： 营销部经理签名：　　　　年　月　日			
审批意见： 总经理签名：　　　　年　月　日			
经办人		日期	

13-19 客户档案登记表

客户档案登记表

编号：

姓名		性别		工作单位	
电话		年龄		联系地址	
客户来源	□朋友介绍 □展销会 □报纸 □电台 □路牌广告 □路过 □网站 □其他				
来访区域	□市区 □周边区市 □省内 □外省 □外籍				
从事职业	□外企 □事业单位 □自由职业者 □私企 □其他				
陪同人员	□家人 □朋友 □同事 □其他，共＿＿人，性别（ ），年龄（ ）				
客户类别	□客户 □竞争对手 □媒体 □建筑材料供应商 □其他				
交通工具	□开车 □打车 □步行		是否看房	□样板间 □意向房	
房号		建筑面积		付款方式	
单价		总房款		合同日期	
首付款		交余款日期			
接待日期	接待人	接待记录			
成交原因					
未成交原因及主要抗性					
结论	□成交 □放弃				

13-20　销售主管日报表

销售主管日报表

编号：

业务情况	客流量	
	成交量	
	电话量	
团队管理	现场人员	
	外场人员	
现场问题	1	
	2	
	3	
	4	
	5	
主要原因	1	
	2	
	3	
	4	
	5	
协调情况		
处理结果		
建议		

制表人：　　　　　　　　　　　时间：年　　月　　日

13-21　销售统计周报表

销售统计周报表

编号：　　　　　　　　　月　　日至　　　月　　日

项目	住宅	地下停车位	合计	比例
本周协议金额				
历年累计协议金额				
本周合同金额				
历年累计合同金额				

续表

项目	住宅	地下停车位	合计	比例
本周退房金额				
本周实际销售额				
本周应收款额				
上周结转应收款额				
本周总应收款额				
本周实际收款额				
其中：收回逾期款				
本周发生逾期款				
累计逾期款				
下周应收款				
本月累计协议额				
本月累计销售额				
本年累计协议额				
本年累计销售额				

13-22 售楼信息反馈周报表

售楼信息反馈周报表

月　日至　月　日

一、来访量、电话量

类别			星期一	星期二	星期三	星期四	星期五	星期六	星期日	本周合计	累计	备注
接听电话												
接待来访客户	总来访量											
	登记人数											
	其中	市区										
		周边区县										
		省内地区										
		省外地区										
		国外										

二、来访客户构成

1.来访客户认知途径

数量\认知途径	本周来访客户	
	人数	比例
报纸		
朋友介绍		
路过		
网站		
其他		

2.来访客户户型需求

数量\户型	本周来访客户		累计（从内部认购开始）	
	人数	比例	人数	比例
多层				
高层				
一室一厅				
二室二厅				
三室二厅				
其他				
地下停车位				

三、销售情况

时间	星期一	星期二	星期三	星期四	星期五	星期六	星期日	本周合计	累计	备注
销售套数										
销售面积										
销售总额										

四、成交客户构成

1.成交客户年龄

数量\年龄	本周成交客户		累计	
	人数	比例	人数	比例
20～30岁				
31～40岁				
41～50岁				
51岁以上				

2.本周成交户型

户型＼数量	本周成交客户		累计	
	人数	比例	人数	比例
二室两厅				
三室一厅				
三室二厅				
地下停车位				
付款方式	本周成交客户		累计	
	人数	比例	人数	比例
一次性付款				
分期付款				
按揭付款				
其他				

3.成交客户置业目的

置业意向＼数量	本周成交客户		累计	
	人数	比例	人数	比例
投资				
自用				
投资＋自用				

4.成交客户居住区域

区域＼数量	本周成交客户		累计	
	人数	比例	人数	比例
市区				
周边区县				
省内地区				
外省				
国外				

5.成交客户认知途径

认知途径＼数量	本周成交客户		累计	
	人数	比例	人数	比例
报纸				
网站				
路过				
其他				

6.客户意见或建议

_____

_____

13-23　项目成交客户档案

项目成交客户档案

编号：　　　　　　　　　　　　　　　　　　填表日期：　　年　　月　　日

客户基本情况档案	姓名		年龄/身份证号	
	联系方式		职业/行业	
	资金来源		认知途径	
	每次拜访时间		销售代表	
购买房屋及交款档案	签约房号		签约面积	
	单价		房款总额	
	配套费		签约时间	
	付款方式		付款日期/金额	
	合同签订的交房日期		各配套项目的交付日期	
	产权办理情况			

13-24　延期签约审批表

延期签约审批表

编号：

客户姓名		楼房名称	
协议时间		付款方式	
合同时间		延期天数	
延期原因：			
客户签名：　　　　经办人：　　　　　日期：　　年　　月　　日			
审批意见：			
负责人：　　　　日期：　　年　　月　　日			
验证落实情况：			
销售部主管：　　　　日期：　　年　　月　　日			

说明：审批意见栏中的负责人视天数不同分别为主管、销售部经理、总经理或其授权人。

13-25　房产证办理情况周报表

房产证办理情况周报表

月　日至　月　日

编号：

名称	本周完成房号	本周完成套数	累计完成套数
合计			

统计人：　　　　　　　　　　　　　　填报日期：　年　月　日

13-26　购房优惠折扣审批单（存根联）

购房优惠折扣审批单

编号：

客户姓名		楼盘名称	
建筑面积		房屋单价	
房号	（　）号楼，（　）单元（　）号		
总房价		付款方式	
折扣优惠原因	经办人：　　　　　年　月　日		
部门经理建议	营销部经理：　　　　　年　月　日		
总经理或授权人审批意见	总经理：　　　　　年　月　日		

13-27 购房优惠折扣审批单（销售档案联）

购房优惠折扣审批单

编号：

客户姓名		楼盘名称	
建筑面积		房屋单价	
房号	（　）号楼，（　）单元（　）号		
总房价		付款方式	
总经理或授权人审批意见	总经理：　　　　　　年　月　日		

13-28 楼盘销售汇总表

楼盘销售汇总表

编号：

姓名	电话	房号	面积	总价	单价	总房款	单价差	差额	方式	时间	首付	贷款	实收款	欠款	置业顾问	备注	输入时间	制证费	抵押费	保险	代办费	抵押费

制表人：

13-29 办理银行按揭登记表

办理银行按揭登记表

编号：　　　　　楼盘名称：　　　　　　　　　　　　共　页第　页

姓名	房号	联系电话	房价	已付款	贷款	年限	银行	办理时间	放款时间	公证书	经办人	备注

13-30 应收账款明细表

应收账款明细表

编号：

姓名	房号	定金交付时间/金额	约定首期交款时间/金额	实际交款时间/金额	约定余款到账时间/金额	实际到账时间/金额	置业顾问

13-31 销售资金回笼月报表

销售资金回笼月报表

编号： 单位：万元

项目名称	类别	可售额	协议金额	合同金额			资金回笼情况					未收款		收款率	未销售金额
			累计额（未签合同的协议）	本期	年累计	历年累计	本月			本年累计收入	历年累计收入	未收款	逾期款		
							收入	退出	实际收入						
合计															
说明	协议金额统计为未签合同的协议额														

13-32 购房定位书

购房定位书

买受人	姓名/身份证		电话：
	地址		邮编：
订购户别	___楼___单元___层___室　暂测建筑面积___平方米		付款方式：
定购总价/单价	单价	___元/平方米	
	总价		
实付房款	现金		购房首期款：
	支票		支票号码：
附带约定	1.银行按揭：买受人应于___年___月___日前交齐购房首期款并携带本证明单、夫妻双方身份证、夫妻双方户口簿、结婚证、收入证明、定金收据与出卖人签订正式购房合同，逾期者视为自动放弃，出卖人有权另售第三方，本证明单自动作废。		
	2.分期付款：买受人应于___年___月___日前交齐购房首期款并携带本证明单、本人身份证、定金收据与出卖人签订正式购房合同，逾期者视为自动放弃，出卖人有权另售第三方，本证明单自动作废。		
	3.一次性付款：买受人应于___年___月___日前交齐剩余房款并携带本证明单、本人身份证、定金收据与出卖人签订正式购房合同，逾期者视为自动放弃，出卖人有权另售第三方，本证明单自动作废。		
	4.本证明单一式两份，出卖人、买受人各持一份。		
备注			
出卖人签章		买售人签章	

第14章 房地产企业工程管理表格

14-01 项目材料设备设计标准确认表

项目材料设备设计标准确认表

序号	名称	品牌	选型确认设计标准					样板要求	常规产品	沿用产品	特殊产品
			材质	型号规格	功能要求	技术参数	颜色				
1	工程桩										
2	铝合金门窗										
3	外墙涂料										
4	阳台栏杆										
5	空调百叶										
6	屋面瓦										
7	进户门										
8	单元门										
9	楼梯地砖										
10	门厅地砖										
11	信报箱										
…	……										

14-02 材料设备设计确认计划表

材料设备设计确认计划表

材料设备		设计确定时间和内容						备注
序号	名称	方案设计		扩初设计		施工图		（色别）
		内容	时间	内容	时间	内容	时间	
1	工程桩	◇		◆☆▽		◆★		●品牌 ◆规格型号 ■设计功能 ☆材质 ◤技术参数 ○颜色 ◇方案图 ▽扩初图 ★施工图
2	铝合金门窗	◇		◆☆▽		◆★◤■○☆		
3	外墙涂料			●▽		●○★		
4	阳台栏杆							
5	空调百叶							
6	屋面瓦							
7	进户门							
8	单元门							
9	楼梯地砖							
10	门厅地砖							
11	信报箱							
…	……							

14-03 材料设备管理控制汇总表

材料设备管理控制汇总表

项目					填表人			时间		文件编号	
序号	材料设备名称	方案确定时间	适用范围	签约时间	进场时间	目标成本	数量	实际成本	成本分析	工作状态	负责部门
1	工程桩										工程管理部
2	铝合金门窗										工程管理部
3	外墙涂料										
4	阳台栏杆										
5	空调百叶										
6	屋面瓦										
7	进户门										工程管理部
8	单元门										
9	楼梯地砖										
10	门厅地砖										
11	信报箱										项目经理部
…	……										

备注：

（1）本表适用于所有新建和在建项目，表中的材料设备种类及目标成本可根据具体项目特点进行调整。

（2）设计部确定方案提交时间，同时提交经认可的详细设计文件。

（3）项目经理部负责提供材料进场时间。

（4）成本管理部负责提供目标成本。

（5）采购责任部门即为项目经理部和工程管理部，项目部负责甲指乙供材料，工程部负责甲供材料。

（6）材料采购责任人为设计、工程、项目、成本等职能部门经理。

（7）材料数量由采购责任部门负责提供。

（8）工作状态栏由相关责任部门按照"设计资料已提交、合同签约完成、材料已进场"或"资料未按期提交、材料未进场"等文字形式填写，每月25日（遇休息日提前）由工程管理部汇总后再发给各相关部门，同时抄报总经理层。

14-04 材料设备进场计划表

材料设备进场计划表

项目名称：

序号	材料名称	型号规格	单位	数量	进场计划时间

其他说明：

填表人		项目总经理		填表日期	

14-05 材料设备采购招标文件内部审核表

材料设备采购招标文件内部审核表

项目名称			
主办人		填表日期	年 月 日
法律室	法律室意见：		
项目经理部	相关专业工程师意见：	项目经理意见：	
成本管理部	相关工程师意见：	部门经理意见：	
工程管理部	相关工程师意见：	部门经理意见：	
工程总监批示			

14-06 材料设备招投标工作流程表

材料设备招投标工作流程表

项目名称		材料设备名称			成本控制价：	
材料设备情况简介						
确定竞标单位						
推荐竞标单位名称	1	2		3	4	5
资格审查	证照资料					
	主要业绩					
	考评得分					
批准竞标单位名称						
相关部门会签						
开标结果汇总						
投标书评标分析						
评标结果						
定标意见						
相关部门会签						
分管总经理批示						

14-07 材料设备封样清单

材料设备封样清单

项目名称						封样日期		
序号	材料名称及编号	型号规格	数量	材质	颜色	厂家品牌	使用位置	第一批进场时间
1								
2								
...								
项目经理部签字				供应商签字				
				（盖章）				
工程管理部签字				设计部签字				
封样样品存放地点								

注：产品的××地区准用证、出厂证明、厂家及检测中心出示的检测报告应作为本清单的附件，若缺少厂家能提供的这几份材料，不得封样。签署人各持封样单一份。

存档人：

14-08　甲供材料设备合同交底单

甲供材料设备合同交底单

项目名称		日期	
合同名称		编号	
甲方参加部门及人员			
合作单位及参加人员			
双方合同经办人员联系方式：			
合同内容简述： （包括产品数量、价格、付款方式、保修期、验收标准等内容）			
交底补充内容：			
相关人员签字：			
项目经理意见：			

注：本单原件交工程管理部存档。

14-09　供应商供货质量、进度考核表

供应商供货质量、进度考核表

工程项目			供货单位		产品名称		
供货批号	规格型号	数量	供货质量执行情况		供货进度执行情况		
			合格率	质量判定	合同供货日期	实际供货日期	工期误差天数
综合评估意见	项目经理部				监理单位		
	经办人： 项目总经理：				经办人： 项目总监：		

注：本表格由项目经理部填写，报工程管理部备案。

14-10 供应商供货评估表

供应商供货评估表

供货合同编号		第　次评估	评估时间	
企业名称			联系人	
企业地址			电话、传真	
供货品名、型号			电子邮箱	
供货时间			供货数量	
产品包装（权重5%）	□很好100分　□较好80分　□一般60分　□较差40分　□很差20分			
交货情况（权重25%）	□及时100分　□比较及时75分　□不及时50分　□严重延误25分			
安装调试（权重15%）	□很好100分　□较好80分　□一般60分　□较差40分　□很差20分			
产品质量（权重25%）	□很好100分　□较好80分　□一般60分　□较差40分　□很差20分			
售后服务（权重20%）	□很好100分　□较好80分　□一般60分　□较差40分　□很差20分			
产品价格（权重10%）	□合理100分　□比较合理75分　□不合理50分　□相差很大25分			
参与评估人员意见及签名				
评估结果	□可以合作　□需要改进　□重新评估　□不能合作			
相关部门经理意见				
分管领导意见				
是否列入供应商名录：□是（□合格　□试点）　□否				

14-11 供应商考察报告

供应商考察报告

考察对象		考察时间	
考察记录：			
考察人员推荐意见及签名			
工程管理部审查意见			
相关部门经理意见及签名			

14-12　材料设备供应商信息表

材料设备供应商信息表

公司名称（代理需注明）		
主要产品		
考察电子商务注册情况		
是否接受投标保证金		
产品信息	品牌名称	
	国产或进口	
	主要材质	
	保修期及保修内容	
	企业资质等级（附材料）	
	质量检验标准、检验部门	
	供货周期	
	色彩种类	
	获奖情况及颁奖部门	
	与本公司合作情况	
	近两年的样板工程	
公司信息	公司网址	
	公司（代理）地址	
	企业性质	国有□　集体□　私营□　合资□　外资□
	通过ISO认证（附材料）	是□　否□
	业务负责人、电子邮件	
	联系电话及传真	
	付款方式	
	公司资产	
	年销售额	

材料特性（有以下相关内容的务必填写，对竞争有利的内容请自行添加）：
是否新技术、有无环保概念、生产工艺、防锈处理、安装方法、功率及使用电压、表面喷涂材料等

备注：
另附企业营业执照、产品目录（图片）、报价单、生产许可证、检测报告、产品准用证及行业技术标准文件（能够提供的资料必须提供，以供我司进行合格供应商认证）。

14-13 材料设备采购月报表

材料设备采购月报表

项目部：   日期：

材料名称	品牌	质量等级	数量	金额	质量状况	售后服务

主办人：   项目总经理：

14-14 材料设备样品清单

材料设备样品清单

序号	项目名称		进库日期				
	材料名称及编号	型号规格	材质	颜色	厂家品牌	使用位置	单价
1							
2							
3							
4							
5							
6							
7							
8							
9							
10							
…							

14-15 施工组织设计内部审批表

施工组织设计内部审批表

项目名称			施工单位	
编制人			颁布日期	月 日
监理公司审批	相关专业监理工程师意见：		总监意见：	
项目管理部审批	相关专业工程师意见：		项目经理意见：	
成本管理部审批	相关工程师意见：		部门经理意见：	
工程管理部审批	相关工程师意见：		部门经理意见：	
工程总监意见：				

备注：必须通过施工图纸会审后才能报审施工组织设计，未经工程总监书面同意不允许擅自组织施工。

14-16 监理人员登记表

监理人员登记表

项目经理部名称：

监理单位名称：　　　　　　　　　　　　　　　　编号：

序号	姓名	年龄	职务	学历	专业	职称	参加工作时间	从事监理工作时间	进场时间	离开时间	备注

14-17 施工单位管理人员登记表

施工单位管理人员登记表

项目经理部名称：   编号：

序号	姓名	年龄	职务	学历	专业	职称	参加工作时间	进场时间	离开时间	备注

14-18 施工合同登记汇总表

施工合同登记汇总表

项目部：   编号：

序号	合同编号	合同名称	开工日期	竣工日期	施工单位	合同造价	合同竣工日期	合同责任人

14-19 施工合同半月报表

施工合同半月报

项目经理部：　　　　　　　　　　　　　　　　　　　　　　编号：

工程名称			起止时间	
合同编号			责任人	
配合单位	施工单位		施工现场负责人	
	监理公司		监理现场负责人	
工程进度	工程主要部位的进度情况：			
	进度分析：			
	追赶进度的措施：（如有专题会议注明会议纪要编号）			
监理单位工作情况	人员到位情况：			
	本阶段主要工作内容：			
工程款支付情况	本阶段工程款支付数额：			
	工程款支付累计数额：			
	工程款支付数额占合同总价百分比：			
成本变化情况	本阶段设计变更：（份数及编号）			
	本阶段工程签证：（份数及编号）			
	本阶段技术核订单：（份数及编号）			
	成本变化原因分析：			
工程质量评估	工程中存在的问题： 质量情况评述：			
审核归档	填表人：		时间：	
	审核人：		时间：	
	归档人：		时间：	

14-20　合同移交记录单

合同移交记录单

项目经理部：　　　　　　　　　　　　　　　　　　　　编号：

工程名称	
合同编号	
合同责任人	
合同情况描述	
移交资料清单	
合同责任人对工程情况评述	
合同存在的问题和提醒注意的事项	
移交人签字	
接受人签收	
合同责任人上司签字	

14-21　施工合同总结报告

施工合同总结报告

项目经理部：　　　　　　　　　　　　　　　　　　　　编号：

项目地点				
合同编号			责任人	
合同情况描述	施工单位		施工现场负责人	
	监理公司		监理现场负责人	
	计划进度			
	合同成本			
	质量目标			
合同完成实际情况	实际进度与原因分析			
	成本变化及原因分析			
	质量情况及原因分析			
	其他情况			
施工单位和监理单位评述				
经验、教训总结				
项目部对主办人的综合评价				

14-22 项目施工日记

项目施工日记

项目名称			标段		记录人		
年 月 日			气温	最高 ℃	气候	上午	
星期				最低 ℃		下午	
主要施工内容							
承包方	进场						
	退场						
分包方	进场						
	退场						
图纸收发记录							
文件往来记录							
质量查验情况							
安全、场容							
发生停工记录							
现场会议							
现场签证内容及编号							
现场指令及反馈情况							
甲供材料进场记录							
工程款签付							
其他							

14-23 重大设计变更审批表

重大设计变更审批表

工程名称		设计变更编号	
申请单位		专业	

<table>
<tr><td colspan="4">申请修改理由：
□图纸有误　□公司要求　□为方便施工　□为节省投资
□为保证质量　□加快工程进度　□更换材料　□其他
要求修改内容的详细说明（可另附页）：

</td></tr>
<tr><td colspan="4">设计部意见：

</td></tr>
<tr><td colspan="4">成本管理部意见：

本设计变更：□费用增减约：_____/□依据合同计价/□需协商价格/
□要求施工先报价，审批后施工/□工程量需签证
□需组织招标确定</td></tr>
<tr><td colspan="4">项目经理部意见：

本设计变更：□根据合同精神，施工单位为：
□通知项目经理部组织分包，理由：
□通知公司工程管理部在____日内确定施工队伍
□通知公司工程管理部在____日内确定甲供材料增减/供应商</td></tr>
<tr><td colspan="4">其他部门或单位意见：</td></tr>
<tr><td colspan="4">分管总经理意见：</td></tr>
</table>

14-24 设计变更单

设计变更单

项目名称：

甲方编号： 施工单位：

事项名称及适用范围：		
提出部门：□设计部 □工程管理部 □销售部 □项目部 □乙方 □监理 □客户		
变更原因		
施工前	变更内容	
	设计部主办人： 设计部负责人：	
	设计部下发至项目经理部，项目经理部签收，无异议后下发执行。 主办工程师： 施工单位：	
	施工单位估价： 根据上述设计变更内容，我方预估将引起工程造价增加（减少）_____元。 预算员：	
施工后	变更实施时间： 执行情况：	
	甲方现场工程师： 监理工程师： 施工单位： 甲方项目经理： 年 月 日 年 月 日 年 月 日	
	变更结算价： 施工单位预算员：	
	备忘：	

14-25 现场签证单

现场签证单

项目名称：

甲方编号：　　　　　　　　　　　　　　施工单位：

事项名称及适用范围：		
提出部门：□甲方项目经理部　□乙方　□监理		
签证原因		
施工前	签证内容	甲方签证主办人：　　　　　　　　施工单位：
	施工单位估价： 根据上述现场签证内容，我方预估将引起工程造价增加（减少）_____元。 预算员：	
施工后	签证实施时间： 执行情况： 甲方工地代表：　　　　监理工程师：　　　　施工单位： 甲方项目经理： 　年　月　日　　　　年　月　日　　　　年　月　日	
	签证结算价：　　　　　　　施工单位预算员：	
	备忘：	

14-26 厨房间、卫生间盛水试验检查表

厨房间、卫生间盛水试验检查表

工程名称：　　　　　　检查人：　　　　　　日期：　　　　　　表号：

室号	部位	放水时间	检查时间	检查结果	室号	部位	放水时间	检查时间	检查结果
	厨房间					厨房间			
	主卫					主卫			
	次卫					次卫			
	厨房间					厨房间			
	主卫					主卫			
	次卫					次卫			

14-27 排水立管通水、通球质量检查表

排水立管通水、通球质量检查表

工程名称：　　　　　　　检查人：　　　　　　　日期：　　　　　　　表号：

门牌号	房间名称	部位	通水记录	通球记录	门牌号	房间名称	部位	通水记录	通球记录
	主卫	废水管				主卫	废水管		
		污水管					污水管		
	次卫	废水管				次卫	废水管		
		污水管					污水管		
	厨房间	废水管				厨房间	废水管		
	主卫	废水管				主卫	废水管		
		污水管					污水管		
	次卫	废水管				次卫	废水管		
		污水管					污水管		
	厨房间	废水管				厨房间	废水管		

14-28 内墙面、顶棚质量检查表

内墙面、顶棚质量检查表

工程名称：　　　　门牌号：　　　　检查人：　　　　日期：　　　　表号：

房间名称	表面平整、清洁、无色差	无裂缝及爆灰	阴阳角方正顺直	空调管卡套	备注
客厅					
餐厅					
储藏室					
走道					
主卧					
次卧					
儿童房					

14-29 木地板、踢脚线质量检查表

木地板、踢脚线质量检查表

工程名称：　　　　门牌号：　　　　检查人：　　　　日期：　　　　表号：

房间名称	表面平整、清洁	缝隙均匀	色差	划痕及碰伤	与基层结合牢固	踢脚线上口平直
客厅						
餐厅						
储藏室						
走道						
主卧						
次卧						
儿童房						

14-30 进户门、房间门及门套质量检查表

进户门、房间门及门套质量检查表

工程名称：　　　　门牌号：　　　　检查人：　　　　日期：　　　　表号：

房间名称	开启舒适、无异响	表面油漆质量	正侧门面垂直度	扇与扇（框）接缝宽度	五金配件（拉手、插销、门吸）	备注
客厅						
餐厅						
储藏室						
主卧						
次卧						
儿童房						
主卫						
次卫						

14-31 卫生间、厨房间、阳台地面、墙面、顶棚质量检查表

卫生间、厨房间、阳台地面、墙面、顶棚质量检查表

工程名称：　　　　门牌号：　　　　　检查人：　　　　　日期：　　　　　表号：

房间名称	地砖、瓷砖施工质量平整度＜3毫米 接缝直线度＜2毫米 接缝高低差＜0.5毫米	地砖、瓷砖观感质量（表面清洁、无缺角开裂等）	地面坡度正确（不倒泛水、积水）	厨卫吊顶（表面洁净，无翘曲、裂缝及缺损）	阳台墙面及顶棚（无色差、空鼓、裂缝，雨水管清洁，阳台挂落线一致）
主卫					
次卫					
厨房间					
南阳台					
北阳台					

14-32 卫生间、厨房间橱柜、设备质量检查表

卫生间、厨房间橱柜、设备质量检查表

工程名称：　　　　门牌号：　　　　　检查人：　　　　　日期：　　　　　表号：

房间名称	表面观感质量（表面洁净，无划痕、磨损等）	柜门开启舒适、无异响、翘曲	五金配件（齐全、牢固）	厨具、洁具等设备（齐全、牢固、满足使用功能）
厨房间				
主卫				
次卫				

14-33　铝合金门窗质量检查表

铝合金门窗质量检查表

工程名称：　　　　　门牌号：　　　　　检查人：　　　　　日期：　　　　　表号：

房间名称	位置	外观	五金配件	玻璃	硅胶	使用性
客厅						
餐厅						
厨房						
主卧						
次卧						
儿童房						
主卫						
次卫						
检查标准		表面清洁，无碰伤凹坑、掉漆、污染，无明显划伤、拉毛，压条无缺损，密封条无脱槽	数量齐全，活动灵活，安装牢固，无脱漆锈蚀	表面清洁，无污染、碎裂、划伤、明显划痕	施放均匀、边缘整齐、圆弧光滑，无遗漏	开关灵活，无碰擦、异响，密闭，框与扇、扇与扇平行、无翘曲、大小头

14-34　阳台栏杆质量检查表

阳台栏杆质量检查表

工程名称：　　　　　门牌号：　　　　　检查人：　　　　　日期：　　　　　表号：

室号	部位	观感质量（无碰伤、明显划痕、锈蚀锈斑）	油漆质量（均匀光洁，无挂漆、漏刷、明显色差）	玻璃质量（无碎裂、划伤、明显划痕）	栏杆垂直度<2毫米	栏杆间距<3毫米

14-35 家用电器设备质量检查表

家用电器设备质量检查表

工程名称：　　　　室号：　　　　检查人：　　　　日期：　　　　表号：

序号	产品名称	品牌	数量	型号	验收内容			备注
1					设备完好，功能完备	是	否	
2					设备完好，功能完备	是	否	
3					设备完好，功能完备	是	否	
4					设备完好，功能完备	是	否	
5					设备完好，功能完备	是	否	
6					设备完好，功能完备	是	否	
7					设备完好，功能完备	是	否	
8					设备完好，功能完备	是	否	
9					设备完好，功能完备	是	否	

14-36 排水支管通水质量检查表

排水支管通水质量检查表

工程名称：　　　　门牌号：　　　　检查人：　　　　日期：　　　　表号：

室号	房间名称	部位	通水情况	室号	房间名称	部位	通水情况
	厨房间	洗涤盆			厨房间	洗涤盆	
		地漏				地漏	
	主卫	台盆			主卫	台盆	
		浴缸				浴缸	
		坐便器				坐便器	
		地漏				地漏	
	次卫	台盆			次卫	台盆	
		淋浴房				淋浴房	
		坐便器				坐便器	
		地漏				地漏	
		洗衣机				洗衣机	
	南阳台	地漏			南阳台	地漏	
	北阳台	地漏			北阳台	地漏	

14-37 开关、插座通电质量检查表

开关、插座通电质量检查表

工程名称：　　　　　门牌号：　　　　　检查人：　　　　　日期：　　　　　表号：

室号	房间名称	开关、插座面板表面清洁、无划伤	通电情况	室号	房间名称	开关、插座面板表面清洁、无划伤	通电情况
	客厅				客厅		
	餐厅				餐厅		
	储藏室				储藏室		
	走道				走道		
	主卧				主卧		
	次卧				次卧		
	儿童房				儿童房		

14-38 屋面质量及盛水试验检查表

屋面质量及盛水试验检查表

工程名称：　　　　　门牌号：　　　　　检查人：　　　　　日期：　　　　　表号：

部位	细石混凝土完成面（表面平整、无空鼓开裂）	天沟（排水坡度准确、排水口设置符合规范）	APP卷材（无空鼓、破裂）	铝合金压条（牢固、平直）	油膏嵌缝（饱满、宽度深度符合要求）	屋面栏杆（牢固、平直、表面无刮痕损伤）

部位	放水时间	检查时间	检查情况

14-39 楼梯间、电梯间公用部位质量检查表

楼梯间、电梯间公用部位质量检查表

工程名称： 门牌号： 检查人： 日期： 表号：

层次	楼梯间墙面、踏步	楼梯间铝合金窗	楼道灯	消防门	电梯间墙面、地坪、顶棚	电梯大理石门套	管道井内墙面、门、水表等

14-40 新建房屋验收表

新建房屋验收表

工程名称： 建设单位：
验收单位： 验收日期： 建筑面积： 幢号：

项次	项目	质量要求	检查结果	处理要求	负责人
1	地基基础				
2	钢筋混凝土构件				
3	土结结构应结点				
	支撑系统				
	构件造材				
4	房屋整体系统				
5	外墙				
6	屋里				
7	平面屋的隔热				
8	三层以上屋的层面				

项次	项目		质量要求	检查结果	处理要求	负责人
9	楼地面面层与基层					
10	卫生间、阳台、盥洗间地面					
11	钢木门窗					
12	进户门					
13	本装修工程					
14	门窗玻璃					
15	抹灰					
16	饰面砖					
17	油漆刷浆					
18	电气线路安装	线路安装				
		导管				
		导线连接				
		铅导线接法				
		管子配线				
		接地线				
		回路导线				
19	每套电表安装或预值					
20	照明器具等安装支架					
21	避雷针、带					
22	电梯					
23	有线电视、宽带网					
24	管道					
25	地漏					
26	排污管道					
27	水龙头					
28	空调基架					
29	消防设备					
30	监控设施					
31	附属工程					
32	其他					

14-41　小区公共设施及道路设施验收单

小区公共设施及道路设施验收单

小区：　　　　　　　　　　　　　　面积：

项数	项目	验查情况	结论	责任人
1	配电间			
2	水泵房			
3	雨水窨井			
4	铁盖窨井			
5	路旁栅栏			
6	进户水阀			
7	主干水阀			
8	消防龙头			
9	室外照明			
10	湖区水处理系统			
11	安防系统			
12	一卡通系统			
13	道路			
14	其他			

总责任人：　　　　　　　　　　　　　　年　月　日

14-42 物业资料验收移交表

物业资料验收移交表

物业名称		开工日期		
竣工验收日期		接管验收日期		
建设单位		设计单位		
施工单位		监理单位		
占地面积		建筑面积		

移交内容	房屋产权清册	____份____张	供水供电合同	____份
	配套设施/设备/场地/房屋产权清册	____份____张	住宅质量保证书和住宅使用说明书	____份
	移交顾客房屋钥匙	户、把/户	土地使用权出让证明	____份
	移交管理用钥匙	____套	地界界桩放点报告	____份
	小区规划图	____张	建设用地规划许可证	____份
	竣工总平面图	____套____张	建设工程规划许可证	____份
	单体建筑竣工图	____套____张	建筑物命名、更名审批资料	____份
	单体结构竣工图	____套____张	施工许可证	____份
	单体设备竣工图	____套____张	建筑执照	____份
	给排水竣工图	____套____张	工程竣工验收备案证明	____份
	电气竣工图	____套____张	工程规划验收合格证明	____份
	绿化竣工图	____套____张	消防验收合格证明	____份
	室外地下管网竣工图	____套____张	环保达标验收合格证明	____份
	道路、停车场竣工图	____套____张	电梯（扶梯）合格证明和准用文件	____份
	户型平面图及水电线路图	____套____张	民防工程竣工验收合格证明	____份
	设备订货合同、合格证、随机使用说明书、检验报告、随机用工具清单	____套	燃气工程竣工验收合格证明	____份
	所有设施设备安装、测试、验收记录	____套	隐蔽工程等竣工验收合格证明	____份
	售楼资料及规划要点	____份		

移交意见： 移交单位签名盖章：	接收意见： 接收单位签名盖章：

14-43　房屋及公用设施等移交验收交接表

房屋及公用设施等移交验收交接表

工程名称		开工日期	
竣工验收日期		评定等级	
接管验收日期		物业管理单位	
交接日期		设计单位	
建设单位		监理单位	
施工单位		结构类型	
建筑面积		层数	

移交内容	房屋		住宅区公用设施、设备及公共场地	
	房屋清单	____份____张	公用设施清单	
	钥匙发放户数	____户，每户____套	公用设备清单	
	单体建筑竣工图	____套____张	公共场地清单	
	单体水电竣工图	____套____张	绿化竣工图	
	单体设备竣工图	____套____张	室外竣工图	
	住宅区规划图	____套____张	其他附属技术资料	
	住宅区竣工总平面图	____套____张	其他	
	其他附属技术资料	____套____张		
	其他	____套____张		

交接意见：

移交单位签名盖章：　　　　　　　　　　　　接收单位签名盖章：

　　（房产开发商）　　　　　　　　　　　　　（物业管理单位）

第15章 房地产企业成本控制表格

15-01 项目目标成本测算表

项目目标成本测算表

项目基本情况描述：项目总占地面积_____平方米，容积率_____，项目建筑面积_____平方米，项目可售面积_____平方米，住宅面积_____平方米，商业面积_____平方米，会所面积_____平方米，建设周期_____月，项目分_____期。

项目		总投资计算依据	目标总投资/万元	目标单位成本/（元/平方米）	目标合同与非合同		第一期				
					金额	说明	总投资计算依据	总投资	单位成本	目标合同与非合同	
										金额	说明
一、	土地及大配套费										
1.1	土地征用费										
1.2	土地出让金										
1.3	土地购置（拍卖、招标）费										
1.4	拆迁补偿费										
1.5	拍卖佣金										
1.6	土地交易费										
1.7	土地契税										
1.8	其他土地费用										
二、	前期费用										
2.1	七通一平费										
2.1.1	临时施工道路费										
2.1.2	临时施工用水接入费										
2.1.3	临时施工污水管接入费										
2.1.4	临时施工用电接入费										
2.1.5	临时施工用气接入费										
2.1.6	临时施工办公电话接入费										
2.1.7	临时施工办公网络接入费										
2.1.8	场地平整（含土方平衡）										

续表

项目		总投资计算依据	目标总投资/万元	目标单位成本/（元/平方米）	目标合同与非合同		第一期				
					金额	说明	总投资计算依据	总投资	单位成本	目标合同与非合同	
										金额	说明
2.1.9	其他										
2.2	临时设施										
2.2.1	临时办公室费										
2.2.2	临时厕所费（单独）										
2.2.3	施工场地围墙及门卫室费										
2.2.4	临时场地占用费										
2.2.5	临时借用空地租费										
2.2.6	其他费										
2.3	可行性研究										
2.4	设计费										
2.4.1	规划（方案）设计费										
2.4.2	管线设计费										
2.4.3	施工图设计费										
2.4.4	幕墙专项设计费										
2.4.5	装饰专项设计费										
2.4.6	智能化专项设计费										
2.4.7	景观专项设计费										
2.4.8	其他专项设计费										
2.4.9	规划设计模型制作费										
2.4.10	制图、晒图费										
2.4.11	方案评审费										
2.5	行政规费及规划报建										
2.5.1	项目报建费										
2.5.2	施工许可证费										
2.5.3	规划管理费										
2.5.4	拆迁管理费										
2.5.5	审图费										
2.5.6	价格评估费										

项目		总投资计算依据	目标总投资/万元	目标单位成本/（元/平方米）	目标合同与非合同		第一期				
					金额	说明	总投资计算依据	总投资	单位成本	目标合同与非合同	
										金额	说明
2.5.7	渣土费										
2.5.8	施工噪声管理费										
2.5.9	散装水泥限袋费										
2.5.10	工程质量监督费										
2.5.11	工程造价管理费										
2.5.12	安全监督费										
2.5.13	劳动定额测定费										
2.5.14	招投标管理费										
2.5.15	房屋所有权登记费										
2.5.16	综合开发管理费										
2.5.17	房屋所有权登记工本费										
2.5.18	环境评测费										
2.5.19	建设项目日照分析工程测量										
2.6	大配套费										
2.6.1	基础设施配套费										
2.6.2	白蚁预防费										
2.6.3	地方教育附加费										
2.6.4	新型墙体材料专项费										
2.6.5	人防易地建设费										
2.7	水文地质勘察										
2.7.1	地质勘察费										
2.7.2	地下障碍物探测										
2.7.3	水准测量工程测量										
2.7.4	工程波速测试										
2.7.5	交通流线分析费										
2.8	测绘										
2.8.1	地形地貌面积测绘										
2.8.2	地形地貌测绘										

续表

项目		总投资计算依据	目标总投资/万元	目标单位成本/（元/平方米）	目标合同与非合同		第一期				
					金额	说明	总投资计算依据	总投资	单位成本	目标合同与非合同	
										金额	说明
2.8.3	规划验线测绘										
2.8.4	房屋面积测绘										
2.8.5	地形图及管线图购置费										
2.8.6	工程竣工测绘										
2.8.7	土地修测费										
2.9	其他前期费用										
	专家评审费										
三、	建安工程费										
3.1	建安工程费										
3.1.1	土建工程										
3.1.1.1	基础工程										
（1）	土方工程										
（2）	地基加固处理费										
（3）	桩基础										
（4）	围护及支撑费										
3.1.1.2	主体工程										
（1）	土建（结构）工程										
①	钢筋										
②	混凝土										
③	模板										
④	砌体										
⑤	脚手架										
⑥	其他										
（2）	土建（建筑）工程										
①	铝合金门窗										
②	屋面										
③	电梯前室										
④	楼梯间										

续表

项目		总投资计算依据	目标总投资/万元	目标单位成本/（元/平方米）	目标合同与非合同		第一期				
					金额	说明	总投资计算依据	总投资	单位成本	目标合同与非合同	
										金额	说明
⑤	其他										
3.1.2	安装工程										
3.1.2.1	照明电气（强电）工程										
3.1.2.2	弱电智能化工程										
3.1.2.3	给排水工程										
3.1.2.4	消防安装工程										
3.1.2.5	火灾报警工程										
3.1.2.6	煤气安装工程费										
3.1.2.7	综合布线系统										
3.1.2.8	避雷接地工程										
3.1.2.9	空调及通风工程										
3.1.2.10	供暖供热工程										
3.1.2.11	电梯及自动扶梯										
3.1.2.12	航空灯										
3.1.2.13	停车设备										
3.1.2.14	室内停车交通设施										
3.1.2.15	其他安装工程费										
3.1.3	装饰工程										
3.1.3.1	室内精装饰施工										
3.1.3.2	室外精装饰施工										
3.2	样板房/售楼处装修										
3.2.1	样板房建筑及装修										
3.2.2	房屋模型制作费										
3.2.3	售楼处建筑及装修										
3.2.4	售楼处景观										
3.3	建安监理费										
3.3.1	建设监理费										
3.3.2	安全监理费										

续表

项目		总投资计算依据	目标总投资/万元	目标单位成本/（元/平方米）	目标合同与非合同		第一期				
					金额	说明	总投资计算依据	总投资	单位成本	目标合同与非合同	
										金额	说明
3.4	检验检测										
3.4.1	基坑监测										
3.4.2	桩基检测费（静载）										
3.4.3	桩基检测费（小应变）										
3.4.4	桩基检测费（高应变）										
3.4.5	工程主体沉降观测费										
3.4.6	其他										
3.5	工程造价咨询费										
3.5.1	工程施工招标代理费										
3.5.2	工程设备招标代理费										
3.5.3	工程预算编审咨询费										
3.5.4	工程结算编审咨询费										
3.6	其他建安工程费										
四、	市政基础设施费										
4.1	电力基础设施费										
4.1.1	供电贴费										
4.1.2	交纳的电增容费										
4.1.3	设备安装及电缆铺设费										
4.1.4	电源建设费										
4.2	给排水基础设施费										
4.2.1	水增容费										
4.2.2	供水管网建设费										
4.2.3	雨（污）水管网建设费										
4.2.4	防洪管网建设费										
4.2.5	消防给水基础设施费										
4.2.6	中水基础设施费										
4.2.7	远程抄表费用										
4.2.8	给排水施工费用										

续表

项目		总投资计算依据	目标总投资/万元	目标单位成本/（元/平方米）	目标合同与非合同		第一期				
					金额	说明	总投资计算依据	总投资	单位成本	目标合同与非合同	
										金额	说明
4.3	燃气基础设施费										
4.3.1	燃气增容等规费										
4.3.2	煤气管道安装工程费										
4.3.3	煤气配套费										
4.3.4	远程抄表费用										
4.4	电视										
4.4.1	入网费										
4.4.2	有线电视（闭路电视）的线路铺设										
4.4.3	室内有线电缆工程费										
4.5	通讯工程费										
4.5.1	电话配套费										
4.5.2	电话增容费										
4.5.3	电话电缆集资费										
4.6	通讯线路及设备安装										
4.6.1	宽带网接入费										
4.6.2	智能化系统										
4.7	供热基础设施费										
4.8	小区道路工程										
4.8.1	小区道路										
4.8.2	小区路灯										
4.9	环境景观工程										
4.9.1	园林建筑小品										
4.9.2	绿化										
4.9.3	道路广场										
4.9.4	景观内灯饰及音响等										
4.9.5	永久性小区围墙										
4.9.6	环卫										

项目		总投资计算依据	目标总投资/万元	目标单位成本/（元/平方米）	目标合同与非合同		第一期				
							总投资计算依据	总投资	单位成本	目标合同与非合同	
					金额	说明				金额	说明
4.9.7	垃圾站（箱）										
4.9.8	灭蚊灯										
4.9.9	其他										
4.10	邮政										
	信报箱										
4.11	配套监理费										
4.12	配套预算标底编制费										
4.13	其他市政基础工程费										
五、	公用配套设施费										
5.1	区内公建费										
5.1.1	会所										
5.1.2	幼托										
5.1.3	门卫及围墙										
5.1.4	学校										
5.1.5	居委会										
5.1.6	派出所										
5.1.7	消防										
5.1.8	公厕										
5.1.9	自行车棚										
5.1.10	露天停车场或停车设备										
5.1.11	钢炉房										
5.1.12	水塔										
5.1.13	室外游乐设施										
5.2	小配套费										
5.3	物业开办费										
5.4	公共设施维修基金										
5.5	其他公用配套设施费										

项目		总投资计算依据	目标总投资/万元	目标单位成本/（元/平方米）	目标合同与非合同		第一期				
							总投资计算依据	总投资	单位成本	目标合同与非合同	
					金额	说明				金额	说明
六、	开发间接费用										
6.1	现场管理费用										
6.2	利息及借款费用										
6.3	其他										
七、	不可预见费										
八、	营业费用										
8.1	日常费用										
8.2	推广费用										
8.2.1	广告费										
8.2.2	展览费										
8.2.3	业务宣传费										
8.2.4	代销费用										
8.2.5	制作费用										
8.2.6	策划设计费用										
8.2.7	售楼处费用										
8.2.8	样板间费用										
8.2.9	其他市场推广费										
九、	管理费用										
十、	税金										
10.1	营业税及附加										
10.2	土地增值税										
十一、	成本合计										

15-02　预算成本变更审批表

预算成本变更审批表

项目名称	
提出部门	
变更原因	主办人：　　　　　　　　　　部门经理：
原预算成本	
变更后预算成本	
工程造价部	
综合部	
财务部	
技术工程部	
总经理助理	
副总经理	
总经理	
董事长	

15-03　超预算成本审批表

超预算成本审批表

项目：					
主办部门意见	主办人：　　　　　　部门经理：				
工程造价部	预算成本		当前预测成本		增减成本
财务部					
总经理助理					
副总经理					
总经理					
董事长					

15-04 主要成本项目差异分析表

主要成本项目差异分析表

成本项目	计划值	实际值	偏差	偏差率（比本项目计划成本值）	偏差率（比计划成本总额）
直接费 其中 人工费 机械费 材料费 措施费 间接费					
合计					

15-05 实物金额对比的"两算"对比表

实物金额对比的"两算"对比表

序号	项目	施工图预算			施工预算			数量差			金额差		
		数量	单价	合计	数量	单价	合计	节约	超支	%	节约	超支	%
一	直接费/元												
1	人工/元												
2	材料/元												
3	机械/元												
二	分部工程												
1	土方工程/元												
2	砖石工程/元												
3	钢筋混凝土工程/元												
4	其他												
三	材料												
1	板方料/立方米												
2	钢筋/吨												
3	其他												

15-06　分部分项工程成本分析表

分部分项工程成本分析表

单位工程：

分部分项工程名称：　　　工程量：　　　施工班组：　　　施工日期：

工料名称	规格	单位	单价	预算成本		计划成本		实际成本		实际与预算比较		实际与计划比较	
				数量	金额	数量	金额	数量	金额	数量	金额	数量	金额
合计													
节超原因说明													

15-07　招标项目成本考察及分析表

招标项目成本考察及分析表

企业名称	主要项目	工程实例	成本情况	项目负责人及联系电话	备注

15-08　建安成本动态控制表

建安成本动态控制表

项目名称：　　　　　　　　　　　　　　　　　　编制时间

序号	项目名称	成本目标	合同编号	合同价	合同结算价	本月成本目标预测	备注

15-09 成本档案查阅登记表

成本档案查阅登记表

借阅日期	借阅部门/人	文件资料名称	数量	借阅期限	借阅用途	档案管理员	审批人签名	归还日期	归还人签名	备注

第16章 房地产企业财务管理表格

16-01 购置固定资产请购审批表

购置固定资产请购审批表

请购部门：

名称及型号	用途	采购金额	采购日期	请购人	请购部门主管
预算内金额 （＜10万元）		预算日期		单位总经理审批	
预算外金额 （≥10万元）		集团财务副总裁审批		集团总裁审批	

16-02 资产验收合格单

资产验收合格单

验收单号：

名称	编号	使用部门	存放地点	保管人	验收日期
配置情况					
交接人		验收人		验收部门主管	

备注：第1联为使用部门联，第2联财务记账联。

16-03 固定资产转移单

固定资产转移单

转移单号：

固定资产配置情况					
名称			数量		
类型			型号		
购置日期		耐用年限		已使用年限	
转移原因			固定资产原编号：		
			固定资产现编号：		
移出部门		移出日期		交接人	
移入部门		移入日期		接交人	

移出部门主管：　　　　　移入部门主管：　　　　　行政部主管：

16-04 固定资产登记卡片

固定资产登记卡片

固定资产编号：　　　　　　　　　　固定资产卡片编号：

名称			
类型			
型号		固定资产配置	
购置日期			
购置金额			
耐用年限			
使用部门		保管责任人	存放地点：

固定资产转移情况				
日期	使用部门	保管责任人	存放地点	用途

固定资产维修情况			
日期	原因	维修金额	备注

16-05 固定资产明细登记表

固定资产明细登记表

编号	名称	型号	类型	数量	购置日期	购置金额	耐用年限	使用单位	责任人

备注：（1）固定资产编号实行集团统一管理，由五位构成，前两位为大写字母，第一位代表集团下属各公司，第二位代表固定资产所属的类别（A为房屋及建筑物；B为运输工具；C为办公设备；D为其他）；后三位为数字，各公司所购固定资产依购买顺序依次编序。

（2）固定资产类型是指根据集团规定的四大类型，分别填写类型编号即可。

16-06 固定资产清查盘存单

固定资产清查盘存单

日期：

资产编号	资产实物					账面数量	盘点数量	盘盈		盘亏		盘点责任人	备注
	名称	型号	类别	部门	责任人			数量	金额	数量	金额		

16-07 固定资产报废单

固定资产报废单

名称		数量		购置日期	
类型		固定资产配置情况		耐用年限	
型号				已使用年限	
报废原因				估计废品价值	
				估计清理费用	
				清理人	
申请人		使用部门主管		行政部门主管	
财务部门主管		总经理批示			

16-08　低值易耗品登记卡片

低值易耗品登记卡片

资产编号：　　　　　　　　　　　　　　　　　　　　卡片编号：

名称		资产配置	
类型			
型号			
购置日期			
购置金额			
耐用年限			
使用单位		保管责任人	存放地点：

资产转移情况				
日期	使用单位	保管责任人	存放地点	用途

资产维修情况			
日期	原因	维修金额	备注

16-09　内部转款审批单

内部转款审批单

付款单位：　　　　　　　　年　月　日　　　　　　　　单位：万元

收款单位：		
开户银行：		
账号：		
金额：		
事由：	紧急程度	
经办人：		
金额小于或等于500万元	财务副总裁审批：	
金额大于500万元	财务副总裁审批：	总经理审批：

16-10 项目工程设计费付款审批表

项目工程设计费付款审批表

年 月 日　　　　　　　　　　　　　　　　单位：元

工程项目名称：	设计合同总价（含增减额）：		设计单位名称：
专业工程师：申请付款理由须详细说明 原合同付款条件；实际设计进度、质量状况；申请人意见 年　月　日	本期已完工作量：		
	累计已完工作量：		
	本次申请金额：		
	累计已支付金额（不含本次）：		
总工程师审核实际工程量：（一般要求在3个工作日内审定） 审核设计合同的付款条件；审核设计进度和质量；审批意见 年　月　日	财务部（项目施工前）：地方公司财务（项目施工后）审核合同和付款台账，一般要求在半个工作日内审定 年　月　日		
地方公司负责人：一般要求在半个工作日内审定 年　月　日	集团财务副总裁：一般要求在半个工作日内审定 年　月　日		总裁：一般要求在半个工作日内审定 年　月　日

备注：（1）总师室需要编制合同付款台账。

（2）项目施工定义：以施工许可证的取得为依据。

16-11 项目工程进度款（计划内）审批表

项目工程进度款（计划内）审批表

合同编号：　　　　　　　　　　年　月　日　　　　　　　　　　单位：元

工程项目名称：	工程合同总价（含增减额）：	施工单位名称：
1.申请付款理由须详细说明 （1）合同付款依据 （2）现在实际形象进度节点 （3）项目部的意见。该表格由项目部填写 专业工程师：　　　　年　月　日 甲方项目经理：　　　年　月　日	本期已完工作量：	
	累计已完工作量：	
	本次申请金额：	
	累计已支付金额（不含本次）：	
2.1现场商务代表审核当期实际完成工作量及已累计完成工作量：要求一般在4个工作日内审定 现场商务代表：　　　　年　月　日	2.2商务部经理审核合同付款条件和现场商务代表所签内容：要求在1个工作日内审定 商务部经理：　　　　年　月　日	
3.地区公司分管工程副总经理审查是否符合合同条件（综合审查）：要求在半个工作日内审定 年　月　日	4.地方财务审查合同和付款台账（核对累计已付款情况是否符合合同规定）：要求在半个工作日内审定 年　月　日	

5.地区公司总经理审批：要求一般在半个工作日内审定 年　月　日	6.集团财务副总裁：一般要求在半个工作日内审定 年　月　日	7.总裁：要求一般在1个工作日内审定 年　月　日

备注：（1）集团所有项目一律实行计划管理，每月25日前各分公司上报财务部下月资金使用计划，每月1日前资金使用计划经总裁审批后执行。

（2）工程款付款原则：计划内资金、地方公司总经理要按专款专用的原则执行付款计划，如改变用途需总裁审批。

（3）监审部将定期对付款程序的执行情况进行监督审计，审计结果纳入各审批岗位的主要绩效目标中进行考核。

（4）综合审查：形象进度，合同付款条件。

16-12 项目配套付款审批表

项目配套付款审批表

单位：元

项目名称：	款项性质：	总额：	付款进度		
1.经办人： （1）合同依据或其他依据 （2）写明本次付款的依据 （3）须填写付款进度栏内容			日期	付款额度	已付、未付
			本次申请金额：		
年 月 日			累计已支付金额（不含本次）：		
2.分公司发展部经理： （1）审核付款依据和付款进度状况 （2）一般要求在1个工作日内审定 年 月 日	3.分公司总经理： 一般要求在半个工作日内审定 年 月 日	4.集团财务总监： 一般要求在半个工作日内审定 年 月 日	5.总裁： 一般要求在1个工作日内审定 年 月 日		

备注：

（1）集团所有项目一律实行计划管理，每月25日前各地方公司上报财务部下月资金使用计划，每月1日前资金使用计划经总裁审批后执行。

（2）发展部需要编制合同付款台账。

（3）监审部将定期对付款程序的执行情况进行监督审计，审计结果纳入各审批岗位的主要绩效目标中进行考核。

（4）付款原则：计划内资金，分公司总经理要按专款专用的原则执行付款计划，如改变用途需总裁审批。

16-13 工程付款审批表

工程付款审批表

项目名称：　　　　　　　　　　填写日期：　　年　月　日

合同名称		合同编号	
收款单位全称		开户银行	
		账　号	
合同签约总价款	元	调整后的合同总价款	元
截至目前累计已付款	元	目前合同未付金额	元
本次承包单位申请支付金额	元	我方月度资金计划中所列本次计划付款额	元
本次我方拟付金额（人民币元）	小写：		
	大写：		
付款理由	本次付款合同条款摘要		
	合同履行情况（进度、质量、配合等）		
	付款金额简要计算过程		
会签栏	项目部	（工程管理部）	成本管理部
	经办人： 经理：	经办人： 经理：	经办人： 经理：
	财务管理部	副总经理	总经理

Part 4 房地产企业管理文本

第17章 前期开发管理文书

17-01 ××项目竞争对手楼盘分析报告

××项目竞争对手楼盘分析报告

本次市场调查，主要是针对目前××市在售楼盘进行的全面调查。通过对这些楼盘的分析研究，为本案的产品定位、价格定位等方面提供相应的参考依据。

第一部分 竞争楼盘总体分析

一、调查说明

（一）调查区域

本次竞争楼盘的调查，主要选取"项目周边及××市区在售楼盘"进行调查。在调查过程中，样本项目的采样主要以住宅为主，涵盖多层住宅、高层住宅和别墅等。

（二）调查对象及数量

本次调查，共调查竞争楼盘11个，其中多层住宅项目6个，高层住宅项目5个。

（三）调查时间

5月12日～5月18日。

二、综合分析

本次主要针对"项目周边及××市区在售楼盘"进行了全面调查，目前××市在售楼盘11个，总开发面积近70万平方米，总套数在7000套左右，现已销售近65%。

1.住宅

本次调查的住宅项目户型主要以三房两厅两卫为主，销售价格为1500～4200元/平方米。产品包括多层住宅、高层住宅和别墅。从销售情况看：多层住宅销售较好，但价格相对较低，3500～4700元/平方米；小高层、高层住宅及别墅销售一般，价格相对较高5700～8000元/平方米。所调查楼盘中××、××、××等楼盘销售情况较好。

2.商业

本次调查的商业主要以社区商业为主，商铺的面积普遍都在100平方米以上，销售价格为6000 ~ 12000元/平方米。从销售情况看，位于交通要道及商圈附近的商铺销售情况较好。

三、借鉴分析

本次调查的一个重要内容就是了解目前市场上住宅产品在设计、推广方面值得借鉴之处，同时了解应该避免的一些失误。

（一）借鉴方面

1.建筑设计方面

（1）××楼盘。"一环二弧二轴"整体规划，使分期开发的各组团既开放又相对独立，有机结合。同时在景观规划及环境建设方面，××楼盘运用水系、假山、庭院绿化等将建筑与环境巧妙融合，赢得客户一致称赞。

（2）××楼盘。目前市场上唯一一家多层建筑采用框架结构的住宅项目，××楼盘通过中央景观湖的营造，主打"水景楼盘"概念，获得了市场好评。

2.营销推广方面

（1）××楼盘。率先在××市运用"体验营销"，让客户通过体验样板房、样板环境，直接刺激购房者的购买欲望，取得了较好的市场反响。

（2）××楼盘。注重销售环境的布置与包装，销售中心布局精巧，格调高雅，品质感强，赢得了客户的认可！

（二）失误分析

1.普遍无样板房、看房通道

在本次所调查的11个楼盘中，仅××城建有样板房。样板房、样板环境的缺失，无法直接刺激消费者感官，对客户成交会产生一定的影响。

2.销售人员着装及销讲技巧差

在售楼盘中，销售人员着装统一、销售技巧娴熟者仅××××半岛少数几个楼盘。销售人员的形象包装、销售技巧尚待加强。

3.销售中心包装及现场气氛营造不到位

在售11个项目中除××楼盘、××楼盘、××楼盘等少数楼盘销售中心包装较好外，其余楼盘销售中心的包装均缺乏品质感，现场气氛不活跃，无法带动到场客户的热情、激情，直接影响成交。

第二部分 竞争楼盘个案分析

个案分析一：××楼盘

一、楼盘概况

楼盘概况具体见下表。

楼盘概况

案　名	××楼盘	建筑风格	海派
开发商	××房地产开发有限公司	表单价	住宅 5100 元/平方米 别墅 8200 元/平方米
物业位置	××市××侧	交房日期	××××年××月
建筑类型	多层、别墅	物业公司	××物业公司
楼栋数	42 栋	物业费	未定
占地面积	100000 平方米	销售率	30%
建筑面积	135000 平方米	主力户型	三房
层　数	6 层、3 层	主力面积	116.95 ~ 136.93 平方米
总套数	约 800 余套	交房标准	毛坯
容积率	1.35	工程进度	部分结顶

二、户型、面积种类及分析

户型、面积种类及分析，具体见下表。

户型、面积种类及分析

户型 ＼ 面积	面积（单位：平方米）					销售状况
	1	2	3	4	5	
二房二厅	91.7					80%
三房二厅	136.9	132.4	127.4	126	116.9	30%
四房二厅	150.9					70%
别墅	229.8	323.3				10%

特点分析：两房户型，面积实用，全明设计，但餐厅、客厅联结部分面积浪费；三房户型，方正布局，两个甚至是三个朝阳卧室，动静分区，南北双阳台设计。

三、价格分析

最高价：8200 元/平方米，层数：叠加别墅。

最低价：3800 元/平方米，层数：6 层。

分析：别墅临近中央水系景观，故价格最贵，多层顶层价格最便宜。

四、销售状况分析

××楼盘目前销售状况一般，购房客户多数被其景观、小区品质所吸引，××周边县城有部分客户在此购房。

五、小区配套分析

双气入户供热水；防盗监控系统，可视对讲系统；有线电视、电信宽带等智能化系统；有约1200平方米的大型豪华会所；底层有充足的停车位。

六、优、劣势分析

（一）优势分析

（1）交通优势。位于××路与××路交汇处，交通便利。

（2）景观优势。小区中央为4000平方米大面积水景。

（3）建筑优势。全框架结构，外墙外保温技术，多重智能化安防设施。

（二）劣势分析

周边配套少，整个地块周边生活氛围不足。

七、学习借鉴方面

（1）销售部布局、格调包装均有独到之处，品质感强。

（2）建筑品质方面。多重智能安防。

（3）销售人员技巧及讲解水平。

八、失误及问题方面

无样板房，无看房通道；销售人员着装不统一；销售部无人气，现场气氛不活跃。

个案分析二：××楼盘

一、楼盘概况

楼盘概况具体见下表。

楼盘概况

案　名	××楼盘	建筑风格	现代
开发商	××房地产开发有限公司	表单价	5160元/平方米
物业位置	××路与××路交叉口 西50米路南	公开日期	××××年××月
建筑类型	高层	交房日期	××××年××月
楼栋数	3栋	物业公司	××物业公司
占地面积	30余亩	物业费	1～1.2元/平方米·月
建筑面积	50000平方米	销售率	70%
层　数	16层	主力户型	三房/两房
总套数	360套	主力面积	36平方米、98.85平方米、126平方米
工程进度	主体封顶	交房标准	毛坯、双气

二、户型、面积种类及分析

户型、面积种类及分析，具体见下表。

户型、面积种类及分析

户型＼面积	面积（单位：平方米）				销售状况
	1	2	3	4	
单间	36				未正式销售
一房一厅	48	54			未正式销售
二房二厅	85	98			已售70%
三房二厅	118	126	127		已售80%
四房二厅	149	152			售出30%左右

特点分析：两房设计较好，面积配比合理，实用率高，全明设计，三房和四房采用错层和双阳台，大飘窗设计，采光、通风效果好。

三、价格分析

最高价：6360元/平方米，层数：16层。

最低价：4060元/平方米，层数：2层。

分析：目前推出的为3栋高层，价格在周边高层市场属于中高价位，市场接受度一般。

四、销售状况分析

该项目已推出近一年，目前一期销售达到了30%，主要是借助置地公司售房部的名气和位置关系。

五、小区配套分析

双气入户、地下车库；江南水景园林景观，近百株成年桂花树；水系、水景应用等。

六、优、劣势分析

（一）优势

（1）交通优势。××路、××路出行便利。

（2）景观优势。江南园林和大面积水景。

（二）劣势

（1）地块临主路部分较窄，进出社区不便。

（2）两侧紧临都市村庄，环境差。

七、学习借鉴方面

环境：销售部内环境营造和社区景观的规划；形象：销售代表形象良好，普通话讲解，物料宣传，包装有品位。

八、失误及问题方面

小户型采用核心筒设计，每层2梯10户，户数多，异型户型多。

17-02 ××项目地块分析评估报告

××项目地块分析评估

一、区位条件

本地块位于××区××路××酒店南侧,位于政府规划中的××线内,占地面积14600平方米,属于城市中心区,地块周边景观资源非常丰富。

二、交通条件

本地块具有良好的交通资源,通达性好,现状进入性良好;地块附近共有5条主要公交线路经过。

(一)通达性

(1)从地块现状看,紧邻××路,距离××路和××路约1千米。

(2)从地理位置看,地块位于城市中心地带,北往××,南往××,通达性好。

(二)进入性

(1)××市规划城市道路总体框架布局为"三环""四横""五纵",其中××路、××路是规划"三环"中的"二环(中环)"的重要组成部分,构成城市快捷交通干线,因此地块的交通资源非常强势。

(2)从地块的现状看,与其他道路接口情况较好。

(3)道路级别情况较好。

(三)公交

附近有××浴场、××酒店、××会展中心站及××大世界公交站,分别有××、××等公交线路到达。

(四)火车

地块距××火车站约5千米左右,到达时间需10分钟左右,可选择公交、出租车等交通工具,十分便利。

(五)机场

××机场与北京、深圳、上海、广州、济南等20个城市通航,地块距××机场20千米左右,到达时间约需30分钟,可选择公交、出租车等交通工具。

三、地块规模

地块较方正,总占地14650平方米;内部无分割,整体性不受影响。

(一)地块四至

东至海岸线;南至绿化用地;西至××会展中心后门;北至××酒店南侧。

(二)地块内部现状

地块内部现状以临时建筑棚和临时停车场为主,权属归于××酒店投资方。地块呈梯形状,地势平坦,无落差。

（三）地块外部配套

地块所在区域属于城市中心景观区，周边文化、酒店、教育等资源丰富，但无大型百货、超市生活配套设施。

（1）商业设施情况。地块与××酒店紧邻，与××会展中心、××演艺广场咫尺之遥，但周边无大型百货、超市。

（2）教育配套设施情况。周边1千米左右范围内有××中学、××艺术学校、××电大、××小学等教育机构。

（3）地块景观资源。地块所在区域属于城市中心景观区，景观资源非常丰富，有××浴场、××观光带、××、××公园等景观。

17-03　××楼盘项目可行性研究报告

××楼盘项目可行性研究报告

目　录

（略）。

一、项目决策背景及摘要

（一）外部因素（略）。

（二）内部因素（略）。

二、项目概况

（一）宗地位置

××项目位于××市西北的××区，地块距市中心9.6千米，距××火车站7千米，距××××机场18千米，包括××地块与××地块，两地块之间相距约4千米。

（二）宗地现状

（1）××地块位于××高新技术产业园东北角，北侧为××大道，南侧为××园，西侧为××办公大楼，东侧临××湖；××地块位于××生态保护区，三面××，西侧为××路。

（2）××地块原为零星鱼塘，近年进行回填，现地势平坦，已完成周围及地块内市政道路的规划和施工，现地面自然标高为+21米左右，比××大道低0.7米，比××湖平时水位高出约1米；××地块原为养殖、种植用地，现有的鱼塘和菜地需要回填和平整，现地面自然标高为+20.8米左右，比××路低0.5米，政府规划在半岛与××路之间挖一条护城河，使××成为××中的××岛，并免费修建由××路通往地块的桥梁。

（3）××地块西南角有部分民房需拆除（住户已迁走），政府承诺在交地块前拆完；××地块内有一条22千伏高压线横穿（高压线走廊占用的地面不计地价），另有一养鸡场须拆建。

（4）地下没有影响房地产开发的构筑物、电缆、暗渠及其他构筑物。

（5）地质情况。为低洼地回填，局部需采用桩基础。

（三）项目周边的社区配套

（1）周边有包括高等级××大道在内的多条重要通道，包括：××国道、××国道、××高速公路、××市中环路、××市外环路、××机场高速公路、××铁路、××航线。

（2）现有两路大巴、1路中巴经过地块，区政府已承诺增加引进公交巴士数量。

（3）同时附近的××花园目前已有7路大巴到达市内各区域。

（4）此外，××市十五规划地铁一期工程的起点就设在附近的××花园内，届时将可以借用。

（5）地块周边（包括××花园内）的配套情况（略）。

（四）项目周边环境

项目所在地隶属××生态旅游度假区，区内风景优美、空气清新，保持着良好的自然生态。

（五）大市政配套

目前××地块，除煤气外，水电、电讯、网络都已配套完毕；相关的配套管线埋设在地块周边。

（六）规划控制要点（略）。

（七）土地价格

（1）拿到土地证的包干价格。（××地块）13万元/亩、（××地块）9万元/亩。

（2）代征地面积约150亩，价格减半计算。

（3）总地价约为1.7亿元。

（八）土地升值潜力初步评估

（1）宗地具有优越的地理位置与自然环境，周边配套完善，交通方便，已有大规模社区，区域经济发展相当迅猛，是政府规划发展的重点地区，具备很大的增值潜力。

（2）随着政府对土地供应的限量控制，××市整体土地市场的升温是必然趋势。在3月20日举行的××市第一次土地拍卖会上，与××区位置基本相同的××地区，125亩土地拍卖价高达6800万元，单价约54万元/亩，比本地块地价高出4倍。

（九）立即开发与作为土地储备优缺点分析

××房地产市场正处在上升期，根据消费需求意向调查显示及市场楼盘供应情况，××市民已能接受郊区居住模式，大量的人口向郊区转移，立即开发，可以及时占领市场，延缓开发则会错过占领市场的最好机会。××地块周围配套暂时不够完善，拟作为短期储备，两年后开发。

三、法律及政策性风险分析

（一）项目用地法律手续现状（略）。

（二）合作方式及风险评估（略）。

（三）合作风险控制（略）。

（四）总体评价（略）。

四、市场分析

（一）总体市场简述（略）。

（二）××区住宅市场成长状况（略）。

（三）区内主要竞争楼盘分析（略）。

五、规划设计初步分析

（一）规划设计的可行性分析

我们将把本项目开发为融入房地产开发经验、先进的居住理念、风光优美的滨湖住宅，成为××镇最适合人居住的国家康居示范小区，引导××的居住文化、模式进入新的阶段。并以此项目为起点，在××进行大规模住宅开发。

（1）××大道是开发区新建的城市综合性主干道，东接××高速，向西直通××国道，路面为双向6车道，各种市政管线已一次敷设到位，具有较好的市政配套设施。一期开发地块北边界紧邻××大道，中间规划有100米宽的绿化隔离带，可有效屏蔽各种污染，并易于组织人车流线，还可缩短区内道路和各种市政管线的接驳距离，有效节省建设投资。

（2）拟开发地块距××花园（占地4000亩，××市已成规模的小区）不到3千米，根据已做的市场调研分析报告及××花园的入住率看，××市民已基本上形成了居住在城郊结合部的居家观念。该地块附近已推出的××花园、××花园，是目前××市较大规模的中高档住宅。因此我公司拟借助周边楼盘已形成的人气，在此区域内推出高品质中档住宅，满足不同客户的需求。

（3）××大道在该地块内尚没有影响小区景观的各类因素，因而我们小区能够通过规划设计控制沿××大道的街景立面，创造良好的城市景观及小区外部视觉形象，创造居住气氛，提供良好的销售环境，然后向南分期分批逐步开发。

（4）临街拟规划配套公建及会所，使其不仅满足小区内居民的需要，而且服务于社会，以提高配套公建的使用效率，并于开发前期聚集人气。

（5）在一期开发部分拟以6层的多层为主。户型配置根据现有市场调查情况，以较为好卖的三房110～130平方米、二房80～90平方米为主，尽量多样化，待销售后看市场反应，进行调整。户型设计拟通过样板间的展示引导××的客户，成功后再在后期推广。

（6）在景观设计中充分利用现有的××的水景资源及自然风光，丰富人文环境，做到自然与人文并举，创造生态型的人文环境。

（7）由于小区的规模较大，在物业管理上通过总体规划布局形成以半开敞半封闭的小区道路将小区划分为各个居住组团，以组团为单位进行封闭式管理的居住模式。

（二）建议规划设计要点

1. 建筑形式

色彩明快的现代建筑风格，以 4 ~ 6 层的住宅为主，辅以部分联排别墅。各组团的建筑风格统一，通过色彩的变化和局部的立面变化增加可识别性。

2. 景观设计

园林设计将配合建筑设计的平面布局和地形特征，使户外景观与建筑空间有机地融为一体，使住户不管在地面还是在楼上，均可欣赏到优美的景观。

环境的设计对私人空间、半私人空间和公共空间将进行不同的处理。每个组团形成主题空间，各主题空间将设有与主题相关的花园、喷泉或雕塑，并设花架和座椅，供户外休憩用。此外，各主题花园的布局或设计将充分考虑人流、景观及噪声等各方面因素。

（三）户型比、户型面积（略）。

（四）交通组织

整个小区利用外围环形车道，结合半地下车库、架空层外侧以及主要道路两侧通车，将机动车活动范围限制在组团庭院外围。道路设计贯彻"通而不畅，顺而不穿"的原则，以限制区内车速、噪声，确保小区内的安静及交通安全。基本实现人车分流。

六、工程及销售计划（略）。

七、财务分析与评价（略）。

八、管理资源配置

（1）考虑到本项目的特殊性，即各种手续包括规划、工程、销售等均在 ×× 区办理，本项目拟按照"大项目、小部门"进行配置。

（2）配置项目经理 1 名、项目经理助理 1 名、设计组（2 人）、工程组（7 人）、成本组（2 人）、公共事务组（2 人）。以上人员除项目经理外，其他需从社会上招聘。

九、综合分析与建议

（一）项目优势

（1）×× 整体住宅开发水平相对落后，缺乏竞争力，而我们可以融入专业开发经验和资源及品牌，塑造优质住宅。

（2）由于经济适用房的过度开发以及土地出让的不规范，×× 的房价长期处在与经济发展水平不相符的低价位，目前正向合理水平回升，目前进驻，将可以抓住机会，创立品牌，利于在今后占领市场。

（3）产品定位为大规模、高品质的中档住宅，准确地弥补 ×× 区域的市场空缺。

（4）拿地方式上充分利用品牌、商誉，采取与政府合作，法律风险低。

（5）景观优势。项目处于××××度假生态区内，滨湖、风景优美。

（6）项目所处的××区是××规划的重点建设新经济增长带及城市改造、导入旧城区人口的区域。

（7）政府希望借开发带动区域发展，对进驻非常欢迎和支持，在税务、规划方面给予优惠。

（8）××花园的开发启动了××区域人气，使××人接受了城郊居住的模式。

（二）项目劣势

（1）在已开发过项目的城市甚至××均有很强的品牌号召力，但在××市还未被客户和政府认可。

（2）初期由于距离偏远、公交少，需要造势，加大宣传。

（3）××花园凭借完备的交通、成熟的社区及将来地铁开通，将成为我们强劲的竞争对手。

（4）首次开发"湖景"楼盘，需要新思路。

十、结论及建议

本项目具有"相对专业优势"和"市场产品空缺"及"滨湖风光"这三大优势，十分难得。从市场和投资回报角度分析，都是可行的。建议准予立项。

能够发挥出开发的专业水准并在此基础上创造性地规划、营销和施工组织，保持创新，是我们克服各种劣势条件，与周边楼盘竞争并取得成功的关键。

17-04 房地产项目用地投标书

房地产项目用地投标书

××市国土资源局

××市建设委员会：

经过实地考察、踏勘××区××号地，并认真阅读、研究了贵方招标文件（编号：××××）的全部条款、要求和条件，我方××集团股份有限公司决定参加××市××区××号地国有土地使用权招标出让的投标，并按照招标文件的有关规定，递交完全符合招标文件要求的投标文件。

一、投标报价

我方愿意以人民币_____元整（小写¥_____元）的投标价格参加××市××区××号地国有土地使用权出让招标的竞投。

上述投标价为该宗地的熟地价总额，包括地上可出让部分的土地出让金、城市基础设施建设费和土地开发建设补偿费。

二、投标保证金

我方在提交本投标书之前，已交纳投标保证金人民币_____万元。保证金汇票由××银行××支行开出，编号为No.××××。

三、中标承诺

我方在参加本次出让招标竞投的同时承诺，如中标则我方将履行以下条款。

（1）本次出让宗地中商业用途的房屋，100%均按要求建设，建筑面积全部为_____平方米左右，销售价为_____元/建筑平方米，出租价为_____元/建筑平方米。

（2）根据《投标须知》的规定，采用招标人所接受的格式，在接到中标通知书之日起30个工作日内与××市国土资源局签订《××市国有土地使用权出让合同》，与××市建委签订《普通商品房建设协议》，与××市××厂签订《企业搬迁补偿协议》，并严格遵守合同和协议各项条款。

（3）我方已交纳的投标保证金人民币_____万元的支票或汇票，在交纳之日起至我方投标文件有效期满时段内，能够在××市内的任意一家银行的分支机构即时兑现，并同意将投标保证金人民币届满时段内，都能够在××市内的任意一家银行的分支机构即时兑现，并同意将投标保证金人民币_____万元抵作部分政府土地收益及企业搬迁补偿费。

（4）严格遵守合同、协议的各项条款的规定。若我方不能在规定的时间签订合同、协议，视为我方违约。招标人可取消我方中标资格，没收投标保证金。

（5）我方将按照本投标文件付款进度和额度支付有关款项。

（6）我方为非××市房地产开发企业，我方将在××市成立一家能够独立承担责任的房地产开发公司进行此招标出让土地的开发，并按照有关规定申请相应的开发资质。

四、保留标书文件条款

我方同意自投标截止日起90日内为本投标文件的有效期，在此期间本投标文件有效，可以在任意时候被招标人接受。如我方中标，在《××市国有土地使用权出让合同》《企业搬迁补偿协议》生效之前，《中标通知书》、本投标文件及招标文件将作为我方与招标人之间具有法律约束力的文件。

五、我方同意招标人作出的评标决定

我方承诺，将同意招标人作出的评标决定。

六、附件

根据《投标须知》的规定，随本投标书投交的各项投标文件如下。

（1）开标一览表。

（2）写字楼建设及销售方案。

（3）投标人的基本信息表。

（4）投标人业绩说明。

（5）投标人财务状况表。

（6）投标人诉讼情况表。

（7）投标人董事会决议。

（8）投标人法定代表人身份证明书。

（9）授权委托书。

（10）营业执照复印件。

（11）房地产开发企业资质证书复印件。

（12）投标保证金汇票复印件。

（13）公司章程。

（14）财务方案。

（15）银行资金证明。

我方证实，本投标文件中的陈述和资料是真实准确的。

投标人（盖章）：×××集团股份有限公司

法定代表人签名：

投标人法定地址：

电话：

传真：

填写日期：

17-05　××市国有土地登记法人委托书

法人委托书

　　兹委托（姓名：＿＿＿＿）（身份证号码：＿＿＿＿＿＿＿＿＿＿＿＿）和（姓名：＿＿＿＿）（身份证号码：＿＿＿＿＿＿＿＿＿＿＿＿＿）为建设工程规划土地报件联系人，就＿＿＿＿＿＿＿＿＿建设规划土地报件事宜与＿＿＿＿市规划国土资源局接洽。

　　　通信地址：＿＿＿＿＿＿＿＿　　　邮编：＿＿＿＿＿＿＿＿

　　　固定电话：＿＿＿＿＿＿＿＿　　　移动电话：＿＿＿＿＿＿＿＿

　　　法定代表（签名）：＿＿＿＿＿＿

（建设单位盖章）

年　　月　　日

17-06 国有土地使用权申请书

国有土地使用权申请书

（面积单位：平方米，资金单位：万元）

申请用地者							
申请用地原因	□房地产开发　□转让　□转制出售 □划拨变有偿　□			申请用地方式		□出让　□租赁 □划拨　□	
法定住所				主管部门			
通讯				邮政编码			
单位		执照号码		代码证号			
法人代表		职务		办公电话			
联系人		联系电话		传真			
土地座落			地号		使用年限		年
用地面积		其中耕地		征地补偿		投资总额	
用地许可证号		用地性质		项目名称		建筑面积	
拆迁面积		拆迁补偿		原用地单位			
宗　地 四　至	东至			南至			
	西至			北至			
申请用地依据及其他需要说明事项： 　　　　　　　　　　　　　　　　　　　　　　年　月　日（签章）							

第18章 房地产项目工程管理文书

18-01 地产项目工程投标承诺函

地产项目工程投标承诺函

致：_____

我方已经详细阅读了贵公司关于_____工程的招标文件、标准合同、施工图等附件，完全理解了其中的内容，现参加此项工程投标，所做承诺如下。

一、工程造价

（1）我方完全接受招标书、标准合同、施工图等附件中有关计价方式、付款方式、工期、质量、奖罚措施等全部要求，则：

投标总价合计为 _____元。

我方愿意在上述投标总价基础上下浮_____%，实价为：_____元，实价（人民币大写）：_____元。

（2）如贵方接受我方对贵方招标书、标准合同中的条款进行以下修改，我方完全接受招标书、标准合同、施工图等附件中的其他所有内容，则：

投标总价合计为_____元。

在上述投标总价基础上下浮_____%，实价为：_____元，实价（人民币大写）：_____元。

我方对贵方招标书、标准合同中的全部要求中仅提出修改意见如下：_____
_____

二、主材承诺报价
_____
_____

三、工程付款方式

我方同意贵方标书、合同中的以下条款。

（1）工程预付款。签订合同_____日内，业主支付合同价的_____%为预付款。

（2）工程进度款。_____为支付。

（3）工程结算款。按总价的_____%结算。

（4）工程保修金。按总价的_____%扣留。

四、工程质量等级

我方承诺：_____。

五、工期

我方承诺：_____。

六、工程保修期

我方承诺：_____。

特此承诺。

投标单位（签章）：

年　月　日

18-02　廉洁合作协议

廉洁合作协议

甲方：_____

乙方：_____

甲乙双方于__年__月__日签署了____工程建造合同为加强工程项目建设期间的廉洁合作，确保项目高效优质按期竣工，甲乙双方经协商签订本协议，并作为双方共同遵守的廉洁合作行为准则。

一、甲方责任

（1）甲方有责任向乙方介绍本单位有关廉洁合作管理的各项制度和规定。

（2）甲方有责任对本单位项目管理人员进行廉洁合作教育。

（3）甲方人员应严格遵守本单位有关廉洁合作管理的规定，不得接受乙方的宴请，不得接受任何形式的实物、现金或礼券。

（4）甲方在工程项目建设期间发现甲方人员任何形式的索贿受贿行为，均应及时采取措施予以制止，并及时通报乙方单位领导。

（5）甲方人员如违反廉洁合作管理制度及本协议规定，甲方应视情节轻重、影响大小给予行政及经济处罚。

（6）对于乙方举报甲方人员违反廉洁合作规定的情况，甲方应及时进行调查，根据调查情况进行处理。

二、乙方责任

（1）乙方应保证乙方有关人员了解甲方单位有关廉洁合作管理的各项制度及本协议的规定并遵照执行。

（2）乙方不得宴请甲方人员，不得以任何形式赠送实物、现金或礼券。

（3）乙方单位在工程项目建设期间发现乙方人员任何向甲方人员行贿行为，均应及时采取措施予以制止，并及时通报甲方单位领导。

（4）乙方有责任接受甲方对乙方在工程项目建设期间廉洁合作管理执行情况的监督。

（5）乙方单位人员有义务就甲方人员任何形式的索贿或受贿行为及时向甲方单位领导举报；如乙方向甲方人员行贿，或甲方人员向乙方索贿，乙方满足其要求且并未向甲方举报的，一经查实，除追回由此给甲方造成的损失外，乙方承诺在总价的基础上再让利（比如：总价再让利10%），并对本方知情不报人员进行相应处罚。

（6）如因乙方单位及人员在工程项目建设期间贿赂甲方人员，被检察机关立案查处的，甲方有权取消或终止工程合同的履行，由此给甲方造成的损失由乙方负责赔偿。

甲　方：　　　　　　　　　　　乙　方：

法定代表人：　　　　　　　　　法定代表人：

年　月　日　　　　　　　　　　年　月　日

18-03　工程质量保修协议

工程质量保修协议

甲方：_____

乙方：_____

甲乙双方于__年__月__日签署了_____工程建造合同，为保证该合同范围内乙方承建的工程在一定使用期限内正常使用，维护建筑工程所有者、使用者的合法权益，明确双方权利与义务，甲乙双方经协商签订本协议。乙方在质量保修期内按照《（国家）建设工程质量管理条例》《_____市建设工程质量管理条例》及本保修协议承担工程质量保修责任。

一、质量保修范围和内容

工程质量保修范围包括：地基基础工程、主体结构工程、防水及防渗漏（屋面、外墙、厨房、卫生间、门窗等），装修工程、电气工程、给排水工程、暖通工程等约定的其他工程。

具体质量保修内容双方约定如下：

_____

二、质量保修期限

质量保修期从工程竣工验收合格后移交之日计起，分单项竣工验收的工程，按单项工程分别计算质量保修期。

保修期限内因乙方工程质量问题而保修的，相应保修期从修复之日起计算，时间顺延。

各分项工程质量保修期如下：

（1）房屋建筑的地基基础工程和主体结构工程为____年（按有关文件规定）。

（2）装修工程为2年。

（3）防水工程（屋面、外墙、厨房、卫生间等）为5年。

（4）电气安装、给排水安装、设备安装工程为2年。

（5）采暖、空调及制冷系统工程为2个采暖期或供冷期。

（6）其他约定

_____

_____

三、质量保修责任

（1）竣工验收后移交前由于乙方保管不善造成各部件、整体或单体损坏、脱落、变质、丢失等，均由乙方承担赔偿和修复责任。

（2）在质量保修期内由于乙方工程质量原因给甲方和业主造成的直接和连带损失，由乙方承担赔偿和保修责任，所需费用从工程质量保修金中扣除。

（3）工程竣工验收后，本工程移交给_____物业管理公司管理，保修款转交该公司保管，并从移交日起，_____物业管理公司有权代为行使甲方在本协议中的所有权利和责任。

（4）属于保修范围内的项目，乙方同意接到甲方或业主通知后派人及时赶到现场进行修理，并保证保修质量，否则甲方有权委托他人修理，所需费用从工程质量保修金中扣除。

（5）乙方需指定专人在现场负责维修工作。

在乙方人员到达之前，甲方可采取适当的应急措施，费用由乙方承担。

具体时间如下：

① 给排水、供电设施及线路出现故障，乙方须在接到通知后4小时内赶到现场，6小时内完成维修工作。

② 其他情况，乙方须在接到通知后24小时内赶到现场，48小时内完成维修工作。

（6）维修过程中，甲方应给予乙方必要的协助。

四、保修质量

乙方负责保修的质量，工程保修项目完成后须经业主或甲方代表验收签字方可。工程保修项目应保证在六个月内不出现同类问题，否则，即使保修期满也应继续维修。

因乙方施工质量问题，乙方维修两次后，同一部位再出现类似问题，乙方每次每项向甲方支付违约金_____元，同时，甲方有权委托他人修理，由此引起的费用和责任由乙方承担。

五、质量保修卡

为增强客户信心，本工程由施工单位向各客户出具质量保修卡，并加盖施工单位公章。质量保修卡应与竣工资料同时提交甲方。

六、质量保修金支付

工程结算时，依据合同内容，甲方从乙方工程结算造价中扣除_____%作为工程质量保修金。如质量保修全余额不足以支付工程保修及赔偿等费用，乙方应在接到甲方通知后15天内将差额补齐。

七、质量保修金返还

工程质量验收满2年后，如无质量问题，经甲方、物业公司签字同意后，在20天内将剩余保修金一次性返还乙方。质量保修金的返还并不免除乙方在保修期内的保修责任。

八、其他

对保修金等余款的支付办法应做明确规定，除一般保修金外，可在合同中约定发包单位在工程竣工后一定时间内扣押承包单位一定数额的渗漏保证金（比如，35元/平方米）。

质量保修卡

（正面）
施工单位：（填写名称并加盖公章）
法人代表：
序号：
业主编号：

_____（施工单位名称）在_____年____月_____日至____年____月_____日承建_____工程，现保证房屋和整体配套工程质量达到优良标准，除装修等人为损坏外，各部门质量保修期如下：

主体结构保修期为____年，屋面防水工程、有防水要求的卫生间、房间、外墙面和门窗框的防渗漏保修期为____年，电气管线、给排水管道、设备安装和装修工程保修期为__年。

在质量保修期内若出现质量问题，我公司负责赔偿、维修。

物业管理处及施工单位联系电话：_____

（背面：施工单位简介）
甲方（签章）：　　　　　　　　　　乙方（签章）：
　年　　月　　　日　　　　　　　　　年　　月　　　日

18-04 关于设计变更、现场签证的协议

关于设计变更、现场签证的协议

甲方：

乙方：

甲、乙双方经协商于____年____月____日签订了_____合同为规范与该合同有关的设计变更、现场签证（以下简称"变更""签证"）的管理工作，分清责任，提高结算效率，保护甲乙双方的利益，特签订以下协议。

第一条：乙方对于甲方正式发出的变更、签证，应及时、完整地执行，并保证工程的质量和进度要求；甲方应按照变更、签证的内容及其完成情况及时、足量地支付乙方变更签证的价款。

第二条：关于变更、签证办理的约定

（1）甲方发出的变更、签证通知单，应加盖甲方指定的印章，否则乙方可以不接受；乙方出具的要求甲方结算价款的变更、签证单，如果没有甲方指定的印章，甲方将不予结算费用。

（2）甲、乙双方指定的有效印章式样如下：

（甲方印章式样）　　（乙方印章式样）

（3）合同履约中，甲、乙双方填制的变更、签证通知单都应使用本协议后附的标准表格，否则甲方可以不予审核费用，乙方可以不予接受。

（4）甲、乙方均应对变更、签证通知单分专业连续编号、妥善保存；甲、乙双方都应设置变更、签证事项的单据交付记录，交付对方单据时应要求对方签收，接受方不得拒签。

第三条　关于变更、签证计价及结算的约定

（1）变更、签证的计价严格执行与其相关的主合同的经济条款，执行相同项目的综合单价或套用相同的定额、取费标准、材料价差方式。当没有合适的定额套用时，双方可以按当时当地的市场合理低价协商确定。

（2）在双方核对变更、签证的价款时，乙方负责事先就每张变更、签证通知单做一份完整结算书提交于甲方，甲方不接受乙方以汇总方式编制的多项变更、签证事项的结算书。

（3）结算书的内容必须完整、准确，结算书一般包括以下内容：① 结算总费用；② 原合同相同工作内容的综合单价；③ 套用定额编号的直接资材计价表；④ 其他直接费、间接费的计费表；⑤ 综合调差系数和主材调差依据；⑥ 定额以外项目的人工、材料、机械分析；⑦ 变更签证单原件及所有相关的往来函件、其他需要说明的与造价有关的问题。

（4）乙方接收甲方发出的变更通知单后应立即组织计算变更费用，最迟在该变

更内容全部施工完毕后<u>10日</u>内（从监理及甲方工地代表确认完工情况的日期计算）向甲方报送完整变更费用计算；每迟报一天，将扣除最终审定价的____%。

（5）原则上甲乙双方应在每项变更签证实施前，商谈确定总费用，特急变更签证也应在施工后<u>10天</u>内谈定价款；乙方提交的变更签证结算书，应与事先商谈的价格一致。

（6）关于临时用工的签证事项，双方应在签证通知单上协商确定以下问题：工作内容及工作量、工作时间、工作人数、取定的人工单价（是综合单价，已含管理费和利润）。

（7）当变更、签证的工作内容完成之后，乙方要及时督促监理和甲方工地代表在完工后5日内签字确认，否则甲方可以不予审核费用。对于隐蔽工程和事后无法计算工程量的变更和签证，必须在覆盖或拆除前会同监理、现场工程师、成本人员共同完成工程量的确认和费用谈判，否则甲方可以不计价款。

（8）因设计变更或现场签证涉及可重复利用的材料时，应在拆除前与甲方谈定材料的可重复利用率，否则视为乙方100%的回收利用。

（9）双方核定变更、签证事项的价格后，应在结算书上注明最终审定价格，并由双方签字、盖章后生效。

（10）每月5日前，甲、乙方应就截至上月十日确定最终费用的变更、签证的费用结算书进行综合性核对，并形成核对与商谈记录清单。甲方应按主合同约定的付款比例同期支付。

第四条　其他

本协议与双方签订的主合同，具有同等法律效力；主合同的条款与本协议有矛盾时，以本协议为准。

甲方（盖章）　　　　　　　　　　乙方（盖章）

签字：　　　　　　　　　　　　　签字：

时间：　　　　　　　　　　　　　时间：

第19章 房地产销售管理文书

19-01 房地产代理销售合同

房地产代理销售合同

甲方：_____

地址：_____

乙方：_____

地址：_____

甲乙双方经过友好协商，根据《中华人民共和国民法通则》和《中华人民共和国合同法》的有关规定，就甲方委托乙方（独家）代理销售甲方开发经营或拥有的_____事宜，在互惠互利的基础上达成以下协议，并承诺共同遵守。

第一条 合作方式和范围

甲方指定乙方为在（地区）的独家销售代理，销售甲方指定的，由甲方在_____兴建的_____项目，该项目为（别墅、写字楼、公寓、住宅），销售面积共计_____平方米。

第二条 合作期限

（1）本合同代理期限为_____个月，自_____年_____月_____日至_____年_____月_____日。在本合同到期前的_____天内，如甲乙双方均未提出反对意见，本合同代理期自动延长_____个月。合同到期后，如甲方或乙方提出终止本合同，则按本合同中合同终止条款处理。

（2）在本合同有效代理期内，除非甲方或乙方违约，双方不得单方面终止本合同。

（3）在本合同有效代理期内，甲方不得在_____地区指定其他代理商。

第三条 费用负担

本项目的推广费用（包括但不仅包括报纸电视广告、印制宣传材料、售楼书、制作沙盘等）由甲方负责支付。该费用应在费用发生前一次性到位。

具体销售工作人员的开支及日常支出由乙方负责支付。

第四条 销售价格

销售基价（本代理项目各层楼面的平均价）由甲乙双方确定为_____元/平方米，乙方可视市场销售情况征得甲方认可后，有权灵活浮动。甲方所提供并确认的销售价目表为本合同的附件。

第五条　代理佣金及支付

（1）乙方的代理佣金为所售的_____项目价目表成交额的_____%，乙方实际销售价格超出销售基价部分，甲乙双方按五五比例分成。代理佣金由甲方以人民币形式支付。

（2）甲方同意按下列方式支付代理佣金。甲方在正式销售合同签订并获得首期房款后，乙方对该销售合同中指定房地产的代销责任即告完成，即可获得本合同所规定的全部代理佣金。甲方在收到首期房款后应不迟于3天将代理佣金全部支付乙方，乙方在收到甲方转来的代理佣金后应开具收据。

乙方代甲方收取房价款，并在扣除乙方应得佣金后，将其余款项返还甲方。

（3）乙方若代甲方收取房款，属一次性付款的，在合同签订并收齐房款后，应不迟于5天将房款汇入甲方指定银行账户；属分期付款的，每两个月一次将所收房款汇给甲方。乙方不得擅自挪用代收的房款。

（4）因客户对临时买卖合同违约而没收的定金，由甲乙双方五五分成。

第六条　甲方的责任

（1）甲方应向乙方提供以下文件和资料

① 甲方营业执照副本复印件和银行账户。

② 新开发建设项目，甲方应提供政府有关部门对开发建设_____项目批准的有关证照（包括：国有土地使用权证书、建设用地批准证书和规划许可证、建设工程规划许可证和开工证）和销售_____项目的商品房销售证书、外销商品房预售许可证、外销商品房销售许可证；旧有房地产，甲方应提供房屋所有权证书、国有土地使用权证书。

③ 关于代售项目的所需的有关资料，包括：外形图、平面图、地理位置图、室内设备、建设标准、电器配备、楼层高度、面积、规格、价格、其他费用的估算等。

④ 乙方代理销售该项目所需的收据、销售合同，以实际使用的数量为准，余数全部退给甲方。

⑤ 甲方正式委托乙方为_____项目销售（独家）代理的委托书。

以上文件和资料，甲方应在本合同签订后二天内向乙方交付齐全。

甲方保证若客户购买的_____的实际情况与其提供的材料不符合或产权不清，所发生的任何纠纷均由甲方负责。

（2）甲方应积极配合乙方的销售，负责提供看房车，并保证乙方客户所订的房号不发生误打。

（3）甲方应按时按本合同的规定向乙方支付有关费用。

第七条　乙方的责任

（1）在合同期内，乙方应做以下工作

① 制定推广计划书（包括市场定位、销售对象、销售计划、广告宣传等）。

② 根据市场推广计划，制定销售计划，安排时间表。

③ 按照甲乙双方议定的条件，在委托期内，进行广告宣传、策划。

④ 派送宣传资料、售楼书。

⑤ 在甲方的协助下，安排客户实地考察并介绍项目环境及情况。

⑥ 利用各种形式开展多渠道销售活动。

⑦ 在甲方与客户正式签署售楼合同之前，乙方以代理人身份签署房产临时买卖合约，并收取定金。

⑧ 乙方不得超越甲方授权向购房方作出任何承诺。

（2）乙方在销售过程中，应根据甲方提供的_____项目的特性和状况向客户做如实介绍，尽力促销，不得夸大、隐瞒或过度承诺。

（3）乙方应信守甲方所规定的销售价格，非经甲方的授权，不得擅自给客户任何形式的折扣。在客户同意购买时，乙方应按甲乙双方确定的付款方式向客户收款。若遇特殊情况（如客户一次性购买多个单位），乙方应告之甲方，做个案协商处理。

（4）乙方收取客户所付款项后不得挪作他用，不得以甲方的名义从事本合同规定的代售房地产以外的任何其他活动。

第八条　合同的终止和变更

（1）在本合同到期时，双方若同意终止本合同，双方应通力协作，妥善处理终止合同后的有关事宜，结清与本合同有关的法律经济等事宜。本合同一旦终止，双方的合同关系即告结束，甲乙双方不再互相承担任何经济及法律责任，但甲方未按本合同的规定向乙方支付应付费用的除外。

（2）经双方同意可签订变更或补充合同，其条款与本合同具有同等法律效力。

第九条　违约责任

双方违反合同约定的，支付_____的违约金。

第十条　其他事项

（1）本合同一式两份，甲乙双方各执一份，经双方代表签字盖章后生效。

（2）在履约过程中发生的争议，双方可通过协商、诉讼方式解决。

甲方：_____（盖章）

代表人：_____（签字）

乙方：_____（盖章）

代表人：_____（签字）

_____年_____月_____日

19-02　月度营销推广方案

月度营销推广方案

第一部分：上月营销工作总结

一、目标任务完成情况

大定（套）	多层（套）	高层（套）	商铺/写字楼（套）	车位、地下室

合同（套）	销售面积	销售金额		

二、来访客户、成交统计表

1.客户来访数据

来访客户总量（组）	新客户（组）	回访客户（组）	成交率

2.来访客户渠道分析表

渠道	报纸广告	路过	介绍	户外	派单	短信	其他
数量							
比例							

3.成交客户区域分析表（根据各个项目确定区域个数）

区域	××区	××区	××区	××区	××区	××区	××区
数量							
比例							

4.热销房源情况表（集中销售较多的楼栋、单元、房型、面积）

热销排名	楼栋	套数	热销面积	热销楼层
1				
2				
3				

三、销售业绩统计表

名次	1	2	3	4	最后一名
置业顾问					
合同套数					
合同金额					
平均销售套数					

四、本项目上月存在的主要问题

存在问题	具体因素
人员方面	
房源方面	
渠道监督执行	
销售培训	
销售机制与创新	
管理方面	
其他方面	

第二部分：本月营销推广方案

一、营销目标

大定（套）	多层（套）	高层（套）	商铺/写字楼（套）	车位、地下室
合同（套）	销售面积	销售金额	人均目标任务	

二、主推房源情况

主推楼栋	套数	主要户型	面积	物业类型
#楼				
#楼				
#楼				
#楼				
合计				

三、销售组织

1.房价优惠办法（正常销售期优惠、阶段性集中选房活动优惠）

产品类型	多层平层	顶层复式	小户型	高层	商铺	写字楼	其他
基础优惠							
额外优惠							
老带新优惠							
对老客户奖励办法							

2.促销抽奖

活动主题	执行时间	活动内容	参与客户群	预计品种数量	费用
合计					

四、营销推广策略

1.营销推广整体思路：（100字以内）

_____

_____

_____

2.营销推广渠道表

渠道 \ 类别	执行时间	执行区域	数量	规格/单价	费用预算
短信					
派单					
举牌					
巡展					
直邮					
社区海报					
其他					
合计					

3.物料

名称＼类别	执行时间	数量	规格/单价	费用预算
单页				
楼书				
折页				
海报				
计算单				
吊旗				
小礼品				
展板				
展架				
条幅/喷绘				
道旗				
其他				
合计				

4.公关活动

活动主题	活动日期	活动地点	活动对象	主要内容	费用预算

五、媒体计划

1.报纸媒体计划

报纸类型＼内容	日期	版面/规格	主题	媒体费用
合计				

2.户外广告计划

广告位置 \ 内容	日期	版面/规格	主题	费用
合计				

3.夹报计划

报纸类型 \ 内容	日期	区域	数量/规格	主题	媒体费用
合计					

六、费用总预算

渠道（元）	活动（元）	促销（元）	物料（元）	媒体（元）	费用合计（元）

七、需要协调支持的事项

事项 \ 类别	主要内容	支持单位（××/开发商/人）	完成时间

19-03 商品房认购书

商品房认购书

出卖人（开发企业）：_____

注册地址：_____

营业执照编号：_____

资质证书编号：_____

法定代表人：_____ 联系电话：_____

买受人（购房者）：_____

法定代表人（负责人）：_____

【身份证】【护照】【营业执照注册号】：_____

通讯地址：_____ 邮政编码：_____

联系电话：_____

根据国家和省的法律、法规及有关规定，买受人和出卖人在平等、自愿、协商一致的基础上就认购商品房达成如下协议。

一、认购标的的基本情况

认购人认购的商品房（以下简称"该商品房"）为出卖人开发的位于_____的"_____"（暂定名）内，该商品房性质为_____用房，用途为_____。

二、认购房号、面积、价格、定金及付款方式

商品房编号		建筑面积		单价	人民币[ ]元/平方米
房屋总价	人民币： 佰 拾 万 仟 佰 拾 元整（即：￥ ）				
认购定金	人民币： 佰 拾 万 仟 佰 拾 元整（即：￥ ）				
付款方式	[1]一次性付款（ ）。 [2]分期付款（ ）。 [3]按揭付款（ ）				
备注					

（1）该商品房编号系施工编号，最终由当地政府地名管理部门编制，以商品房产权证件记载为准。该商品房按照【建筑面积】/【套（单元）】计价，该建筑面积以房屋产权证记载为准。

（2）认购人应当在签订本认购书时，当场向出卖人支付认购定金人民币：_____元。认购人未支付认购定金的，系无效认购，出卖人有权不经认购人同意将该商品房另行出卖给第三方。

三、取得预售许可证后事项的处理

（1）出卖人在____日内取得预售许可证后，通知认购人。认购人在接到出卖方的签约通知次日起____日内，到销售现场与甲方协商商品房买卖合同的相关条款，协商一致并签署《商品房买卖合同》及补充协议，并约定及时付讫全部款项（本款约定的期限为协商签约的起始时限，而非终止时限）。

（2）认购人未在（1）款中规定的期限内与出卖方协商《商品房买卖合同》及补充协议的相关条款的，该认购书自行解除，无须另行通知，认购人已支付的认购款不予返还，出卖人有权不通知认购方将该商品房另行出卖给第三人。

（3）认购人与出卖人在（1）款规定的期限内协商《商品房买卖合同》及补充协议的相关条款，但双方未达成一致意见，自第（1）款规定的期限届满次日起超过____日的，本认购书自行解除，无须另行通知。出卖人应当在本认购书解除次日起____日内将已收取的认购款无息返还给认购人。

四、出卖人同意认购人按照下列第__种方式付款

（1）一次性付款（须在签署《商品房买卖合同》及补充协议之日起____日内一次性付清总房价款）。

（2）分期付款方式（于__年____月____日前付计人民币__元，__年__月__日前付计人民币__元，__年____月____日前付清余款计人民币____元。）

（3）贷款（按揭）方式付款。认购人选择第三种方式付款，认购人应于__年__月__日前首期支付购房总价的百分之____%，余款可以向出卖人指定银行按揭贷款支付。

认购方逾期支付购房款项，则按照《商品房买卖合同》及补充协议相关规定进行处理。

五、逾期取得预售许可证的处理

（1）逾期__日内取得预售许可证，自本认购书约定取得预售许可证的期限最后一天的次日起至取得预售许可证之日止，出卖人应按银行同期存款利率按日向认购人支付认购款的利息，认购书继续有效。

（2）逾期__日外取得预售许可证，认购人有权解除认购书。认购人解除认购书，出卖人应当自认购人提出解除认购书通知到达之日起____内退还全部认购款，并按认购人已付认购款的__%向认购人支付违约金。认购人要求继续履行合同的，合同继续履行，出卖方自认购书约定取得预售许可证的期限最后一天的次日起至出卖人取得预售许可证之日止，支付按银行同期存款利率按日向认购人支付认购款的利息。

（3）出卖人无法取得预售许可证，出卖人全额返还认购款，并按认购人已付认购款的__%向认购人支付违约金。

（4）出卖人在认购人支付认购定金之日起至认购书解除、终止之日止，将该商品房另行出卖给第三人的，出卖方应当向认购人双倍返还认购金。

六、认购商品房的买受人为认购人本人（以本认购书上签章及公民以身份证记载为准，单位以营业执照记载为准），在第三条第（1）款中约定期限内不得要求出卖人增加、更改姓名（法律规定的特殊情况除外），或将本认购书项下权利转让给他人；若有认购人擅自增加、变更或转让本认购书权利的，视作认购人单方违反本认购书，出卖人有权解除本认购书。出卖人解除认购书的，认购人已支付的定金不予退还，出卖人有权将该商品房另行出卖给第三方。

认购人在本认购书中提供的联系地址和联系电话是出卖方通知认购方的依据。认购方保证其提供的信息准确无误。若出卖方按照认购方提供的信息不能联系到认购方的，因此产生的不利后果均由认购方承担。

七、本认购书经双方签字或盖章后生效，除本认购书另有约定外，至双方签订的《商品房买卖合同》生效后即行终止。本认购书终止后认购定金应当抵作商品房首期价款相应金额。

八、本认购书签订之前，认购人已经详细了解认购商品房及物业，同时亦阅读、知悉了《认购须知》、商品房认购所涉及的《商品房买卖合同》及其补充协议、物业管理合同及协议等示范文本条款，并无异议。

九、本认购书未尽事宜，经甲、乙双方协商一致可签订补充协议，补充协议与本认购书具有同等法律效力。

十、本认购书经甲、乙双方签字或盖章后生效。双方签订的《商品房买卖合同》生效后本认购书自行终止。本认购书一式两份，甲、乙双方各执一份，均具有同等法律效力。

出卖人（签章）：　　　　　　　认购人（签章）

委托代理人：　　　　　　　　　委托代理人：
（签章）　　　　　　　　　　　（签章）
签订时间：　　　　　　　　　　签订时间：

19-04　商品房买卖合同

商品房买卖合同

出卖人（以下简称甲方）：

法定代表人：　　　　　　　　　　　联系电话：

注册地址：

邮政编码：　　　　　　　　　　　　营业执照号码：

企业资质证号：

开户行：　　　　　　　　　　　　　账号：

委托代理人：　　　　　　　　　　　　　联系电话：

委托代理人（房地产经纪机构）：

法定代表人：　　　　　　　　　　　　　联系电话：

注册地址：

邮政编码：　　　　　　　　　　　　　　营业执照号码：

房地产经纪机构资格证书编号：

开户行：　　　　　　　　　　　　　　　账号：

买受人（以下简称乙方）：

法定代表人：　　　　　　　　　　　　　联系电话：

国籍：　　　　　　　　　　　　　　　　户籍所在地：

证件类型：□居民身份证　□护照　□营业执照 【编号】

通讯地址：

邮政编码：　　　　　　　　　　　　　　联系电话：

委托代理人：

法定代表人：　　　　　　　　　　　　　联系电话：

国籍：　　　　　　　　　　　　　　　　户籍所在地：

证件类型：□居民身份证　□护照　□营业执照 【编号】

通讯地址：

邮政编码：　　　　　　　　　　　　　　联系电话：

根据《中华人民共和国合同法》《中华人民共和国城市房地产管理法》《中华人民共和国物权法》及其他有关法律、法规之规定，买受人和出卖人在平等、自愿、协商一致的基础上就买卖商品房达成如下协议。

第一条　项目建设依据

出卖人以＿＿＿＿＿方式取得位于＿＿＿＿＿＿＿＿、编号为＿＿＿＿＿＿＿＿的地块的土地使用权。【土地使用权出让合同号】【土地使用权划拨批准文件号】【划拨土地使用权转让批准文件号】【国有土地使用权证号】为＿＿＿＿＿＿＿＿＿＿＿。

该地块土地面积为＿＿＿＿＿＿平方米，规划用途为＿＿＿＿＿＿，其中住宅部分的土地使用年限自＿＿年＿月＿＿日至＿＿年＿＿月＿＿日。

出卖人经批准，在上述地块上建设商品房，【现定名】＿＿＿＿＿。建设工程规划许可证号为＿＿＿＿＿＿＿＿＿＿，施工许可证号为＿＿＿＿＿＿。

第二条　商品房销售依据

买受人购买的商品房为【预售商品房】。预售商品房批准机关为＿＿＿＿＿＿＿，商品房预售许可证号为＿＿＿＿＿＿＿＿＿＿＿＿＿＿＿。出卖人在签订本合同时，已向买受人出示上述国有土地使用权证（或其他有效用地证明文件）、建设工程规划许可证、施工许可证、商品房预售许可证及出卖人的营业执照、开发资质证书等相关证件的原件或复印件。

第三条 买受人所购商品房的基本情况

买受人购买的商品房［以下简称该商品房，房屋平面图见本合同附件一（略）］为本合同第一条规定的项目中的：第_____【幢】【座】_____【单元】_____【层】_____号房。

该商品房的用途为_____，属_____结构，层高为_____米，建筑层数地上_____层，地下_____层。

该商品房阳台为封闭式_____个，非封闭式_____个。

该商品房【合同约定】预测建筑面积共_____平方米，其中，套内建筑面积_____平方米，公共部位共有分摊建筑面积_____平方米［有关公共部位位置及共有分摊建筑面积计算构成说明见附件二（略）］。

第四条 计价方式与价款

出卖人与买受人约定按下述方式计算该商品房价款：

按建筑面积计算，该商品房单价为（人民币）每平方米_____元，总金额（人民币）_____仟_____佰_____拾_____万_____仟_____佰_____拾_____元整（小写：￥_____元）。

第五条 面积确认及面积差异处理

根据当事人选择的计价方式，本条规定以【建筑面积】（本条款中均简称面积）为依据进行面积确认及面积差异处理。

合同约定面积与产权登记面积有差异的，以产权登记面积为准。

商品房交付后，合同约定面积与产权登记面积发生差异，双方同意按以下原则处理：

房屋建筑面积最终以产权登记面积为准，每平方米单价不变，双方据实结算房价款，差价款多退少补且互补利息。

第六条 付款方式及期限

买受人按下列第_____种方式按期付款。

1.一次性付款

买受人在签订本合同时，一次性付清全部房款（人民币）_____仟_____佰_____拾_____万_____仟_____佰_____拾_____元整（小写：￥_____元）。

2.分期付款

买受人在签订本合同时，支付全部购房款的_____%，计（人民币）_____仟_____佰_____拾_____万_____仟_____佰_____拾_____元整（小写：￥_____元）。

_____年____月____日前支付全部购房款的_____%，计（人民币）_____仟_____佰_____拾_____万_____仟_____佰_____拾_____元整（小写：￥_____元）。

_____年____月____日前付清余款，计（人民币）_____仟_____佰_____拾_____万_____仟_____佰_____拾_____元整（小写：￥_____元）。

3.其他方式

买受人在签订本合同时，支付首付款（人民币）_____仟_____佰_____拾_____万_____仟_____佰_____拾_____元整（小写：￥_____元），余款（人民币）_____仟_____佰_____拾_____万_____仟_____佰_____拾_____元整（小写：￥_____元）以（□向银行按揭贷款　□公积金贷款）方式付清，所贷款项应于自合同签订后90日内进入出卖人账户。

第七条　买受人逾期付款的违约责任

买受人如未按本合同约定的时间付款，按下列第（1）和第（2）种方式处理。

（1）按逾期时间，分别处理（不作累加）

① 逾期不超过30日，自本合同规定的应付款期限之第二天起至实际全额支付应付款之日止，买受人按日向出卖人支付逾期应付款×%的违约金，合同继续履行。

② 逾期超过30日后，出卖人有权解除合同，买受人按合同总价款的×%向出卖人支付违约金。买受人愿意继续履行合同的，经出卖人同意，合同继续履行，自本合同规定的应付款期限之第二天起至实际全额支付应付款之日止，买受人按日向出卖人支付合同总价款×%的违约金。

本条中的逾期应付款指依照本合同第六条规定的到期应付款与该期实际已付款的差额；采取分期付款的，按相应的分期应付款与该期的实际已付款的差额确定。

（2）买受人付清全部购房款前，出卖人有权顺延交房时间，且无需承担逾期交房的违约责任，直至买受人付清全部房款及可能发生的违约金。

第八条　交付条件与期限

出卖人应当在_____年_____月_____日前，依照国家和地方人民政府的有关规定，将经主体验收合格的商品房交付买受人使用。

但如遇下列特殊原因，除双方协商同意解除合同或变更合同外，出卖人可据实予以延期。

（1）遭遇不可抗力，且出卖人在发生之日起30日内书面告知买受人的。

（2）国家政策法规调整、政府管制、征用或项目规划变更导致无法正常进行开发的。

（3）非因出卖人原因，导致出卖人无法正常进行开发建设或政府职能部门未按照规定期限办理相关手续、批准文件或进行验收的。

（4）施工中遇到异常恶劣天气或周边道路维修，影响工程施工进度的。

（5）建筑材料、劳务市场等发生重大变化的。

（6）买受人未在按出卖人发出的交房通知规定期限内办理房屋交接手续或存在其他违约行为的。

第九条　出卖人逾期交房的违约责任

除本合同第八条规定的特殊情况外，出卖人如未按本合同规定的期限将该商品房交付买受人使用，按下列第1种方式处理：

1. 按逾期时间，分别处理（不作累加）

（1）逾期不超过30日，买受人不追究出卖人的违约责任。

（2）逾期超过90日后，买受人有权解除合同。买受人解除合同的，出卖人应当自合同确认解除之日起90天内退还全部已付款，并按买受人已付款的×%向买受人支付违约金。买受人要求继续履行合同的，合同继续履行，自本合同第八条规定的最后交付期限的第二天起至实际交付之日止，出卖人按日向买受人支付已付款×%的违约金。

2. ××××。

第十条　规划、设计变更的约定

下列经规划部门批准的规划变更、设计单位同意的设计变更导致影响到买受人所购商品房质量或使用功能的，出卖人应当在有关部门批准同意之日起30日内，书面通知买受人。

（1）变更该商品房结构形式、户型、空间尺寸及形状、朝向。

（2）本条规定的设计变更不包括出卖人根据合同订立后国家和自治区、市新颁布的法律、法规、规章或有关政府主管部门的要求必须进行的设计变更。

（3）本条所规定的规划、设计变更不包括买受人所购商品房内管道、风道、厨具和洁具位置的变更。

买受人有权在通知到达之日起15日内做出是否退房的书面答复。买受人在通知到达之日起15日内未作书面答复的，视同接受变更不退房。

买受人退房的，出卖人须在买受人书面提出退房要求之日起90日内将买受人已付款退还给买受人，并按同期银行活期存款利率付给利息。买受人不退房的，应当与出卖人另行签订补充协议。

第十一条　交接

商品房达到交付使用条件后，出卖人应当书面通知买受人办理交付手续。双方进行验收交接时，出卖人应当出示本合同第八条规定条件已达到的有关证明文件原件，并签署房屋交接单。

由于买受人原因，未能按期交付的，双方同意按以下方式处理。

（1）出卖人不承担逾期交房的违约责任。

（2）该商品房灭失、损毁等风险从交付通知书指定的交接日最后一日的第二日起由买受人承担。

（3）保修期以及物业管理费、该房屋应承担的水电暖等各项费用自交付通知指定的交接日之第二日起开始计算，由买受人自行承担。

第十二条　与商品房有关的包括但不限于土地使用权及在建工程上是否存在他项权利等情况，出卖人已如实告知买受人，买受人对此已明确知悉，并不予追究出卖人的相应责任。因出卖人原因，造成该商品房不能办理产权登记的，由出卖人承担全部责任。

第十三条　出卖人关于装饰、设备标准承诺的违约责任

出卖人交付使用的商品房装饰、设备标准应符合双方约定的标准。达不到约定标准的，买受人有权要求出卖人按照下述第<u>2</u>种方式处理。

（1）出卖人赔偿双倍的装饰、设备、节能设施差价。

（2）出卖人选择在60天内整改达到约定标准或按照市场平均价格退赔买受人未达标部分的差价。

第十四条　出卖人关于基础设施、公共配套建筑正常运行的承诺

出卖人承诺与该商品房正常使用直接关联的下列基础设施、公共配套建筑按以下日期达到使用条件。

（1）房屋交付买受人时，套内应通水、通电，电话、有线电视端口、宽带预留接口。

（2）水、电、暖、电话、有线电视端口、宽带等有关生活设施的开通手续由买受人自行办理并承担所产生的相关费用。

如果在规定日期内未达到使用条件，双方同意按以下方式处理：

限期整改完毕或双方协商解决。

第十五条　关于产权登记的约定

出卖人应当在该商品房所归属的"××二期"项目整体取得《建设项目联合验收合格证》后的<u>730</u>日内，为买受人办理房屋权属证书。如因出卖人原因，买受人不能在规定期限内取得房屋权属证书的，双方同意按下列第__项处理。

（1）买受人退房，出卖人在买受人书面提出退房要求之日起30日内将买受人已付款退还给买受人。

（2）买受人不退房，出卖人按买受人已付款的×%向买受人支付违约金。

经买受人书面委托，出卖人可向房屋权属登记机构代办权属登记，相关费用等具体事项在合同附件六（略）中另行约定。

第十六条　保修责任

买受人所购商品房的保修期限及保修范围等，详见本合同附件四（略）。

在商品房保修范围和保修期限内发生质量问题，出卖人应当履行保修义务。因不可抗力或者非因出卖人原因造成的损坏，出卖人不承担责任，但可协助维修，维修费用由购买人承担。

第十七条　双方可以就下列事项约定

（1）该商品房所在楼宇的屋面使用权归出卖人使用（含单幢建筑物屋面与裙楼屋面）。

（2）该商品房所在楼宇的外墙面使用权归出卖人使用（含单幢建筑物外墙、外墙广告位）。

（3）该商品房所在楼宇的命名权归出卖人所有。

（4）该商品房所在小区的命名权归出卖人所有。

（5）该商品房所在楼宇中，未计入公摊部分产权归出卖人所有。

（6）"××广场"前期物业服务由××××物业服务有限公司提供。买受人同意在办理交房手续前一次性预交一年的物业费。关于物业服务具体以买受人与物业公司签订的前期物业服务合同及业主临时管理规约的约定为准。

第十八条　买受人购买的该商品房仅作_____用途使用，买受人使用期间不得擅自改变该商品房的建筑主体结构、承重结构、建筑屋顶、外墙、外窗（含天窗）的隔热、保温结构和用途。买受人擅自改变的，相应法律后果由买受人承担。除本合同及其附件另有规定者外，买受人在使用期间有权与其他权利人共同享用与该商品房有关联的公共部位和设施，并按占地和公共部位与公用房屋分摊面积承担义务。

出卖人不得擅自改变与该商品房有关联的公共部位和设施的使用性质。

第十九条　本合同在履行过程中发生的争议，由双方当事人协商解决；也可请求当地消费者委员会调解处理，或者向当地工商行政管理部门申诉。协商不成的，按下述第__种方式解决：

（1）提交_____仲裁委员会仲裁。

（2）依法向出卖人所在地有管辖权的人民法院起诉。

第二十条　本合同未尽事项，可由双方约定后签订补充协议（附件）。

第二十一条　本合同附件与本合同具有同等法律效力。本合同及其附件内，空格部分填写的文字与印刷文字具有同等效力。

第二十二条　本合同一式五份，出卖人执两份，买受人执一份，贷款机构执一份，房管局执一份，具有同等法律效力。

第二十三条　本合同自双方签订之日起生效。

第二十四条　商品房预售的，自本合同生效之日起730日内，由出卖人向房地产开发主管部门办理合同登记备案。

出卖人（签章）：_____　　买受人（签章）：_____

【法定代表人】：_____　　【法定代表人】：_____

【委托代理人】：_____　　【委托代理人】：_____

（签章）　　　　　　　　　　　　　（签章）

签署日期：_____年____月____日　　签订地点：

19-05 《商品房买卖合同》补充协议

《商品房买卖合同》补充协议

出卖人、买受人双方经平等、自愿、协商一致的基础上对《商品房买卖合同》（以下简称"合同"）正文条款达成如下补充协议。

第一条　对项目名称的补充约定

项目名称最终以行政主管单位审批通过的名称为准。

第二条　对商品房基本情况的补充约定

（1）买受人所购房屋的幢号、单元号、室号等行政主管部门最终确定的不一致的，则买受人同意以行政主管部门最终确定的编号为准，买受人不得据此向出卖人主张任何权利或追究出卖人的任何责任。

（2）合同中的建筑层高为该商品房的设计标准层高，在符合相关规范的前提下，该商品房局部可能因户型设计、结构性原因略有变化，买受人充分明白并认可该变化，并放弃向出卖人主张任何权利，但出卖人应确保符合设计规范。

（3）买受人在购买该商品房时，已对该商品房的具体结构、周边的环境及周边不利因素充分了解并认可，认可出卖人对小区内（包括专用庭院、停车位等）的公共设施设备（包括但不限于绿化、围墙、路灯电话或CATV井、分支箱、垃圾箱等）的设置方案。

第三条　对商品房价款的补充约定

（1）合同中约定的商品房单价是出卖人综合包括但不限于商品房地理位置、周边环境、产品定位、合同签署时的市场环境等因素，与买受人共同商定的，如合同签署后因前述因素发生变化而导致出卖人对项目未销售部分的商品房售价进行调整，对双方约定售价不产生影响，双方仍应严格按照合同约定的商品房售价执行。

（2）买受人在购买该商品房之前，买受人已对商品房的楼层、结构、周边环境等明确知悉，出卖人亦已告知买受人所购房屋附近可能有变电站、配电房、垃圾房、水泵、通讯发射装置、通风设备、车位车库、出入口等不利因素。如买受人所购商品房存在采光、噪声等不利影响或买受人认为结构不合理、红线内外存在不利因素等，出卖人均已在双方商定商品房售价时对前述不利影响予以考虑并给予优惠，今后出卖人不再给予买受人任何补偿。

（3）合同中商品房的售价并不包括该售价以外的一切政府税费及其他费用。该等税费和费用按国家有关规定，由出卖人与买受人双方各自承担相应的部分。

第四条　对面积差异处理的补充约定

如买受人所购商品房预测面积与产权登记面积发生差异，买受人应按出卖人的要求与出卖人签署面积补差协议等。买受人逾期履行前述义务超过10日，出卖人有权拒不交付房屋并解除合同，买受人应承担购房总价款20%的违约金；买受人要求继续履行合同并经出卖人同意的，买受人应自逾期之日起，按购房总款的×%/日的标准向出卖人承担违约责任，直至签署面积补差协议之日止。

第五条 对付款方式的补充约定

如合同约定买受人以贷款（包括银行按揭贷款和/或公积金贷款，以下简称"贷款手续"）支付部分房款，则买受人同意遵守以下约定。

（1）买受人的付款安排是在充分符合相关贷款政策后，经综合考虑予以确定，买受人承诺不会以无法贷款或无法足额贷款为由要求解除本合同或调整付款时限，如无法及时付款的，将严格按照合同约定承担逾期付款违约责任。

（2）买受人在签订买卖合同之前已详细阅读银行/公积金中心提供的贷款申请人条件等有关贷款的说明资料，已充分了解办理贷款需提供的全部证明资料，买受人应于签约当日向出卖人及贷款机构提供完整材料供贷款机构审查，并签署相关文件、缴纳费用（包括但不限于身份证、户口本、婚姻证明、收入证明、签订借款合同、抵押合同、征信查询授权书、办理公证、交纳担保费等）。需要补充材料的，买受人应在收到贷款机构或出卖人通知后3日内补齐。不提供相关材料或材料不齐的，每逾期一日按贷款总额的×%向出卖人支付违约金；若买受人逾期30日仍未能提供的，出卖人有权单方解除买卖合同，买受人需承担购房款总价的20%的违约金，如违约金不足以弥补出卖人损失的，另按实际损失予以赔偿。

（3）买受人未在合同约定期限内办妥公积金贷款手续并将贷款金额划到出卖人账户，视为买受人选择一次性付款，买受人应自逾期之日起10日内将购房余款一次性支付给出卖人。逾期付款，买受人承担逾期付款违约责任。

（4）出卖人对买受人能否获得银行贷款及贷款条件，不做承诺及保证，买受人申请银行贷款的具体数额和具体年限以银行最后审批为准。如贷款银行不予批准买受人的贷款请求或批准的金额少于买受人申请的金额，买受人应在签订合同后90日内或收到出卖人或银行通知后10日内（以先到期限为准）自筹资金付清差额部分，逾期付款，买受人须承担逾期付款的违约责任。

（5）如贷款银行要求买受人增加首付款比例的，买受人应在收到银行或出卖人通知起5日内增加支付首付款，并按银行要求配合提供补充材料，以满足按揭贷款申请要求，若买受人全部款项不能在合同约定之日全部到达出卖人账户的，买受人须承担逾期付款的违约责任。

（6）如出卖人为买受人按揭贷款提供阶段性担保的，担保期限至买受人名下的《房屋所有权证》及《房屋他项权证》办出之日止。买受人所购房屋在具备办理房屋产权证条件时，买受人应按出卖人要求____日内送交所需资料，并保证在第一时间内到房产局履行相关签字手续，以确保将《房屋他项权利证》送交至贷款银行。

（7）阶段性担保期内，因买受人未能按期向按揭贷款银行偿还到期贷款本息等原因，导致出卖人可能向按揭贷款银行承担担保责任（如出现房屋被司法机关查封或预查封情形等情形）或已经向按揭贷款银行承担担保责任的，出卖人有权解除合同及相关协议，买受人应承担购房款总价20%的违约金，如违约金不足以弥补出卖人损失的，买受人应另按实际损失予以赔偿。出卖人选择解除合同的，在退还购房款时，有权扣除其向按揭贷款银行支付的全部款项、违约金、赔偿金及其他费用。

（8）若买受人自行办理银行贷款的，出卖方不做担保；同时如银行未按合同约定的期限代买受人支付房款到出卖人账户的，视为买受人未按合同约定期限付款，须按合同约定承担逾期付款的违约责任。

第六条　对合同交付条件及交付手续的补充约定

（1）合同第八条约定的"经验收合格"指，该商品房主体经建设单位、施工单位、监理单位、勘察单位、设计单位联合验收合格；出卖人在交付时未取得行政主管部门出具的相关验收或备案文件，不视为出卖人违约，买受人放弃因此而向出卖人主张任何责任的权利。

（2）买受人在出卖人交房通知指定的交接日届满后逾期超过三个月未能办理完成房屋交接手续，出卖人有权单方解除主合同，另行销售该商品房。买受人除应承担已实际发生的物业管理费及相关费用外，还应承担购房总价款20%的违约金。买受人要求继续履行合同，经出卖人同意后合同继续履行，买受人在办理房屋交接手续前，除应承担已实际发生的物业管理费及相关费用外，还应自入住通知所确定的交房期限的最后一日至房屋实际交付日，按购房总价款的×%/日的标准向出卖人支付房屋保管费用。

买受人原因包括但不限于指下列情形。

① 买受人延迟或拒绝办理该商品房的交接手续。

② 买受人以房屋存在质量瑕疵为由拒绝办理商品房交接手续。

③ 因买受人预留通讯方式不详或合同签署后更改通讯方式未通知出卖人导致买受人未能在交房通知指定的交房期限内完成商品房交接手续。

④ 买受人存在其他违约行为。

（3）买卖双方在此明确：交付手续办理同时，买受人领取钥匙前，买受人应付清全部费用【包括但不限于全部房价款、逾期付款违约金、取暖费（若有）、物业服务费、由出卖人垫付的公共事业费（包括但不限于电表费、有线电视初装费、水费、煤气初装费等）】及出卖人垫付的物业专项维修资金，委托出卖人办理房屋产权证须缴纳的契税、印花税、贴花税、登记费、手续费等一切费用等。若买受人未在交付日前付清上述全部费用，出卖人有权推迟交付商品房，商品房交付期限自动变更为买受人付清上述全部费用之日起15个工作日内。根据本条约定推迟交付商品房的，出卖人无需就推迟交付事宜通知买受人，推迟交付期间产生的一切费用及商品房风险责任自原定交付期限届满第二日起由买受人承担。逾期付清上述费用超过30日，出卖人有权解除合同，买受人应承担购房总价款20%的违约金。

（4）对于合同中约定应由出卖人负责修复的质量问题，买受人应在收房当日一次性书面提出。修复期间不视为出卖人逾期交付。

第七条　对规划设计变更的补充约定

出卖人须通知买受人的变更内容仅限于出卖人对已报经城乡规划主管部门批准文件内容的变更。下列规划变更出卖人无须书面通知买受人或经买受人同意，且买受人不得据此行使合同解除权。

① 无须经城乡规划主管部门批准的变更，如对局部或细微的基础设施、公共服务及其他配套设施等的变更。

② 不影响该商品房的质量或使用功能的变更。

③ 小区平面布局变更。小区内的基础设施与公共配套建筑，包括但不限于电力设施（如箱变、开关站、街坊变电站、配电分支箱等）、弱电系统（如有线电视箱、宽带设备等）、供水设施（如水泵房等）、供气设施（如煤气调压站等）、车库安全疏散口、垃圾房、排风竖井等设施的位置，以政府及电力、煤气、卫生等相关单位最终确定为准，该项目销售资料、模型中所示位置仅供参考，若有所变动或未标明、未示意的设施及位置，除非合同另有相反约定，否则以实际建设为准，买受人对其设置、增减、移位等无异议，出卖人不构成违约。

第八条　关于基础设施、公共配套建筑的补充约定

（1）如该项目系分期开发，根据政府批准的规划方案，基础设施与公共配套建筑也将分期建成交付，且各期业主对于小区内的所有公共、共用设施均有权使用。

（2）若出卖人在交房时，该商品房所在项目内的共用道路、小区绿化、硬化等基础设施尚未完成，则由出卖人在交房后继续完成。

（3）小区内地下停车场、车位、储藏间等各类设施、会所等其他经营性和服务性配套设施及法律、法规、合同未明确归属的其他场地、建筑物、构筑物等，均归出卖人所有，不随合同下的商品房一并转让，具体经营服务方式和管理方式由出卖人决定。

（4）本商品房未配备地上及地下免费车位，如乙方需要使用车位的，同等条件下可优先于非业主及租户租用或购买车位。车位的购买价格由双方另行协商确定，车位租金则以出卖人聘请的物业公司所公布的价格为准。

（5）出卖人有权根据项目整体入住情况决定部分电梯投入使用的时间和数量，买受人对此知悉和认可，且不得因此向出卖人或项目物业公司主张任何责任。

第九条　对产权登记的补充约定

（1）出卖人为买受人提供阶段性按揭贷款担保的，买受人必须委托出卖人或出卖人指定的第三方办理房地产权属证书，委托费用及相关税费由买受人承担，委托费用金额由出卖人确定。

（2）如买受人委托出卖人代办房屋产权证，需按双方约定或出卖人要求提供办理权属的全部材料，办妥委托代办手续，并在办理房屋交接手续前付清相关税费，结清面积差价款；若买受人违反本条约定，则出卖人有权顺延交房时间和产权办理期限。

（3）如因买受人原因导致未能在合同约定的期限内办理完毕房屋权属证书及他项权证，每迟延一日，买受人向出卖人支付购房总款×%的违约金；逾期超过30日，出卖人有权选择单方解除合同，并要求买受人支付购房总款20%的违约金。

第十条　关于商品房质量及保修责任的补充约定

（1）双方对商品房的质量问题有争议时，应共同委托权威鉴定部门进行鉴定，并以该鉴定结论为准，所发生的鉴定费用双方各承担一半。任何一方单方委托的鉴定结论不能作为处理争议的依据。

（2）在保修期内发生的属于保修范围的工程质量问题，买受人有权要求出卖人免费修复，但买受人应该给予必要的配合；如因买受人不予配合而造成延误或损失进一步扩大的，出卖人不承担任何责任。

（3）在保修期内如出卖人须对买受人所购房屋的相邻业主承担保修责任，且须买受人给予必要的配合，买受人应积极配合，并同意放弃据此向出卖人主张任何请求；如因买受人拒不配合导致出卖人无法履行保修义务，影响相邻业主正常使用房屋或造成损失的，因此而产生的一切责任均由买受人承担，且出卖人有权解除合同并要求买受人支付购房总价款20%的违约金。

（4）该商品房因不可抗力或者因买受人的责任、使用不当、曾经改动或其他不可归责于出卖人的事由而发生的质量问题与损坏，出卖人不承担任何责任。

（5）该商品房的保修期从出卖人向买受人交付该商品房之日起计算；买受人未按约定的日期办理该商品房的验收交接手续，保修期从交房通知指定的交接日之第二日起计算。

第十一条　关于合同第十七条的补充约定

（1）屋面使用权归出卖人所有，出卖人可以将部分屋顶平台的使用权赠送给购买某些户型的买受人。如出卖人赠送买受人屋顶平台的，将在本合同或附件中进行约定，凡未在本合同或附件中进行约定的，均视为出卖人未赠送屋面使用权，其屋面使用权仍属于出卖人。

（2）买受人获赠屋顶平台使用权的，由买受人负责其维修及保养，但买受人有义务配合物业必须的检修、维修及外墙面清洁等工作。

（3）买受人在行使获赠屋顶平台使用权时不得违反物业管理公约中的有关规定，因买受人使用不当，造成屋面被损坏或造成相邻买受人财产损失的，买受人应负责修复和赔偿。

第十二条　对买受人使用商品房的补充约定

如买受人违反合同第十八条的约定使用商品房，或私自搭建、封闭、改造商品房，出卖人及物业服务企业有权要求买受人或直接采取强制措施予以恢复原状、排除妨碍、消除影响，因此而产生的一切责任均由买受人自行承担；出卖人亦有权解除合同，买受人应承担购房总价款20%的违约金。

第十三条　对销售广告及宣传资料效力的补充约定

（1）双方的权利义务以合同及其附件和本补充协议为准。

（2）出卖人在销售广告、模型和宣传资料中对该项目开发规划范围之外的环境、公共设施、道路交通等所作的说明、示范等仅供买受人参考之用，不作为合同内容，双方不受其约束；出卖人在销售广告、宣传资料中所展示的各类示意图、效果图等仅为展示项目风格示意参考之用，买受人对此已充分了解，并不得据此向出卖人主张任何责任。

（3）因比例和表现方法所限等因素，销售广告、宣传资料、模型等未标明的内容并不代表实际建造的商品房或者小区范围没有根据规划或者设计要求存在相应的设施、设备或配套建筑物、构筑物，买受人对此予以充分理解。

（4）出卖人销售人员或代理公司销售人员在房屋销售过程中超越合同及广告宣传书面资料作出的介绍、说明或承诺，以及未经相对人同意的录音、录像，凡未经出卖人书面盖章确认的，均不视作为出卖人的意思表示，不构成合同内容，对出卖人无约束力。

（5）出卖人展示的样板房作为家具采购、软装摆设、功能区设置之参考，不作为房屋交付标准和依据。

第十四条　对合同解除的补充约定

（1）买受人根据法律规定或合同约定行使解除权，应在法律规定或合同约定的解除事由发生之日起10日内行使解除权，逾期视为买受人放弃行使解除权。出卖人对买受人行使合同解除权有异议的，应在收到买受人解除合同之日起2年内行使合同解除异议权。买受人行使法律规定或合同约定的解除权时，若买受人已对该商品房设定抵押或者设置、存在其他任何权利限制的，则买受人行使单方解除权的书面通知中应附该商品房已经办理注销抵押或者已消除权利限制的相关证明文件，否则，买受人无权解除本合同。

（2）合同因法律规定或合同约定而解除或终止的，双方应互相配合办理合同备案登记的注销、该商品房抵押登记（若有）注销及按揭贷款合同（若出卖人为贷款提供担保）注销等手续，出卖人在前述各项手续办理完毕并收回该商品房（若已交付）及购房发票后的90日内退还买受人已付的房价款。买受人以贷款方式支付部分房价款的，买受人已付的房价款包括买受人以自有资金支付给出卖人的购房款和买受人已向贷款银行偿还的贷款本金两部分，剩余买受人未偿还的银行贷款本金出卖人将直接退还给贷款银行。按照法律规定或合同约定应计算违约金、利息或赔偿损失的，退款时一并计算，并由出卖人在应退款项中直接扣除。由于买受人原因导致上述各项手续未办理完毕的，出卖人有权暂不退还买受人款项，并不承担包括支付利息在内的任何赔偿责任。

（3）无论因何原因导致合同被解除，如该商品房在合同解除前已经交付使用的，买受人应按购房总价款×%每日的标准，向出卖人支付自该商品房交付使用之日起至合同解除之日的房屋使用费，出卖人有权在应向买受人退还的房价款中直接扣除该费用。买受人须及时将该商品房恢复至出卖人交付的状态并将该商品房交还出卖人，在向出卖人交还该商品房之日前已发生的水、电、通讯、物业服务等费用，均由买受人承担。若买受人未将该商品房恢复至出卖人交付时的状态，则视同买受人放弃对未拆除之装修和遗留物品的一切权利，出卖人有权予以处理而不必给予任何补偿。将该商品房恢复到交付状态所需的费用由买受人承担，出卖人有权按将该商品房恢复到交付状态所需费用的预算，在应向买受人退还的房价款中先行扣除。

（4）除法律及本合同另有约定外，任何一方非经对方书面同意无权单方解除本合同。出卖人根据法律或合同约定行使单方解除权时，应在其有权解除合同的事项发生之日起2年内向买受人发出单方解除合同通知。买受人对合同解除有异议的，应在解除合同通知到达之日起10日内行使合同解除异议权。

（5）合同因法律规定或合同约定被解除的，买受人应当于合同解除之日起5日内，配合出卖人申请注销登记网上备案手续和交易中心登记信息，否则，每逾期一天，买受人应按总房价款的×%向出卖人支付违约金，并累计核算至注销之日；出卖人因此所遭受的实际损失超过违约金的，买受人还需支付实际损失与违约金的差额部分；损失和违约金由出卖人在购房款中直接扣除。

第十五条　关于通知与送达方式的补充约定

（1）买受人须在签署合同时提供真实有效的联系方式（包括通信地址、邮政编码、电话、传真号码，并以此地址作为书面文件的送达地址），买受人在合同上预留的通讯地址及联系方式为买受人指定的通知送达地址和联系电话。买受人若发生联系方式变更，需及时以书面方式通知出卖人，否则出卖人不承担因此发生的通知延误责任及由于通知延误所产生的其他责任。买受人若为非自然人，如果发生变更（包括但不限于合并、分立或解散），应及时将变更情况及本合同承担人通知出卖人，此项通知应经过公证机构公证。

（2）出卖人有权采取邮寄（挂号信、特快专递）、致电或短信息、传真、人手交递、当地媒体\报刊公告等任一方式向买受人发出通知，在下列情况下均被视为已送达。

① 以挂号邮件发出的，本市发出后第三日、外省市发出后第七日视为送达。

② 以特快专递形式发出的，本市发出后第二日、外省市发出后第四日视为送达。

③ 以致电、短信息、传真发出的，致电或发出当日视为送达。

④ 以手递形式发出的，收件人签收当日视为送达。

⑤ 以当地媒体/报纸公告方式发出的，于公告刊登时视为送达。

第十六条　其他特别声明

（1）买受人在签署合同后不得更名，不得申请变更、增加、减少买受人。

（2）买受人已充分知悉房地产相关政策和规定，并经对照自身状况，确认仍具备购买该商品房之资格。如出卖人发现，买受人依法不能购买该商品房的，出卖人有权随时确认买受人根本性违约并解除本合同，买受人应承担违约责任，违约金为购房总价款的20%，如买受人支付的违约金不足以弥补出卖人实际损失（包括房屋差价损失）的，买受人还应赔偿实际损失与违约金的差额部分。

（3）出卖人、买受人双方已充分知悉房地产管理部门在办理房地产登记时双方需作出的承诺，该等承诺仅作为政府备案使用，如本合同及补充条款与该等承诺有冲突的，以本合同及补充条款为准。

（4）出卖人明确告知：销售人员、代理公司销售人员及销售现场的其他工作人员无权对能否获得贷款、贷款条件、能否预告登记及能否产权过户作出任何承诺，如有承诺，则该等承诺不构成合同内容，对出卖人无约束力。

（5）买受人承诺其支付给出卖人的所有房款属于合法所有，来源合法，且无任何可能被司法机关、其他单位或第三人追溯，如买受人已支付给出卖人的房款被司法机关、其他单位或第三人追溯或产生其他风险，出卖人有权单方面解除合同及处理该商品房，并赔偿出卖人因此所产生的一切损失。

（6）对合同及本补充协议各项条款之约定，特别是其中有可能限制买受人权利、减轻或免除出卖人义务和责任部分，以及违约责任部分，出卖人已采取合理方式逐字逐句提请买受人注意并充分说明，买受人已逐字逐句仔细阅读并已充分了解其全部内容和含义以及各方的权利、义务和责任，并予接受。

（7）除非出卖人另行书面通知，双方对合同的变更、补充、撤销等任何协议的签订，均在该项目的出卖人售楼处以双方书面协议形式进行，任何非书面承诺或协议对出卖人均不具有约束力。

第十七条 对纠纷解决方式的补充约定

双方发生争议后，如出卖人通过诉讼及/或聘请律师处理与买受人的争议的，且该争议系由买受人违约及/或过错导致，出卖人因此产生的全部成本，包括但不限于诉讼费、鉴定费、审价费、律师费等，均由买受人承担。

第十八条 本补充协议是《买卖合同》的附件，与《买卖合同》具有同等法律效力，本补充协议装订在《买卖合同》之后，与《买卖合同》一起生效。如果本补充协议的内容与《买卖合同》不一致，或者在理解上有歧义，以本补充协议的约定为准。

出卖人（签字或盖章）： 买受人（签字或盖章）：

【法定代表人】（签字或盖章）： 【法定代表人】（签字或盖章）：

【委托代理人】（签字或盖章）： 【委托代理人】（签字或盖章）：

签字之前本人已经仔细阅读以上条款。签字之前本人已经仔细阅读以上条款。

相关内容已经与买受人进行充分协商。相关内容已经与出卖人进行充分协商。

签订时间： 年 月 日 签订地点：

19-06　按揭首付分期付款补充协议

按揭首付分期付款补充协议

甲方：＿＿＿＿＿＿＿＿股份有限公司

乙方：＿＿＿＿＿＿＿

鉴于甲乙双方已分别于__年__月__日签订了《商品房现房买卖合同》（以下简称"原合同"）以及《<商品房现房买卖合同>之补充协议》（以下简称"补充协议"），约定了乙方向甲方购买位于＿＿＿＿＿＿区＿＿＿＿＿＿号房屋等相关事宜。现经双方友好协商一致，就原合同及补充协议中约定的购房款的付款进度调整等相关条款作如下补充。

一、除非另有说明，本协议的词语均与原合同具有相同的定义和解释。

二、根据原合同及补充协议的约定，乙方采取商业贷款方式向甲方支付房款，其中首付款为总房价的__%，即＿＿＿元。现经甲方同意，乙方将首付款按照如下付款进度向甲方支付。

（1）乙方应于__年__月__日前向甲方支付首付房款中的＿＿＿元，大写：＿＿＿＿元。

（2）乙方应于__年__月__日前向甲方支付首付房款中的＿＿＿元，大写：＿＿＿＿元。

（3）乙方应于__年__月__日前向甲方支付首付房款中的＿＿＿元，大写：＿＿＿＿元。

三、本协议是原合同不可分割的一部分，自双方签字并盖章时生效，与原合同及补充协议具有同等法律效力。

四、本协议一式两份，甲乙双方各执一份，具有同等法律效力。

甲方：＿＿＿＿＿＿＿股份有限公司　　　　乙方：

日期：　　年　　月　　日　　　　　　　日期：　　年　　月　　日

19-07　委托办理产权证协议书

委托办理产权证协议书

甲方：＿＿＿＿＿＿＿＿＿＿＿＿＿＿

乙方：＿＿＿＿＿＿＿＿＿＿＿＿＿＿

根据银行的房贷办证要求，甲方全权委托乙方办理＿＿＿＿＿一期商品房按揭及一次性付款业主的房屋所有权证、契证、地证使用权证。现将具体事宜协议如下。

一、甲方负责及时提供商品房按揭及一次性付款业主名单清册及办理产权证所需的开发商提供的各项资料。乙方负责在甲方所提供的资料齐全及业主办理产权证所需资料齐全之日起在三个月内办妥房屋所有权证、契证、地证使用权证等相关证件。如因甲方未及时交纳契税而造成契证办理拖延或业主原因签字晚及办理产权证政策有变动等原因时间可推迟，因产权证办理过晚造成的损失与乙方无关。

二、收房之日由甲方代收办理房屋所有权证、契证、地证使用权证所需的费用。乙方会在资料齐全的情况下，按批核算办理产权证所需的费用。契税经税务部门审核后列清单及总数给甲方，甲方应及时交纳该批次的契税。另该批次商品房后续的办证费用由甲方打款于乙方，由乙方代为缴纳。

三、乙方代办产权证的劳务费的结算方式：甲方在支付商品房契税及办证费用同时，按批次支付乙方50%。乙方办妥房屋所有权证、契证、地证使用权证时支付剩余50%。

四、乙方在办妥房屋所有权证、契证、地证使用权证时转交给甲方，如因银行需抵押入库的产权证则按银行签字的接收单交接。

五、未尽事宜双方协商解决。

六、本协议一式两份，双方各执一份。

七、本协议经双方签字盖章后生效。

甲方：   乙方：

年   月   日   年   月   日

19-08 收楼通知书

收楼通知书

尊敬的业主：

您好！

_____房地产开发有限公司经过招投标确定____物业服务有限公司对_____小区实行前期物业管理并办理交房手续，在未来的一段时间内，我们将竭诚为您提供有关服务，与您携手共创美好未来！为方便您顺利收楼，我们将组织工作人员集中办公，为您提供快捷、方便的"一条龙"服务，请您于____年____月__日至__年__月__日到_____办理收楼手续。

收楼手续办理日程安排如下。

一、收楼程序

详见附件一：收楼现场流程图。

二、须缴纳的费用

详见附件二：收楼费用明细表。

三、需携带的资料

您在办理收楼手续时，请带齐以下资料。

（1）因涉及房屋权属登记中夫妻双方对该房屋产权的份额约定，故买受人夫妻双方须同时到收楼现场。

（2）购房合同中买受人（如买受人为多个的，需提供多个）的身份证原件及复印件。

（3）商品房买卖合同（协议）原件、购房发票或已交款项的收据原件、收楼通知书等所有材料。

（4）贷款的业主，需要提供经过公证后的与银行签订的借款合同原件（即公证书）。

（5）专项维修基金缴纳证明。

如您委托他人前来办理收楼手续，除带齐以上资料外，还须提供您的授权委托书（该委托书必须经公证处公证），以及被委托人的身份证原件及复印件。

四、关于办理房产权证

对于按揭购房的业主，_____房地产开发有限公司将代为办理产权证；业主需要提供相关资料。

五、注意事项

（1）自____年____月____日起，您应按时缴纳的费用有：物业服务费、水费、电费等相关费用。以上费用收费标准按照当地政府指导价格执行。

（2）您在前来办理收楼手续前，请仔细阅读《收楼费用明细表》并准备相关费用。

物业服务电话：_____

特此通知

顺致

_____房地产开发有限公司

_____物业服务有限公司

年　月　日

附件一：收楼现场流程图（略）。

附件二：收楼费用明细表（略）。

19-09 催款通知书（第一封）

催款通知书

编号：

_____先生/女士：

您好！

根据我司与您在_____年____月____日签订的《_____协议》，您应于_____年_____月_____日到我司支付房款_____元，现已逾期_____天，现请您务必于_____年_____月_____日之前来我司缴结欠款和逾期罚息。否则我们将依据_____年_____月_____日双方签订的《_____协议》第_____条的规定执行。

此致

敬礼！

××房地产开发有限公司营销部

_____年____月____日

19-10 催款通知书（第二封）

催款通知书

编号：

_____先生/女士：

您好！

根据我司与您在_____年____月____日签订的《_____》，您应于_____年____月____日到我司支付房款_____元，罚息_____元。我司已于____年____月____日给您去过一封催款函，请您务必在催款函上规定期限的_____天内来我司缴清欠款和逾期罚息，否则我司将依据《_____》第____条____款的规定与您终止合同，并有权将此商品房另行出售。

此致

敬礼！

××房地产开发有限公司营销部

_____年____月____日

第20章 成本控制文书

20-01 项目开发部成本控制责任书

项目开发部成本控制责任书

一、主要作业目标

（1）严格按照土地出让合同约定控制付款节奏和金额。

（2）根据项目开发计划按时完成项目报批报建工作，按计划、尽早获得规划许可证、施工许可证及预售许可证。

（3）按政府规定、协议约定缴纳各种报建费用，并争取最大限度的优惠和减免。

（4）根据本部门年度费用预算计划控制管理费用。

二、作业时间目标

作业时间目标说明如下表所示。

作业时间目标表

序号	工作内容	时间	
		开始	完成
1	取得土地证		
2			
3			

三、成本目标

项目开发部除完成上述主要作业目标外，为满足公司经营管理的需要，还需完成如下成本目标。

1.作业成本

项目开发部为完成项目的报批报建以及地价支付而消耗的成本，是项目开发部独自控制的责任成本，其内容如下表所示。

作业成本的项目说明

项目	作业量	单位	单价	总费用	备注
总计					
一、开发前期准备费					
1.报批报建费					
政府综合报建费		平方米			建筑面积
人防易地建设费		平方米			建筑面积
白蚁防治费		平方米			建筑面积
图纸审查费		平方米			建筑面积
消防审查费		平方米			建筑面积
教育基金		平方米			建筑面积
新墙体材料保证金		平方米			建筑面积
散装水泥保证金		平方米			建筑面积
卫生防疫审查费		平方米			建筑面积
工程招投标管理费					主体建筑安装费
招投标代理服务费					主体建筑安装费
合同签证管理费					主体建筑安装费
项目环境影响评测费		项			
标底编制审查费					主体建筑安装费
规划执照费					概算成本
劳保统筹费					主体建筑安装费
城市生活垃圾服务费		平方米			建筑面积
污水处理费		平方米			建筑面积
其他报批报建费					
2.增容费					
供电贴费		平方米			建筑面积
水增容费		平方米			建筑面积
煤气增容费		户数			
二、作业时间成本					从签订土地合同到获得土地证，每天的时间成本按"资本化利息总额÷总作业时间"计算
三、管理费用					
工资及福利					
行政及财务费用					
其他					

注：在作业时间成本计算中，总作业时间为从签订土地合同到竣工入伙的时间，部门作业时间成本＝单位时间成本×部门作业时间。测算成本时采用计划作业时间，动态结算或结算时采用实际作业时间。

2.牵头控制成本

项目开发部负责组织设计部、工程部、项目经理部、成本管理部等部门以及营销管理部等相关部门进行产品实体成本的控制，其内容如下表所示。

牵头控制成本项目说明

项目	作业量	单位	单价	总费用	备注
总计					
土地获得价款					
1.政府地价及市政配套费					
2.合作款项					
3.红线外市政设施费					
4.拆迁补偿费					

四、控制要点

（1）充分利用公司知名度和信誉，在不违反公司原则的条件下力争各项费用的减免。

（2）对大额款项争取延迟支付以降低资金成本。

（3）报批报建工作应争取与其他工作同步开展。

五、资金计划

应根据成本目标，合理安排本部门的资金（付款）计划（如下表所示），为公司的现金流管理提供支持。

资金（付款）计划表

费用名称	费用额度/万元	资金计划				
		××年 ×季度	××年 ×季度	××年 ×季度	××年 ×季度	××年 ×季度
土地成本						
报批报建费						
管理费用						
……						
总计						

重要提示►►►

　　以上作业成本与牵头控制成本归属为项目开发部责任成本管理范围，基本控制在目标成本范围之内，并在保证作业目标的前提下力求降低。成本管理部参与公司各项成本决策，制定成本目标并反馈动态信息，有责任为各部门成本管理工作提供支持，请项目开发部及时向成本管理部通报成本决策信息和动态成本信息。财务管理部着重对报批报建费、管理费等非合同性成本和资金计划等进行管理，请及时反馈和沟通。

20-02　设计部成本控制责任书

设计部成本控制责任书

一、主要作业目标

（1）组织实施设计阶段的方案优化，使设计方案具有更大的经济合理性。

（2）在目标成本范围内实行景观限额设计。

（3）依据项目开发计划按时完成图纸设计，保证出图质量。

（4）按制度办理设计变更，设计变更造价不得超过合同造价的2%，为＿＿＿＿万元。

（5）准确核算项目销售面积。

（6）根据本部门年度费用预算计划控制管理费用。

二、工作时间目标（见下表）

工作时间目标

序号	工作内容	时间	
		开始	完成
1	规划设计		
2	实施方案		
3	施工图设计		
4			

三、成本目标

　　设计部除完成上述主要作业目标外，为满足公司经营管理需要，还需完成如下成本目标。

1.作业成本

设计部为完成项目的方案与施工图设计而消耗的成本，是设计部独自控制的责任成本，包括内容如下表所示。

作业成本的项目说明

项目	作业量	单位	单价	总费用	备注
总计					
一、开发前期准备费					
1.规划设计费					
规划设计费		平方米			设计面积
施工图设计费		平方米			设计面积
环境设计费		平方米			设计面积
会所设计费		平方米			设计面积，含规划、施工图、周边环境、装修
样板间装修设计		平方米			设计面积
模型制作费、晒图费					设计面积
售楼中心的设计费		平方米			设计面积
社区管网设计费		平方米			设计面积，如属政府垄断工程，归入社区管网工程费
2.建筑研究用房					
二、作业时间成本					
三、管理费用					
工资及福利					
行政及财务费用					
其他					

注：作业时间成本计算中，总作业时间为从签订土地合同到竣工入伙的时间，部门作业时间成本=单位时间成本×部门作业时间。成本测算时采用计划作业时间，动态结算或结算时采用实际作业时间。

2.牵头控制成本

设计部负责组织工程部、项目经理部、成本管理部以及营销管理部等相关部门进行控制的产品实体成本，包括内容如下表所示。

牵头控制成本的项目说明

项目	作业量	单位	单价	总费用	备注
总计					
一、主体建筑安装工程设计变更					
二、主体建筑工程费					
1.公共部位精装修					
大堂精装修					
楼梯间精装修					
屋面精装修					
外立面精装修					
电梯厅精装修					
单元入口精装修					
外墙外保温					
栏杆					
2.室内装修					
厨房装修					
卫生间装修					
厅房装修					
阳台露台地面					
三、园林环境工程费					
1.绿化建设费					
公共绿化		平方米			绿化面积
组团绿化		平方米			绿化面积
私家花园绿化		平方米			绿化面积
2.建筑小品					
建筑小品					
雕塑					
水景					
3.道路广场建造费					
普通车行道		平方米			建造面积
硬质铺装车行道		平方米			建造面积
广场及人行道		平方米			建造面积
4.围墙建造费					
5.室外照明					
6.室外零星设施					
四、配套设施费					
游泳池		平方米			建造面积
会所		平方米			建筑面积
幼儿园		平方米			建筑面积
学校		平方米			建筑面积
设备用房		平方米			建筑面积
球场		平方米			建造面积
车站建造费		平方米			建筑面积

四、控制要点

（1）加强前期总体方案的优化工作，充分考虑同各专业的协调。

（2）考虑设计变更量较大的因素，景观设计成本限额应控制在目标成本的一定范围内。

（3）控制不计容积率面积的比例，合理配置配套设施。

（4）在保证工程质量、效果、品质的基础上考虑装修做法及选材的经济性。

（5）施工图设计单位的选择建议采用招标方式，并将结构指标作为评价的重要指标。

（6）施工图出图时间和质量需满足工程量清单招标要求。

（7）设计变更应在施工前尽早提出，减少拆除工程的费用。

（8）准确计算销售面积并与政府部门核对。

五、资金计划

设计部应根据成本目标，合理安排本部门的资金（付款）计划，为公司的现金流管理提供支持（见下表）。

资金计划

费用名称	费用额度/万元	资金计划/万元				
		××年	××年	××年	××年	××年
		×季度	×季度	×季度	×季度	×季度
规划设计费						
建筑研究用房						
管理费用						
总计						

重要提示▶▶▶

以上作业成本与牵头控制成本，归属为设计部责任成本管理范围，基本控制在目标成本范围之内，并在保证作业目标的前提下力求降低。成本管理部是公司整体成本管理部门，参与公司各项成本决策，制定成本目标并反馈动态信息，并有责任为各部门成本管理工作提供支持，设计部及时向成本管理部通报成本决策信息和动态成本信息。财务管理部着重对管理费用等非合同性成本和资金计划等进行管理，请及时反馈和沟通。此外，设计部还应积极配合项目开发部完成规划和施工图的报批工作，配合工程部完成材料、设备的选样（型）工作，配合项目经理部完成零星工程设计工作。

20-03　工程部成本控制责任书

工程部成本控制责任书

一、主要作业目标

（1）开展结构方案优化，控制结构指标的经济性，钢筋含量控制在＿＿＿千克/平方米以内；混凝土含量控制在＿＿＿立方米/平方米以内。

（2）按金额统计，工程合同招标率不低于90%，总包工程量清单招标率不低于65%，其中费率招标范围为＿＿＿＿＿＿＿，清单招标范围为＿＿＿＿＿＿＿。

（3）确保招标工作公开、公平、公正，获得性价比最高的材料和施工单位。

（4）发展扩大合格供应商队伍，确保招标的充分竞争。多标段同时发标时，总体中标率不高于50%。

（5）组织相关部门进行材料选样、定样，控制在成本目标以内。

（6）根据本部门年度费用预算计划控制管理费用。

二、工作时间目标（见下表）

工作时间目标

序号	工作内容	时间	
		开始	完成
1	工程量清单招标		
2			
3			

三、成本目标

工程部除完成上述主要作业目标外，为满足公司经营管理的需要，还需完成如下成本目标。

1.作业成本

工程部为完成部门工作而耗费的成本，是工程部独自控制的责任成本，包括内容如下表所示。

作业成本项目说明

项目	作业量	单位	单价	总费用	备注
总计					
一、工程管理费					
工程质量监督费					
安全监督费					

续表

项目	作业量	单位	单价	总费用	备注
工程保险费					
外聘专家进行图纸优化					
二、作业时间成本	—	—	—	—	—
三、管理费用					
工资及福利					
行政及财务费用					
其他					

注：作业时间成本计算中，总作业时间为从签订土地合同到竣工入伙的时间，部门作业时间成本=单位时间成本×部门作业时间。成本测算时采用计划作业时间，动态结算或结算时采用实际作业时间。

2.牵头控制成本

工程部负责组织设计部、项目经理部、成本管理部以及营销管理部等相关部门进行控制的产品实体成本，包括内容如下表所示。

牵头控制成本项目说明

项目	作业量	单位	单价	总费用	备注
总计					
一、结构经济指标					
1.钢筋含量		千克/平方米			
2.混凝土含量		立方米/平方米			
二、材料采购成本					
外墙涂料		平方米			展开面积
内墙涂料		平方米			展开面积
外墙保温		平方米			保温面积
外墙面砖		平方米			展开面积
空调百页		平方米			展开面积
屋面瓦		平方米			屋面面积
雨水管		米			长度
信报箱		户			户数
小院灯		盏			数量
公共部位地面		平方米			地面面积

续表

项目	作业量	单位	单价	总费用	备注
小院门		樘			数量
公共部位楼梯栏杆		米			长度
阳台栏杆		米			户数
私家花园栏杆		米			底层户数
单元门		樘			单元数
入户门		樘			户数
户内门		樘			房间数
窗、阳台门		平方米			门窗面积

四、控制要点

（1）发展扩大供应商队伍，并进行评估和分级，确保每次招标都能得到充分的竞争。

（2）定期分析统计工程合同招标率、工程清单招标率、定标方式比率和中标率。

（3）组织设计单位、相关部门或外请专家进行各项工程的方案优化，重点关注基础类型、结构形式和结构布置，确保各项经济指标控制在集团平均以下。

（4）积极进行新材料和新工艺的发掘和应用。

五、资金计划

工程部应根据成本目标，合理安排本部门的资金（付款）计划，为公司的现金流管理提供支持（见下表）。

资金计划

费用名称	费用额度/万元	资金计划/万元				
		××年 ×季度	××年 ×季度	××年 ×季度	××年 ×季度	××年 ×季度
管理费用						
总计						

重要提示▶▶▶

　　以上作业成本与牵头控制成本，归属为工程部责任成本管理范围，基本控制在目标成本范围之内，并在保证作业目标的前提下力求降低。成本管理部是公司整体成本管理部门，参与公司各项成本决策，制定成本目标并反馈动态信息，并有责任为各部门成本管理工作提供支持，工程部及时向成本管理部通报成本决策信息和动态成本信息。财务管理部着重对工程管理费、管理费用等非合同性成本和资金计划等进行管理，请及时反馈和沟通。

20-04　项目经理部成本控制责任书

项目经理部成本控制责任书

一、主要作业目标

（1）按制度办理现场签证，现场签证造价不得超过合同造价的1%，为_____万元。

（2）根据工程实际情况展开施工方案优化，力求成本节约。

（3）提高工程质量，入伙后一年内因工程质量造成的维修、赔偿费用不得超过_____元/平方米。

（4）根据本部门年度费用预算计划控制管理费用。

二、工作时间目标（见下表）

工作时间目标

序号	工作内容	时间	
		开始	完成
1	基础施工		
2	主体结构		
3	竣工备案时间		
4			

三、成本目标

　　项目经理部除完成上述主要作业目标外，为满足公司经营管理的需要，还需完成如下成本目标。

1.作业成本

　　项目经理部为完成工程施工、确保工程质量和工期而消耗的成本，是项目经理部独自控制的责任成本，包括内容如下表所示。

作业成本项目说明

项目	作业量	单位	单价	总费用	备注
总计					
一、开发前期准备费					
1.勘察丈量费					
测绘					
文物古迹勘探					
初勘					
详勘					
施工放线					
竣工测量费					
2.三通一平费					
临时道路					
临时用电					
临时用水					
场地平整					
3.临时设施费					
临时围墙					
临时办公室					
临时场地占用费					
临时围板					
二、工程管理费					
工程监理费					
施工合同外奖金					
三、作业时间成本					从工程定标到具备开盘条件开盘之日，每天时间成本按（资本化利息总额/总作业时间）计算
四、管理费用					
工资及福利					
行政及财务费用					
其他					

注：作业时间成本计算中，总作业时间为从签订土地合同到竣工入伙的时间，部门作业时间成本=单位时间成本×部门作业时间。成本测算时采用计划作业时间，动态结算或结算时采用实际作业时间。

2.牵头控制成本

项目经理部负责组织设计部、工程部、成本管理部以及营销管理部等相关部门进行控制的产品实体成本，包括内容如下表所示。

牵头控制成本项目说明

项目	作业量	单位	单价	总费用	备注
总计					
一、主体建筑安装工程现场签证					
二、社区管网工程费					
1.室外给排水系统费					
室外给水系统		平方米			建筑面积
雨污水系统		平方米			建筑面积
2.室外采暖系统费					
管道系统		平方米			建筑面积
热交换站		平方米			建筑面积
锅炉房		平方米			建筑面积
3.室外燃气系统费					
管道系统		平方米			建筑面积
调压站		平方米			建筑面积
4.室外电气及高低压设备费					
高低压配电设备及安装		平方米			建筑面积
室外强电管道及电缆敷设		平方米			建筑面积
室外弱电管道埋设		平方米			建筑面积
5.室外智能化系统费					
停车管理系统		平方米			建筑面积
小区闭路监控系统		平方米			建筑面积
周界红外防越		平方米			建筑面积
小区门禁系统		平方米			建筑面积
电子巡更系统		平方米			建筑面积
电子公告屏		平方米			建筑面积

四、控制要点

（1）对现场的施工条件做详细调查，保证地质勘查科学准确，优化施工方案与施工做法。

（2）合理安排好主体建筑安装工程、社区管网、景观工程的施工顺序，保证合理连接，有充分的时间进行清单招标。

（3）临时实施应考率永久化或长期重复利用，避免短期内重复性建设造成成本浪费。

五、资金计划

项目经理部应根据成本目标，合理安排本部门的资金（付款）计划，为公司的现金流管理提供支持（见下表）。

资金计划

费用名称	费用额度/万元	资金计划/万元				
		××年	××年	××年	××年	××年
		×季度	×季度	×季度	×季度	×季度
勘察丈量费						
三通一平费						
临时设施费						
主体建筑工程费						
主体安装工程费						
社区管网工程费						
园林环境工程费						
配套设施费						
工程管理费						
管理费用						
总计						

重要提示►►►

以上作业成本与牵头控制成本，归属为项目经理部责任成本管理范围，基本控制在目标成本范围之内，并在保证作业目标的前提下力求降低。成本管理部是公司整体成本管理部门，参与公司各项成本决策，制定成本目标并反馈动态信息，并有责任为各部门成本管理工作提供支持，项目经理部及时向成本管理部通报成本决策信息和动态成本信息。财务管理部着重对管理费用等非合同性成本和资金计划等进行管理，请及时反馈和沟通。此外，项目经理部还应积极配合工程部进行工程招标和供应商评估工作，配合成本管理部完成项目结算工作。

20-05　营销管理部成本控制责任书

营销管理部成本控制责任书

一、主要作业目标

（1）根据营销计划按项目、年度分别编制营销费用计划，项目整体营销费用最高不得超过销售收入的3%，本期营销费用额度_____万元，最高不得超过本期销售收入的_____%。

（2）定期进行营销费用分析，使营销费用的支出与项目销售节奏相匹配，开盘前营销费用使用的不得超过本期营销费用额度_____%。

（3）营销设施的设计、建造、装修及部品采购必须实行招标或询价议价的方式。

（4）样板房装修工程按照不低于70%标准价收回。样板房设计费及物品按照不低于50%标准价收回。

（5）提高销售回款率加速资金周转，合同签约一个月内回款率不低于90%。

（6）根据本部门年度费用预算计划控制管理费用。

二、工作时间目标（见下表）

工作时间目标

序号	工作内容	时间	
		开始	完成
1	市场定位		
2	销售展示区实施时间		
3	销售开盘时间		
4			

三、成本目标

营销管理部除完成上述主要作业目标外，为满足公司经营管理的需要，还需完成如下成本目标。

作业成本：营销管理部为确保项目的销售按照经营计划的要求完成而消耗的成本，是营销管理部独自控制的责任成本，包括内容如下表所示。

作业成本项目说明

项目	作业量	单位	单价	总费用	备注
总计					
一、营销设施建造费					
广告设施及发布费					

续表

项目	作业量	单位	单价	总费用	备注
现场包装费					
接待厅装修装饰费					
样板间费用					
销售模型费					
二、营销费用					
1.广告费用（媒体）					
广告公司设计费用					
户外广告牌					
电视媒体拍摄发布					
现场包装					
2.销售道具					
外卖场租用					
营销活动费					
促销活动费					
3.销售代理费及佣金					
中介策划及咨询费					
总产权登记费					
4.分户产权转移登记费					
5.房屋交易费及其他					
宣传资料及礼品费					
销售人工费					
看楼交通费					
三、物业完善费					
四、作业时间成本					从具备开盘条件之日到销售回款金额达到收回成本，每天时间成本按（资本化利息总额/总作业时间）计算
五、管理费用					
工资及福利					
行政及财务费用					
其他					

注：作业时间成本计算中，总作业时间为从签订土地合同到竣工入伙的时间，部门作业时间成本=单位时间成本×部门作业时间。成本测算时采用计划作业时间，动态结算或结算时采用实际作业时间。

四、控制要点

（1）营销费用计划应考虑全面、编制详细，分期（月、阶段）按计划使用，与销售进度保持协调。

（2）营销中心、样板间、广告牌、围板等营销设施根据需要设置，对营销有促进作用，不得盲目、重复建造。

（3）居家示范物品和现场销售设施最大限度回收组合利用。

（4）发售前，应组织设计、工程和成本人员拟订详细的《销售承诺事项清单》，防止因销售承诺增加公司投入。

五、资金计划

营销管理部应根据成本目标，合理安排本部门的资金（付款）计划，为公司的现金流管理提供支持（见下表）。

资金计划

费用名称	费用额度/万元	资金计划/万元				
		××年	××年	××年	××年	××年
		×季度	×季度	×季度	×季度	×季度
营销设施建造费						
营销费用						
物业管理完善费						
管理费用						
总计						

重要提示▶▶▶

以上成本项目，归属为营销管理部责任成本管理范围，请努力控制在目标成本范围之内，并在保证作业目标的前提下力求降低。成本管理部是公司整体成本管理部门，参与公司各项成本决策，制定成本目标并反馈动态信息，并有责任为各部门成本管理工作提供支持，营销管理部及时向成本管理部通报成本决策信息和动态成本信息。财务管理部着重对除营销设施建造费以外的营销费用、物业完善费、管理费用非合同性成本和资金计划等进行管理，请及时反馈和沟通。

20-06 成本管理部成本控制责任书

成本管理部成本控制责任书

一、主要作业目标

（1）提供准确合理的项目目标成本测算。

（2）按月进行动态成本评估，准确分析成本动态信息并向公司管理层和相关部门通报。

（3）根据公司经营目标、项目目标成本组织实施全方位、全过程项目成本管理，对项目成本总体控制负责，结算成本不得超过目标成本____%（即目标成本变动率____%）。

（4）工程合同结算准确率不低于99%。

（5）根据本部门年度费用预算计划控制管理费用。

二、工作时间目标（见下表）

工作时间目标

序号	工作内容	时间	
		开始	完成
1			
2			
3			
4			

三、成本目标

成本管理部除完成上述主要作业目标外，为满足公司经营管理的需要，还需完成如下成本目标。

1.全面负责项目的目标成本（见下表）

项目目标成本说明

序号	费用项目	成本总额/万元	销售面积单方成本/（元/平方米）
一	土地获得价款		
二	开发前期准备费		
三	主体建筑工程费		
四	主体安装工程费		
五	社区管网工程费		
六	园林环境费		

续表

序号	费用项目	成本总额/万元	销售面积单方成本/（元/平方米）
七	配套设施费		
八	开发间接费		
九	开发成本		
十	期间费用		
十一	总成本		

2.作业成本

成本管理部为完成成本管理而消耗的成本，是成本管理部独自控制的责任成本，包括内容如下表所示。

作业成本项目说明

项目	作业量	单位	单价	总费用	备注
总计					
一、造价咨询费用					
二、作业时间成本					从主体施工图完成到定标之日，每天时间成本按（资本化利息总额/总作业时间）计算
三、管理费用					
工资及福利					
行政及财务费用					
其他					

注：作业时间成本计算中，总作业时间为从签订土地合同到竣工入伙的时间，部门作业时间成本=单位时间成本×部门作业时间。成本测算时采用计划作业时间，动态结算或结算时采用实际作业时间。

3.牵头控制成本

成本管理部负责组织设计部、工程部、项目经理部以及营销管理部等相关部门进行控制的产品实体成本，包括内容如下表所示。

牵头控制成本项目说明

项目	作业量	单位	单价	总费用	备注
总计					
一、主体建筑工程费					
1.基础工程费					

续表

项目	作业量	单位	单价	总费用	备注
土方工程		平方米			建筑面积
护壁护坡		平方米			建筑面积
桩基础		平方米			建筑面积
桩基检测费		平方米			建筑面积
降水		平方米			建筑面积
2.结构及粗装修费					
混凝土框架		平方米			建筑面积
砌体		平方米			建筑面积
找平及抹灰		平方米			建筑面积
防水		平方米			建筑面积
其他		平方米			建筑面积
二、主体安装工程费					
1.室内水暖气电管线设备费		平方米			建筑面积
室内给排水系统费		平方米			建筑面积
室内采暖系统费		平方米			建筑面积
室内燃气系统费		平方米			建筑面积
室内电气系统费		平方米			建筑面积
2.室内设备及其安装费					
通风空调系统及安装费		平方米			建筑面积
电梯及安装费		平方米			建筑面积
发电机及安装费		平方米			建筑面积
人防设备及安装费		平方米			建筑面积
消防系统及安装费		平方米			建筑面积
3.弱电系统费					
居家防盗系统费		平方米			建筑面积
宽带网络费		平方米			建筑面积
有线电视费		平方米			建筑面积
三表远传费		平方米			建筑面积
对讲系统费		平方米			建筑面积
电话系统费		平方米			建筑面积

四、控制要点

（1）做好成本信息的收集工作，用好成本软件，每月分析、发布项目动态成本信息并据以控制项目成本。

（2）按《项目设计阶段成本管理工作指引》参与设计各阶段的优化工作，及时对设计方案进行估算，提供给设计部门和公司决策层作为决策的依据。

（3）坚持工程量清单招标，减轻后期结算压力。

（4）做好预结算编审交底工作，合理确定审减金额，合理确定外委咨询费用。由于造价审减金额过大导致外委咨询费用的增加，应按合同约定由扣除对方违约金递减咨询费用。

五、资金计划

成本管理部应根据成本目标，合理安排本部门的资金（付款）计划，为公司的现金流管理提供支持（见下表）。

资金计划

费用名称	费用额度/万元	资金计划/万元				
		××年	××年	××年	××年	××年
		×季度	×季度	×季度	×季度	×季度
预决算编审费						
管理费用						
总计						

重要提示▶▶▶

成本管理部作为项目成本管理的业务主管部门，负责对项目成本管理的全过程、各环节进行协调，参与各项成本决策，负责造价审核和成本结算，向公司及各部门及时、准确通报相关成本信息。在成本决策过程中，重点配合设计部、项目经理部优化设计及施工方案，配合工程部开展工程量清单招标工作。成本管理部还应积极协助其他部门开展成本控制相关工作，提供专业支持，与财务管理部共同协作搞好成本核算工作。

20-07　合同结算协议书

合同结算协议书

甲方：××（集团）股份有限公司

乙方：＿＿＿＿＿＿经甲乙双方友好协商，共同努力，于＿＿＿年＿＿＿月＿＿＿日完成该项工程的结算工作，双方同意就本工程结算事宜达成协议如下。

工程名称：

合同编号：　　　　　　　　　　　　　　合同价：

结算总价：

结算总价构成见下表。

结算总价构成

子编号	结算书名称	结算价

协议书原件与子结算书封面一起作为工程结算款支付的依据；本协议一式四份，双方各执两份，经双方签字盖章后生效。

甲方：　　　　　　　　　　　　　　乙方：

日期：　　　　　　　　　　　　　　日期：

结算计划

合同编号	合同名称	施工单位	合同价款	结算方式	结算工作计划时间	结算资料提交成本部时间	备注